utb 8684

Eine Arbeitsgemeinschaft der Verlage

Böhlau Verlag · Wien · Köln · Weimar
Verlag Barbara Budrich · Opladen · Toronto
facultas · Wien
Wilhelm Fink · Paderborn
A. Francke Verlag · Tübingen
Haupt Verlag · Bern
Verlag Julius Klinkhardt · Bad Heilbrunn
Mohr Siebeck · Tübingen
Nomos Verlagsgesellschaft · Baden-Baden
Ernst Reinhardt Verlag · München · Basel
Ferdinand Schöningh · Paderborn
Eugen Ulmer Verlag · Stuttgart
UVK Verlagsgesellschaft · Konstanz, mit UVK/Lucius · München
Vandenhoeck & Ruprecht · Göttingen · Bristol
Waxmann · Münster · New York

Dr. Annette Just ist Systemische Familientherapeutin (DGSF) und Kinder- und Jugendlichen-Therapeutin, seit 2002 Vorstandsvorsitzende des Instituts für Schulsozialpädagogik e.V. in Münster, Ausbildungen in Klientenzentrierter Gesprächsführung, von 2009 bis 2013 Lehrbeauftragte an der Freien Universität Berlin. Arbeitsschwerpunkte: Weiterbildungen und Beratung für Schüler, Lehrer und Eltern rund um das Thema Schule, Weiterbildungsleiterin für systemisch orientierte Schulsozialarbeit.

Annette Just

Systemische Beratung – Kommunikation durch Skizzieren

Fallbeispiele aus der Schulsozialarbeit

Münster · New York

Online-Angebote oder elektronische Ausgaben sind erhältlich unter www.utb-shop.de

Bibliografische Informationen der Deutschen Nationalbibliothek
Die Deutsche Nationalbibliothek verzeichnet diese Publikation in der Deutschen Nationalbibliografie; detaillierte bibliografische Daten sind im Internet über http://dnb.d-nb.de abrufbar.

utb 8684
ISBN 978-3-8252-8684-2
E-ISBN 978-3-8385-8684-7

www.waxmann.com
order@waxmann.com

Umschlaggestaltung: Atelier Reichert, Stuttgart
Umschlagfoto: © willma – photocase.de
Zeichnungen: Carola Firgau, Berlin
Druck: Friedrich Pustet GmbH & Co KG, Regensburg

Gedruckt auf alterungsbeständigem Papier,
säurefrei gemäß ISO 9706

Inhalt

I. Einleitung

Systemische Beratung in der Schulsozialarbeit wird hier aus der Perspektive einer mehr als 15-jährigen Erfahrung in Schulen betrachtet. Unter Mitwirkung von Schülerinnen und Schülern entwickelte sich eine Beratungsform des Visualisierens, die im Detail dargestellt wird.[1] Die Aussage „Ein Bild sagt mehr als tausend Worte“ soll für dieses Buch ein Leitmotiv sein. Darauf bezogen wird nicht nur für den Beratungsort Schule ein Beitrag für eine „Systemische Schulsozialarbeit“ geleistet. Darüber hinaus gilt es, neue Impulse an Beispielen von Visualisierungen für jedes andere Beratungs- und Therapiefeld zu geben.

Konkret geht es um die Visualisierung von Botschaften und Inhalten in jedweder Form (Zeichnen, Skizzieren oder Malen als Striche, Kreise, Strichmännchen oder sonstige Muster). Ein diagonaler Strich auf dem Blatt kann vieles bedeuten und eine skizzierte Spirale kann ein Igel, ein Haus oder ein ganzer Lebensabschnitt sein. Letztlich ist es aber nur dem Konstrukteur selbst möglich, seine Symbole zu entschlüsseln und daraus Erkenntnisse zu gewinnen.

Die ganze Vielfalt an Einflüssen, die zum Beispiel ein zwölfjähriger Schüler zu bewältigen hat, werden in seinen Familien-, Geschwister-, Großeltern-, Peergroup-, Schul- oder Klassensystemen geboren oder entstehen zusammenhängend aus diesen. Insofern wird jeder Einzelne im Kontext seiner Systeme und Subsysteme gesehen.

Jeder Mensch konstruiert seine individuelle Wirklichkeit und entwickelt seine Verhaltensmuster aufgrund seiner Erfahrungen. Er strickt sozusagen sein eigenes Wirklichkeitsbild, seine „Lebenswelt“. Dieses individuelle „Strickmuster“ gilt es anzusehen. Es lässt sich ändern und manchmal scheint es, als würde irgendetwas nicht mehr stimmen. Es entsteht Stress.

Wahrnehmung und Beobachtung sind Kernstücke der systemischen Beratung, die sowohl aus der Außen- als auch aus der Innenperspektive beschrieben, kommuniziert und reflektiert werden können. Jeder Schüler erkennt sehr wohl, ob er mit seiner Wirklichkeitswelt zufrieden oder unzufrieden ist. Er ist sein eigener Experte und die Lösungen seiner Probleme kommen aus ihm selbst, da sie von vornherein in seiner Wirklichkeitskonstruktion angelegt sind. Neben der Würdigung der Problemsituation durch den Berater und der Annahme einer Funktion des Problems durch den „Nutzer“ wird gleichzeitig eine Suchwirkung in Richtung einer Lösung aktiviert. Auch wenn Schüler ihre Ressourcen und Potenziale vermeintlich nicht nutzen, um ein Problem zu lösen, mag es gute Gründe dafür geben, die es zu respektieren gilt, denn Verhaltensweisen geben erst dann einen Sinn, wenn der soziale Kontext, in dem sie geäußert werden, einbezogen wird.

---

1 Die maskuline und feminine Form wird wechselseitig verwandt. Sie hat keine Bedeutung für einen geschlechtsspezifischen Unterschied.

Für die Funktion der Beratung sollen folgende Annahmen allgemeine Gültigkeit haben:

- Es gibt keinen Schüler (Kind/Jugendlicher), der sich bewusst zu seinem Nachteil verhalten würde.
- Jedes (abweichende) Verhalten hat einen Sinn. Oft erschließt sich dieser nicht sogleich.
- Symptome (Verhaltensweisen) können verschlüsselte Hilferufe oder Botschaften sein, die oft aus unterschiedlichen Gründen nicht kommuniziert werden (können, sollen, müssen).
- „Symptomträger" sind Menschen in einem System, die auf eine andere Art etwas mitteilen.
- Jeder einzelne Schüler (Kind/Jugendlicher) könnte in 30, 40 oder 50 Jahren ein wichtiger Präsident, Bundeskanzler, Nobelpreisträger oder berühmter Star sein.
- Die jeweils individuelle Geschichte wertzuschätzen und die der anderen als interessante Biografien zu entdecken, erzeugt Sinn.
- Die Fähigkeit, die Andersartigkeit des Anderen wertfrei anzuerkennen, ist eine Begabung. Sie trägt zum eigenen Selbstwert bei.
- Staunen dürfen und können, Interesse nicht nur zeigen, sondern auch haben, Reflexion üben und anwenden – erst dann entsteht konstruktive Kommunikation.
- Das eigene Gefühl zu finden, zu erkennen, selbstbestimmt zu hören, zu sehen, zu begreifen und zu handeln, ist das Spannendste überhaupt.
- Schließlich lieben alle Eltern ihre Kinder (auf ihre Weise).
- Schließlich lieben alle Kinder ihre Eltern (auf ihre Weise).

Es wird in diesem Buch darum gehen, eine neue Methode in die Tradition der systemischen Beratung und Therapie einzubinden und die wissenschafts-/systemtheoretische Basis dabei nicht aus den Augen zu verlieren. Neue Impulse erfordern eine Überprüfung an vorhandenen Konzepten, um festzustellen, ob sie auf der Grundlage des bisherigen systemischen Forschungs- und Handlungswissens bestehen können und eine professionelle Umsetzung in der Beratungspraxis ermöglichen.

Im ersten Teil des Buches wird das systemtheoretische Wissen als ein Hauptanliegen in eine lesbare Form gebracht und an Beispielen erklärt. Fachübergreifende wissenschaftliche Erkenntnisse stellen einen Bezug zur Praxis her und umgekehrt führen praktische Erfahrungen auf die Theorie zurück. In den Fallbeispielen (Kap. III) wird die Theorie weiterhin thematisch eingebunden und an der Praxis erläutert.

Im zweiten Teil wird am Beispiel der Erzählung *Der kleinen Prinz* von Antoine de Saint-Exupéry auf das Visualisieren und Verstehen näher eingegangen. Das, was ‚dazwischen liegt‘ und häufig nicht aussprechbar ist, wird neu entdeckt. An ausgewählten Zeichnungsprozessen wird deutlich, wie Kommunikation sich entwickelt und neues Verstehen möglich wird.

Im dritten Teil geht es um die Beratungsarbeit mit Schülern, Eltern und Lehrern. Es zeigt sich, dass wesentliche Erkenntnisse des „Gedankenmalens“, wie eine Schülerin sagt, mithilfe jugendlicher Entdeckungs-, Mitmach- und Darstellungsfreude gewonnen werden. Weitere Schritte greifen die Ideen auf, sodass sie zusammengeführt und nun präsentiert werden. Mit der „Visualisierungskonstruktion“ entsteht ein „Kommunikationsgerüst“, das eine problematische Situation sichtbar, verstehbar und formulierbar macht.

Im vierten Teil wird die Visualisierung aus unterschiedlichen Sichtweisen betrachtet und ihr damit ein interdisziplinäres Fundament gegeben. Schließlich wird kurz auf Urheberrechte von Skizzen eingegangen. Eine Zusammenfassung der gewonnenen Erkenntnisse rundet das Feld ‚Kommunikation durch Skizzieren‘ ab.

Die Methode des Skizzierens ist nicht nur in einer systemischen Schulsozialarbeit von Bedeutung, die zwar hier Anlass und Schwerpunkt bildet, sondern kann in der gesamten systemischen, psychotherapeutischen und sozialpsychologischen Beratung als ein interessanter Ansatz genutzt werden. Angesprochen werden also alle Erwachsenen, die im Umgang mit Kindern und Jugendlichen einen wichtigen gesellschaftlichen Beitrag leisten. Systemische Berater und Therapeuten können auf vorhandene fachliche Erfahrungen zurückgreifen und das Buch mit Anregungen unterstützen, Fachleute in Ausbildung werden durch einen praxisnahen systemischen Beitrag bereichert. Alle weiteren an systemischer Beratung Interessierten können sich einen ersten Eindruck verschaffen und neue Impulse auf der Grundlage systemischen Denkens für sich nutzen, wenn es für ihren (Berufs-)Alltag nutzbar erscheint. Schließlich gilt für alle Väter oder Mütter, Söhne oder Töchter, mithilfe von Beschreibungen unterschiedliche Probleme aus anderen Perspektiven sehen zu lernen.

Im Folgenden werden Sie Ausschnitte aus Schülerzeichnungen finden, die zum besseren Verständnis von Carola Firgau (C. F.) zeichnerisch verdeutlicht wurden. Die Originalzeichnungen der Schülerinnen und Schüler sollten in ihrer Entstehung nicht unterbrochen werden. Sie befinden sich meist am Ende des entsprechenden Kapitels und wurden für die Veröffentlichung anonymisiert.

Sie sind herzlich eingeladen zu lesen.

II. Einführung in die Theorie

Wozu visualisieren?

Skizzieren in der Kommunikation ist nicht neu. Skizzieren als Kommunikation ist hier gemeint als eine Art bildliche Direktübertragung, als eine Art gedankliche Mitschrift in Zeichen oder individuellen Piktogrammen. Die Geist-Hand-Koordination überspringt die Phase der sprachlichen Codierung. Die Hand führt das aus, was vor Sprache entsteht. Die Gedanken konstruieren sich aus der eigenen Geschichte. Gedankenbilder direkt aus der Wahrnehmung durch die Hand in Bewegung zu bringen ist vergleichbar mit einer Kamera, die eine Aktion gerade in diesem Moment einer „Mikrosekunde" von Lebendigkeit aufgreift, sichtbar macht und festhält. Dieser Moment ist nie mehr so zu reproduzieren, wie er vorher war. Das Erlebte steht dem Akteur bei der anschließenden Betrachtung nur als Erinnerung zur Verfügung. Ein Außenstehender kann ein solches Bild nie objektiv nachvollziehen. Er kann nur beobachten und aus dem Kontext, der ihm präsentiert wird, kommunizieren und reflektieren.

Ein Sportler, der bei seinem Zieleinlauf gefilmt wird, erlebt diesen bei einer anschließenden Filmbetrachtung anders als jeder Außenstehende, der diesen Zieleinlauf ebenso filmisch miterlebt. Der Protagonist mag im Moment des aktuellen Erlebens an seinen Vater denken, der seine Sportlerkarriere nie miterleben konnte, oder er erinnert sich an seine Großmutter, die ihn besonders unterstützt hat, oder er denkt an einen Freund, der mit ihm seine Idee lebte, oder er mag sein Herz gespürt haben, das zum Bersten pochte, als er durchs Ziel lief. Der Außenstehende weiß davon nichts und wir können Gedanken nicht filmen, wohl aber die damit entstehenden Bilder in dem Moment der Entstehung als Erinnerung oder Galerie festhalten und dann in Sprache verwandeln und kommunizieren. Das ist die Kunst des „Visualisierens" des eigenen „ICH-Films".

Der systemischen Visualisierung kommt wegen der hohen Komplexität sozialer Systeme eine besondere Bedeutung zu. Die unterschiedlichen Beziehungen und ihre Geschichten, die jeweils mit weiteren Geschichten verknüpft sind, erfordern eine schnelle und hohe Aufnahmekapazität des Beraters und Therapeuten sowie auch des Klienten. Die systemische Visualisierung hat einen festen Platz in der Ordnung der Systeme eingenommen. Sie ermöglicht die Metaperspektive als einen wesentlichen Betrachtungsfaktor. Neben Familienaufstellung, Familienbrett, Zeitstrahl, Lebenslinie und weiteren vielfältigen methodischen Darstellungsformen sind zeichnerische Darstellungen wie das Genogramm oder die Familienlandkarte zu nennen. Hier trifft die Visualisierung den Kern. Das Erkennen verschiedener Wahrnehmungs- und Kommunikationskanäle ist aufschlussreich und lösungsführend.

Mit dem Ansatz der Visualisierung werden bei einer Prozessbegleitung komplexe Zusammenhänge oft deutlicher, da wir Bilder als Sprache nutzen. Bilder prägen sich schnell ein, wirken langfristig und ermöglichen es, neue Wörter zu finden und mit Erinnerungen zu verbinden. Ein Bild, eine Skizze trifft punktuell. Es ist kaum möglich, eine Skizze in der Vielfalt zu erstellen, wie Sprache eine Situation beschreiben kann.

Das, was wir heute in unserer Alltagswelt unter Visualisierung verstehen, ist häufig mit Power-Point-Präsentationen verbunden. Die mediale Kommunikation ist ein didaktisches Instrument: Ein Dozent/Lehrer oder Trainer steht an der Tafel und arbeitet mit Projektor oder Beamer. Bilder ersetzen oft aufwändige Verbalisierungen. Die Wirkungen eines Bildes sind in Medien-/Kommunikationsforschungen vielfach erforscht und erprobt worden (z.B. Kroeber-Riel, 1988; Lohbinger, 2012; Lewalter, 1997). Auch in Managementorganisationen werden zeichnerische Veranschaulichungen in Trainings oder Fortbildungen eingesetzt, um das visuelle „Denkvermögen" zu aktivieren. Dabei sollen nicht nur grafische Darstellungen von Zahlen einen Vortrag unterstützen, sondern der neue Aspekt, den man vorstellen möchte, wird grafisch oder zeichnerisch verpackt. Dieser Faktor wird bewusst genutzt, um durch bildhafte Darstellungen nachhaltig zu motivieren, aber auch zu manipulieren, um Eindrücke sichtbar zu machen und zielgerichtet zu präsentieren.

Das in der Pädagogik, Psychologie, Therapie oder Medienkommunikation bekannte Praxiswissen der Visualisierung ist auf unterschiedlichen Ebenen angesiedelt. In der Pädagogik erfüllt die Visualisierung in allgemeinen Lern-Lehr-Prozessen verschiedene Funktionen. Auf der kognitiven Ebene können Bilder einen Sachverhalt verdeutlichen und begreifbar und erinnerbar machen. Auf der emotionalen Ebene können Bilder die Aufnahmebereitschaft und Sensibilisierung erhöhen, da sie eine Wirkung hervorrufen, die die Lernenden anspricht. „Mit den Augen lernen" kann als eine Zielvisualisierung des Lehrenden verstanden werden (Gudjons, 2003, 203; vgl. 1994).

Die Flut an Informationen in digitalen Netzwerken oder Netzwerkkommunikationen nimmt zu und schnell stoßen insbesondere Kinder und Jugendliche an die Grenzen ihres Sprachvermögens. Komplexe Zusammenhänge werden oft deutlicher, wenn wir unsere Mitteilungen mit Bildern untermauern. Kinder und Jugendliche sind für diese Form der Kommunikation meist sehr empfänglich. Bilder prägen sich nicht nur schneller und langfristiger ein, sie erinnern auch an die Geschichte, die mit dem Bild verbunden ist. Es kann auch passieren, dass erst mit dem Erzeugen eines Bildes Sprache entsteht. Das heißt, das Bild verdeutlicht in seiner punktuellen Darstellung den Sinn einer Mitteilung und ermöglicht gleichzeitig, diesen Sinn zu formulieren.

Mit der hier vorgestellten Visualisierung geht es nicht um „vorgegebene" oder bewusst erzeugte Ideen, die dargestellt werden sollen, sondern es geht entscheidend um entstehende Skizzen und Bilder, die für eine Person als „Bedeutung" für etwas „Wesentliches" stehen; dieses „Wesentliche" kann sich in den Skizzen prozessual entfalten und weiterentwickeln. Es geht nicht um eine Absicht oder ein Ziel, sondern um das, was gerade da ist, von dem der Zeichnende oft noch nicht weiß, was es ist oder sein wird. Es geht darum, das eigene Nicht-Wissen im Vertrauen auf sich selbst vom Geist in die Hand zu fließen, sich von dieser führen zu lassen und bisher nicht klar gedachte Gedanken mit dem Stift so festzuhalten, dass sich ein Selbstbild entwickeln kann, das in gewisser Weise „zeichnerisch" erzählt. Dabei geht es meist um Unvollkommenheit, das bedeutet: Nicht zeichnerisches Können, sondern „sinnvolles Kritzeln", wie ein Schüler sagte, sei das „Coole" daran. Es geht darum, das im Geist/Gefühl entstandene „Chaos" zu ordnen, zu parallelisieren, ohne sich an vorgegebene Anordnungen, Ideen oder Reihenfolgen zu halten oder orientieren zu müssen. Was dann entsteht, ist etwas Neues, das in Worte zu fassen ist und eine Situation klarer und konkreter werden lässt.

Die Technik des hier vorgestellten direkten „Geist-Hand-Zeichnens" beschert dem Denken eine Pause. Das Vertrauen in sich selbst, sich auf den Übertragungsfluss vom Kopf in die Hand verlassen zu dürfen, sich ohne Rechtfertigung frei und sicher zu fühlen oder „ver-rückte" Gedanken skizzieren zu dürfen, schafft eine spürbare Entspannung und oftmals „purzeln" neue Wörter und Formulierungen, wie ein 13-jähriger Schüler entdeckte, einfach auf das Blatt und es sei, als könne man sein Problem plötzlich „lesen". Die Technik dieser Methode kann nicht wirklich als eine Technik, die nach einem Leitfaden funktioniert, beschrieben werden, weil jeder Fall anders liegt und jede Hand anders „denkt". Niemand weiß, ob Steffen seine Schule oder sein Problem als Tümpel, blauen See, verfallenes Haus, als ein Schloss, Kreis oder Blumentor sieht. Das Visualisieren mindert nicht das Beratungsgespräch als Methode. Im Gegenteil: Systemische Fragen und methodische Formen bilden eine Grundlage und werden um den Zeichen- und Zeichnungsprozess zum Zwecke der Selbstfindung und Zielerreichung erweitert. Das individuelle Lösungspotenzial, die vorhandenen Ressourcen und das, was ausgedrückt werden soll und bisher nicht ausgedrückt werden konnte, sollte oder wollte, bilden sich wie eine Momentaufnahme auf dem Blatt ab. Das Beschreiben, Entdecken, Erkennen, Formulieren und Aussprechen wird leichter und es ist erforderlich, dafür nicht nur einen geschützten Beratungsraum zur Verfügung zu haben, sondern die Professionalität des Beraters muss ein verantwortungsbewusstes Handeln sichern.

Von einer spezifischen Methode einer „Visualisierung" im Einzelnen ist hier nicht die Rede, es geht nicht um Organisations-, Moderations- und Präsentationstrainings, also nicht um visualisieren, moderieren und präsentieren, sondern das hier verstandene Visualisieren ist eine „innere Angelegenheit". Sie ist im systemischen/therapeutischen Feld zu Hause, sie entsteht immer aus einem Prozess heraus. Wie eine mögliche Visualisierung später aussehen könnte oder ob sie praktiziert wird, hängt damit zusammen, inwieweit sie in die systemische Beratung/Therapie eingebunden wird. Denn ein Malimpuls kann sowohl zu Beginn, mittendrin oder zum Ende entstehen und jedes Mal hat er seinen eigenwilligen Charakter. Nicht-Wissen abzubilden und dieses mit sich in Verbindung zu bringen oder neue Zusammenhänge zu (er)finden, bedarf eines Einfühlungsvermögens, das sehr spannend werden kann. Durch das Skizzieren, durch das Sich-Trauen wird Vor- oder Unbewusstes zugänglich und (sinn-)bildlich zum ganzheitlichen Erleben. Es regt zu sichtbaren, umsetzbaren und aus dem (Mal-)Kontext verstehbaren Veränderungen an.

Hervorzuheben ist die Haltung des (systemischen) Beraters/Therapeuten, seine bevorzugte Neigung und sein überzeugtes Handeln. Um „verlorene Wörter" zu suchen, sie durch Malen und Skizzieren zu finden, externe und interne Wahrnehmungen – auch Gefühle und Deutungen – bildhaft sichtbar zu machen, bedarf es eines professionellen Beziehungsgefüges zwischen Klient und Berater. Die besondere Begabung des Beraters oder Therapeuten besteht also darin, Striche zeichnen zu können und mit professionellem Gespür zu begleiten. Die Teilnehmenden, ob im Einzel- oder Familiengespräch dürfen Spaß daran haben, sich dem Malgeschehen hinzugeben. Ein Erkennen, Interesse oder eine Neugierde zu entwickeln, bedarf einer Unvoreingenommenheit als Grundhaltung. Erst dann entsteht der Mut, „ver-rückt" sein zu dürfen.

Ein Bild sagt eben nicht nur mehr als 1000 Worte, sondern es vermittelt oft ein intensiveres und lebendigeres Verständnis als ein Text. Abgesehen davon, sei der Mensch ein „Augentier", so Seifert (2001, 11) und mit Bezug auf Piaget (1969) „in erste Linie ein visuelles Wesen" (Oser-Fischer, 2004, 25).

Wenn Schüler sehr traurig sind, können sie ihre Situation häufig nicht beschreiben und es kommt vor, dass sie nicht sprechen, reden oder erzählen mögen. Wenn Schüler Gewalt erfahren haben und Scham damit verbinden, entsteht schnell eine Peinlichkeit, die darüber zu sprechen häufig unmöglich erscheinen lässt. Wenn Schüler gewaltbereites Verhalten zeigen, das in der Schule sanktioniert wird, bleiben oftmals die Hintergründe oder erlernten Muster im Verborgenen und Kinder oder Jugendliche sperren sich dagegen zu sprechen.

Ergänzend, parallel oder vordergründig kann die Visualisierung einen neuen Raum eröffnen, der die Fantasie und die Entdeckung von sich selbst erlaubt. Das Gespräch, wie es in Beratungs- und Therapiesituationen meist üblich ist, steht zunächst weniger im Vordergrund, so dass von einer Vorbereitung der Kommunikation durch Visualisierung gesprochen werden kann. Das Beispiel Maria (Kap. 11) zeigt, was ein diagonaler Strich aussagen kann und welche Möglichkeiten einer Selbstwahrnehmung er bietet.

Wir können ein Haus malen, ein Fundament, einen Baum oder einfach nur Striche und Kreise, die Schüler wissen es meist zu vervollständigen oder, wenn sie die Möglichkeit des Visualisierens kennenlernen, selbst zu entwerfen und ihre Geschichte daran anzuknüpfen. Es gibt Schüler, die einen Bogen zeichnen und ein Oben und Unten beschreiben, einen Umzug daran festmachen, bestimmte Ereignisse hinzufügen, Beschwerlichkeiten benennen oder andere Ereignisse thematisieren. Ein einfacher Strich kann ein Impuls für eine Entdeckung sein, dem neue Geschichten folgen und Entwicklungen entstehen, die zu Lösungen führen.

Bei der Visualisierung ist zu beachten:

- Ein passendes Bild oder eine Skizze kann nur aus dem eigenen Impuls oder aus dem Kontext des Beratungssettings entstehen.
- Es führt zu weiteren Anschlussbildern (Anschlussvisualisierung).
- Ein Bild oder eine Skizze lässt sich anschauen, „reflektieren" und beschreiben.
- Eine Beschreibung ist die Grundlage für Beobachtung, Kommunikation und Anschlusskommunikation.
- Bilder und Skizzen zeigen entwicklungsfördernd eine Interdynamik mit Konflikten und Lösungsansätzen.
- Anders als bei rein verbal geäußerten Gedanken kann eine Skizze an sichtbare Erinnerungen des bereits Gesagten wieder anknüpfen.
- Der Gesprächsfaden bleibt erhalten.
- Die Visualisierung taucht ein in Raum und Zeit.
- Die Wahrnehmung des Bildes/der Skizze ist gleichzeitig Beobachtung, die zur Selbstreflexion führt.
- Durch die Bildwahrnehmung wird der Berater und Therapeut zum Beobachter des Geschehens.
- Er wird zum Beobachter der Geschichtsentwicklung auf dem Blatt, gleichzeitig zum Beobachter des Konstrukteurs und ebenso zum Beobachter seiner Beobachtung (Kybernetik erster Ordnung und zweiter Ordnung).
- Durch die Bildwahrnehmung werden komplexe Prozesse angestoßen, die wieder auf sich (das Bild/die Skizze) zurückwirken und umgekehrt (Rekursivität/Zirkularität).
- Die Bildwahrnehmung greift eine Dynamik auf und fördert individuelle Lösungsschritte.
- Man könnte schließlich von einer zirkulären Visualisierung sprechen.

Aktuelle Situationen, spontane Gedanken, empfundene Bedürfnisse oder allgemeine Befürchtungen spiegeln sich in „komischen oder frei erfundenen" Formen oder Figuren, Strichen oder Punkten in blau, rot oder grün unmittelbar auf dem Papier wider und bilden ein individuelles Kommunikationsgerüst. Anhand dessen wird das verlorene Wort lesbar und aussprechbar. Nur der Schüler (Kind/Jugendlicher) selbst ist in der Lage, sein Konstrukt zu beschreiben. Das, was bisher nicht genannt werden konnte – das stille oder nicht gefundene Wort –, wird lebendig.

Ein kurzer systemischer Überblick

Systemische Beratung und Therapie zeichnen sich durch die Grundhaltung aus, Systeme und Subsysteme mitzudenken und im Zusammenhang von Beziehung, Kommunikation und Verhalten neue Sichtweisen zu entdecken, die zu Lösungen führen.

Um das verlorene Wort zu finden, Visualisierung und Kommunikation in einen systemischen Zusammenhang zu bringen, wird auf die Systemtheorie zurückgegriffen, soweit sie für dieses Buch relevant erscheint. Um mit Luhmann (1991) zu argumentieren, kann es nur eine Auswahl dessen geben, was möglich ist, aber auch anders möglich wäre. Nach von Foerster gebe es schon so viele Daten, „dass man gar nicht mehr die ganzen Daten in seine Geschichte hineinbringen kann" (2004). Es kann also nur eine Auswahl geben. Die folgenden Begriffe sollen eine solche Auswahl sein.

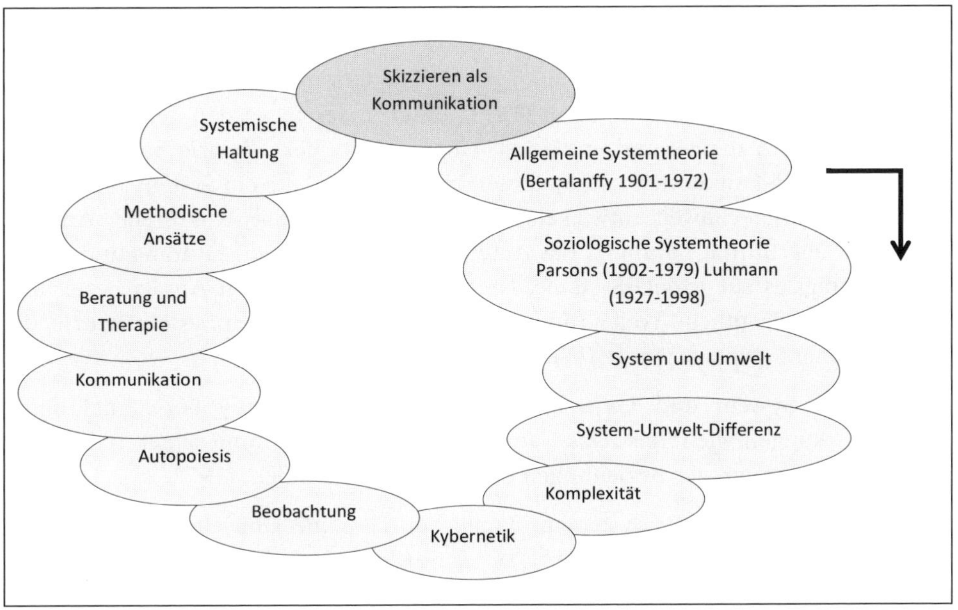

Abbildung 1: Systemische Arbeitsbegriffe

Die allgemeine Systemtheorie wird durch viele Vordenker unterschiedlicher Wissenschaften aus der Psychologie, Biologie, Mathematik, Physik, Meteorologie, Neurobiologie, Medizin, Soziologie, Pädagogik oder den Kommunikationswissenschaften geprägt. Zu ihnen gehört u. v. a. Ludwig von Bertalanffy (Biologe), der 1949 die Ganzheit in seiner „Allgemeinen Systemlehre" statuierte: „Das Ganze ist mehr als die Summe seiner Teile, nämlich auch die Summe der Beziehungen dieser Teile zueinander" (1972). Auch der Begriff „System und Umwelt" entsteht hier. Ebenso zählt der systemische Theorieansatz nach Gregory Bateson auf der Grundlage der Kommunikationstheorie und Metakommunikation zu den ersten Entwicklungen und Theorien: „Beobachtung ist die Feststellung eines Unterschieds, die einen Unterschied macht“ (1995, 123; 1990). Paul Watzlawick ist hier zu nennen und mit seinen bekannten Axiomen ebenso auf der Grundlage der Kommunikationstheorie anzusiedeln „Man kann nicht nicht kommunizieren“ (Watzlawick et al., 2007, 53ff.). Genauso wie Heinz von Foerster (Physiker) auf der Grundlage der Steuerungslehre der Kybernetik erster und zweiter Ordnung einzuordnen ist, sind Humberto Maturana und Francisco Varela (Biologen) auf der Grundlage der Autopoiesis als Erklärungsmodell der Erkenntnis durch Beobachtung zu nennen. Alle fünf gehören zu den Vordenkern der systemischen und konstruktivistischen Theorie. So erklärt sich, dass die Systemtheorie auf mehreren Füßen steht und nicht auf eine einzelne Gründerfigur zurückzuführen ist. Viele Einflussgrößen tangierten die Entwicklung der Systemtheorie. Schon früh wurde erkannt, dass wissenschaftliche Einzelerkenntnisse auch immer im Zusammenhang mit anderen Disziplinen gesehen werden müssen, um Probleme zu lösen. Insbesondere sprach von Bertalanffy sich in seiner „Allgemeinen Systemlehre“ (1949) für das Zusammenarbeiten der Wissenschaften aus. So entstand die Interdisziplinarität der Systemtheorie an der Vielzahl ihrer Ansätze aus unterschiedlichen Wissenschaftsbereichen.

Schließlich orientiert sich Luhmann (1991) unter anderem an den genannten Theorien oder Teilen daraus und entwickelt einen Ansatz der „Theorie Sozialer Systeme“. Er sieht die Funktionen von Systemen in Strukturen, die ein System aus der Beziehung zu seiner Umwelt entwickelt und ordnet (funktional-struktureller Ansatz). Später erst übernimmt Luhmann das Autopoiesis-Konzept von Maturana und Varela und überträgt es auf soziale Systeme. Diesen selbstreferenziellen Ansatz bezeichnet Willke als die eigentliche Weiterentwicklung der **Soziologischen Systemtheorie**, die durch Luhmann geprägt wurde (Willke, 1991, 193).

Die Begriffe **System und Umwelt** entstehen. Von Bertalanffy bezeichnet deren Wechselwirkungen wie folgt: „Das Ganze ist mehr als die Summe seiner Teile, nämlich auch die Summe der Beziehungen dieser Teile zueinander“ (1972, 25).

Die Unterschiede, die ein System prinzipiell durch seine Umwelt abgrenzt, nennt Luhmann **System/Umwelt-Differenz.** So sagt er, dass innerhalb eines Systems und außerhalb eines Systems etwas stattfindet. Er kommt zu der Ansicht, dass sich ein System „durch Erzeugung und Erhaltung einer Differenz zur Umwelt“ konstituiert und selbst erhält (1984, 35).

Die Gesamtheit aller Möglichkeiten wird als **Komplexität** bezeichnet. Darunter versteht Luhmann alles Erleben und Handeln, „deren Aktualisierung ein Sinnzusammenhang zuläßt […] daß es stets mehr Möglichkeiten gibt, als aktualisiert werden können“ (Luhmann, 1987, 6, 31). Systemkomplexität ist also strukturell ermöglichte Vielseitigkeit/Vielfalt und hängt immer mit der Struktur des Systems zusammen (ebd.). Das umfasst auch, „daß ‘organisierte Komplexität‘, nur durch Systembildung **zustande kommen** kann; denn ‘organisierte Komplexität‘ heißt nichts anderes als Komplexität mit selektiven Beziehungen zwischen den Elementen“ (ebd. 1984, 46, Hervorhebung im Original).

Beziehungen und Handlungen liegen Kommunikation und Sprache zu Grunde. Durch Hinterfragen entsteht ein rückbezüglicher Prozess. Dieser wird durch die Regelungs- und Steuerungslehre und Rückkopplungseffekte deutlich und ist der **Kybernetik** entnommen. Der Mathematiker Norbert Wiener (1948) sagte: „Ich weiß nicht, was ich gesagt habe, bevor ich nicht die Antwort des anderen darauf gehört habe". Die Rückkopplung besteht darin, einen Teil des System-Outputs über Rückkopplungswege (feedbacks) fortlaufend an das System zurückzumelden. „Auf einmal sprechen die Kybernetiker über sich selbst, auf einmal entsteht eine Kybernetik der Kybernetik oder eine Kybernetik zweiter Ordnung. Die Kybernetik erster Ordnung [...] verweist auf eine vermeintlich unabhängige Welt ‚da draußen'. Die Kybernetik zweiter Ordnung [...] ist selbst zirkulär [...] in dem man plötzlich für seine eigenen Beobachtungen die Verantwortung übernehmen muß" (von Foerster/Pörksen, 2013, 114f.). Anders ausgedrückt: Der Beobachter beobachtet/reflektiert seine **Beobachtung**. Aus der pädagogischen Perspektive sagt von Cube: „Es ist unmittelbar ersichtlich, daß im Rahmen der Pädagogik das Rückkopplungsprinzip eine fundamentale Rolle spielt. Im Gegensatz zu technischen Regelkreisen wird jedoch in einem (...) Erziehungswesen auch das Erziehungsziel selbst in verschiedene Rückkopplungssysteme einbezogen" (1965, 11).

Hier ist die **Autopoiesis** zu nennen. Sie ist die Theorie selbstreferentieller Systeme nach Humberto Maturana und Francisco Varela und bedeutet Selbsterzeugung und Selbstorganisation (Selbsttun/Selbstgestalten). Lebende Systeme sind immer autopoietisch, da sie ihre Systemelemente selbst erzeugen und erhalten. Alle Systemelemente entstehen aus den vorhandenen Systemelementen. Es erfolgt also „Erzeugung der eigenen Organisation durch Operation" (Willke, 1991, 191). Es entsteht Zirkularität. Autopoietische Systeme sind gegenüber der Umwelt in sich geschlossene Systeme. Umwelteinflüsse können das System anregen. Das System selbst bestimmt die Einflussnahme und operiert intern. Durch diese Eigenschaft der Selbstreferentialität passt sich das System den Bedingungen seiner Umwelt an. Es findet eine strukturelle Kopplung statt, die auch für den Selbsterhalt relevant zeichnet, wenn Systeme sich gegenseitig anregen und sich in einem bestimmten Ausmaß aufeinander abstimmen oder einstellen. Gleichzeitig erklärt sich hier die Input-/Output-Beziehung der Kybernetik als ein Selbstverständnis, denn Veränderungen können nur aus dem System selbst entstehen. Damit ist ein System operativ geschlossen (intern) und gleichzeitig offen (Umwelt). Diese operative Geschlossenheit und Selbstreferenz ermöglicht keinem Betrachter (Beobachter), ein autopoietisches System zu analysieren. Von außen kann nur eine Betrachtung der Input-/Output-Beziehung erfolgen, das Erfassen von Eingabe und Ausgabe. Das „Dazwischenliegende" ist die Black Box. Luhmann übernimmt das Autopoiesiskonzept von Maturana und Varela und bezeichnet als autopoietische Systeme solche „die die Elemente, aus denen sie bestehen, durch die Elemente, aus denen sie bestehen, selbst produzieren und reproduzieren. Alles, was solche Systeme als Einheit verwenden, ihre Elemente, ihre Prozesse, ihre Strukturen und sich selbst, wird durch eben solche Einheiten im System erst bestimmt" (1985, 403).

Nun kann **Beobachtung** stattfinden. Beobachten heißt Unterscheiden; Beobachten ist eine Operation. Durch Unterscheidung zwischen System/Umwelt entsteht das System. Der systemtheoretische Ansatz ermöglicht es, auf der Basis von System, Umwelt und Differenz bestimmte Funktionen zu beobachten und diese Beobachtung zu kommunizieren. Luhmann spricht von der sogenannten „Metaperspektive" des Beobachtens. So sind nicht nur unterschiedliche Möglichkeiten vorhanden, sondern es kann auch immer anders entschieden werden, es kann immer auch etwas Unerwartetes eintreten. Dieses Unerwartete (Kontingenz) ist „etwas, was weder notwendig noch unmöglich ist; was also so, wie es ist (war, sein wird), sein kann, aber auch anders möglich ist" (Luhmann, 1991, 152).

Reflektierte Beobachtung erzeugt **Kommunikation**. Die Kommunikationstheorie nach Bateson und Watzlawick mit ihren Axiomen: „Man kann nicht nicht kommunizieren" und „jede Kommunikation hat einen Inhalts- und Beziehungsaspekt" gilt als eine der (psychologischen) Grundlagen der Systemtheorie. Luhmann unterscheidet zwischen Handlung (einseitig) und Kommunikation (zweiseitig) als Sinnbestimmung (1991, 150f.). Ausgangspunkt der Kommunikationstheorie nach Luhmann (1984, 1991) ist, dass nicht Menschen miteinander kommunizieren, sondern die Kommunikation kommuniziert. Kommunikation ist daher zu verstehen als die Differenz zwischen Information und Mitteilung, wobei sich Verstehen herausbildet, das wiederum die Grundlage einer Anschlusskommunikation herstellt. Die autopoietische Operation Kommunikation besteht nach Luhmann aus diesen drei Selektionen: Information, Mitteilung und Verstehen (ebd., 225ff.). Das Kommunikationssystem ist nicht das biologische, nicht das psychische, sondern das soziale System. Das heißt, nicht der Mensch, sondern die sozialen Systeme kommunizieren miteinander. Luhmann benutzt für die drei Selektionen das Beispiel von Alter und Ego. Ego und Alter bezeichnen zwei soziale Positionen einer Person während der Kommunikation: Als Alter erlebt die Person Kommunikation im Sinne von Information und Mitteilung, als Ego handelt sie durch Kommunikation im Sinne von Verstehen. Kommunikation (als Einheit von Information, Mitteilung und Verstehen) verläuft stets zwischen Alter und Ego.

Kommunikation ist schließlich das wesentliche Interventionsinstrument in **Beratung und Therapie**: Ausgehend von der Annahme, dass Klienten „Experten in eigener Sache" sind, gehört, wie das in fast allen Beratungs- und Therapieschulen der Fall ist, in jedes Setting die geschätzte Akzeptanz. Mit Unvoreingenommenheit, Wertschätzung und einer klaren professionellen Haltung kann Kommunikation zwischen Betroffenen aus Sicht des Beraters reflektiert werden. Seine offene Neugier, aber auch seine Bescheidenheit und Klarheit prägen die Systemische Beratung ebenso wie sich am Anliegen und an den Wünschen des Klienten zu orientieren und dieses in (methodischer) Sprache zu formulieren.

Methodische Ansätze können unter Zugrundelegung der Systemtheorie sowie darauf zurückzuführende Ansätze und Modelle der systemischen Beratung und Therapie genutzt werden. Dazu wird einerseits auf Satir (1990), Minuchin (1997), Selvini Palazzoli et al. (2011) oder de Shazer (2012 a, b) zurückgeblickt, andererseits auf ebensolche neuen Entwicklungen systemischer Therapien geschaut. Es geht um Auflösungen von Problemsystemen, die sich ausgehend vom Individuum in unterschiedlichen Bereichen von Organisationen, Gruppen, Familien als (Störungs-)Bilder widerspiegeln und Veränderungen erforderlich machen. Die theoretische und methodische Vielfalt deckt heute einen großen Kultur- und Sprachraum ab, deren Entwicklung noch nicht zu Ende ist. In der Beratung und Therapie geht es um die Übernahme von Eigenverantwortung (Selbstwert), sich selbst mit seinen Wahrnehmungen zu vertrauen (Selbstvertrauen), selbst sicher zu sein, dass das eigene Gefühl so ist wie es ist (Selbstsicherheit). Es geht darum, die eigene Sprache zu finden (Kommunikation) und die eigenen Sinne zu nutzen (Selbsterkenntnis). Und schließlich geht es darum, aus der Fülle der Möglichkeiten zu differenzieren, auszuwählen und schließlich auszuprobieren, zu entscheiden und Lösungen zu finden.

Kommunikation und prozessbezogene Sprache bilden die Grundlage des methodischen „Werkzeugkastens" des systemischen Beraters. Die zirkuläre Fragetechnik ist eine reflexive beobachtende Kommunikation in Systemen, um Beziehungen, Erwartungen und Möglichkeiten in einem rekursiven Prozess zu hinterfragen und aus neuen Sichtweisen zu verstehen. Genogramme dienen der Übersicht familiärer Strukturen über mehrere Generationen. Die angewandte Symbolsprache erweitert sich durch ergänzende Systemzeichen, um Konflikte oder sogenannte Familienlandkarten darzustellen, die eine Grundlage für Hypothesen, Anschlussfragen oder Wirklichkeits- und Möglichkeitskonstruktionen bilden. Die systemische Aufstellungsarbeit ist besonders in der Arbeit mit jüngeren und älteren Schülern, in Familien oder Gruppen eine konstruktive Methode, um Familien- oder Gruppendynamiken sichtbar und erlebbar zu machen. Die wertschätzende Konnotation und das Reframing (Umdeutung von Problemen) haben ihren Platz in unterschiedlichen Phasen des Beratungsprozesses. Das Beobachten führt zu reflektierten Erkenntnissen und Beschreibungen. Hypothesen, Zirkularität, Neutralität und die systemische Haltung sind die Begleiter in täglichen Beratungsprozessen und ihrer methodischen Anwendung.

Die **systemische Haltung** ist immer zu wahren. Systemisches Denken ist nicht eine „bestimmte isolierte Fähigkeit" (Holtz, 2008, 20), sondern eine erkenntnistheoretische Grundhaltung, die es ermöglicht, mit komplexen Phänomenen „gegenstandsgerecht" (Ludewig, 2009, 13) umzugehen und Folgerungen für die Praxis daraus abzuleiten. Theoretiker sprechen von „komplexitätserhaltender Komplexitätsreduktion" (Stierlin, 1983, 365ff.), was bedeutet, die Vielfalt von Möglichkeiten in einem System zu sehen, zu erhalten und zu nutzen, um das Wesentliche herauszufiltern, das heißt, Unterschiede zu erkennen und Entscheidungen zu treffen. Ludewig betrachtet den „Beobachter als Ursprung jeden Erkennens", so dass das systemische Denken mit der „Beschreibung des Beobachtens" beginnt (2009, 19). Systeme wie Familien, Schulklassen, Peergroups, Organisationen oder Arbeitskreise organisieren sich systemimmanent aufgrund gruppendynamischer Erfahrungen, der Einzelne (daraus) aufgrund biografischer und (sub-)systemimmanenter Muster, Entwicklungen und durchlebter Prozesse. Systeme sind autonom und reagieren auf Einflüsse von außen (z. B.

Lern- und Lehrstoff, Unterricht, Beziehung usw.) mit ihrer systemimmanenten Kraft und eigenen Ordnungsstruktur. Diese Struktur ist von außen nicht determinierbar. Einwirkungen von außen können jedoch die Struktur eines Lebewesens (ver-)stören und zu einer neuen Ordnung anregen. Auch bei negativen Einwirkungen (Sanktionen, Schulstress usw.) bestimmt die Struktur des Lebewesens selbst, wie es damit umgeht (Selbsterhalt/Verhalten).

Skizzieren ist in der systemischen Beratung und Therapie nicht neu. Das zeigen die beschriebenen Ansätze in vielfältiger Form. **Skizzieren als Kommunikation** wird hier schließlich eingebracht als ein Heranführen an Kommunikation, wenn Worte fehlen. Das Formulieren von inneren Bildern, Befindlichkeiten oder Stressfaktoren ist nicht nur bei Kindern und Jugendlichen mit Schwierigkeiten verbunden, auch Erwachsenen fällt es nicht immer leicht, eigene Gefühle auszudrücken. Die bildliche Direktübertragung (Geist-Hand-Koordination) dient dazu, innere Sprache zu finden. Dieses soll im Weiteren fortgeführt werden.

Dazu wird an bereits vorhandene Literatur angeknüpft. Insbesondere bieten von Schlippe/Schweitzer (2012, Bd. I) und Schweitzer/von Schlippe (2012, Bd. II) mit ihren Lehrbüchern der systemischen Therapie und Beratung unverzichtbare Grundlagen, ebenso sind systemisch-konstruktivistische Denker oder Pädagogen wie Reich (2005) oder Voß (2002) auf dem Weg zu einer neuen Schule zu nennen. Weiterhin sind Holtz (2008) mit der Einführung in die systemische Pädagogik und Ludewig (2009) mit der Einführung in die Grundlagen der systemischen Therapie hervorzuheben. Im Speziellen wird im Rahmen des Beratungsfeldes Schule auf systemische Experten wie zum Beispiel Henning und Knödler (2007), Hafen (2005) oder Hubrig und Herrmann (2012) verwiesen.

Der systemische Beratungsansatz bildet im Rahmen von Kommunikation, Reflexion, systemischer Haltung, dem Wissen um Prozesse und Umwelteinflüsse mit zirkulären Fragestellungen, Skalierungs- oder Wunderfragen, Wirklichkeits- und Möglichkeitskonstruktionen sowie Familienaufstellungen ein reichhaltiges methodisches Repertoire auf einer fundierten theoretischen Beratungsgrundlage und erforschten wissenschaftlichen Ansätzen.

Auf der Grundlage der Auseinandersetzung mit der Systemtheorie darf Luhmann (1991) nicht fehlen und insbesondere erörtern von Foerster und Pörksen (2013) ein erkenntnistheoretisches Verständnis und sinngebende Kommunikation. Darauf aufbauend wird der hier verstandene Beratungsansatz als eine Form von Visualisierung verstanden und untersucht.

III. Systemisches Verstehen von Skizzen und Zeichnungen

1. Das verlorene Wort

In den letzten Jahren haben viele Beratungsstunden stattgefunden und ich danke für das große Vertrauen, das mir entgegengebracht wurde. Aus diesem Vertrauen erwuchs nach und nach die Erkenntnis, dass neben der Kommunikation als das wesentlichste aller Beratungswerkzeuge eine andere wesentliche „innere" Kultur und Kommunikation stattfindet, die sich durch Sprache oft nicht äußern lässt. Diese teilte sich im Laufe meiner Arbeit und Weiterentwicklung immer mehr in einer Art „Wahrnehmungs-/Hand-/Herzkoordination" mit. Was ist damit gemeint, fragen Sie vielleicht als Leserin und Leser? Ich erkannte nach und nach, dass Gefühle wie Wut, Liebe oder Einsamkeit, Gefühlsprozesse, Veränderungen, Entwicklungen, Verunsicherungen oder gefühlte Ängste nicht immer leicht zu erklären sind. Auch körperliche Reaktionen wie Übelkeit, Bauch- oder Kopfschmerzen beschreiben (außer bei medizinischen Diagnosen) nicht deren Ursache. Spürbare oder fehlende Energien oder die (Nicht-)Konzentration beim Lernen, Lehren oder im Kontaktsein sind allein mit Sprache oft nicht zu „bewältigen" und zu formulieren.

Wenn neben oder nach dem gesprochenen Wort der Resonanzboden der Sprache noch vibriert und „das verlorene Wort" in Form des unausgesprochenen Verborgenen als „Gefühl" im Raum stehen bleibt, da es sich nicht beschreiben und in Worte fassen lässt, erfinden meine Schülerinnen und Schüler für diese Art des „Nicht-Sichtbaren, aber Vorhandenen" manchmal ihre eigenen persönlichen Zeichen und Illustrationen. Sie drücken das „innere Wissen um das Nicht-Wissen" auf ihre Weise aus. Sie versuchen, ihre Vermutungen und Visionen des vorhandenen und spürbaren „Unsichtbaren" über ihre Gedanken durch die Hand auf ein Blatt Papier zu transportieren. Erst dann entfaltet sich häufig die Fähigkeit, kommunizieren zu können. Die Aussage „Ein Bild sagt mehr als tausend Worte" ist nicht neu und erlangt in den Beratungs- und Therapiegesprächen zunehmend an Bedeutung. Daraus entwickelt sich ein neuer Stil der Beratung zur Bewältigung einer verständlichen Ausdrucksfähigkeit, wenn Kinder und Jugendliche (oder auch Erwachsene) sich in der reinen sprachlichen Kommunikation blockiert fühlen. So ist ein Schüler der Ansicht, dass er seine Gefühle sichtbar machen könne und findet zunehmend Gefallen daran, diese zu zeichnen und zu skizzieren. „Angst sieht aus wie ein Feuer, das brennt und wenn es in meinem Bauch ist, tut es auch weh." Diese Wahrnehmung und Skizzierung eines Schülers macht einen Beratungsprozess deutlich, der nur auf der Grundlage von Vertrauen und „eintauchen dürfen" möglich ist. Mit dem Eintauchen-Dürfen entsteht sogleich ein neues Bild, ein Anschlussbild, nämlich das eines Tauchers, der die Tiefe erforscht und selbstbestimmt entscheidet, wie tief er tauchen möchte. Die Art der „zeichnerischen Beziehungskompetenz" sprach sich herum und schnell nehmen Schüler mit Beginn der Beratung einen Stift in die Hand.

Eine Schriftstellerin antwortete einmal auf die Frage eines Reporters, womit sie zuerst anfange, wenn sie einen Roman schreibe und alle Figuren erfinden müsse, Folgendes: Sie nehme sich ein DIN-A4-Blatt und beginne damit, ihre Vorstellungen aufzumalen, dann würde sie ein weiteres DIN-A4-Blatt daran ankleben und so fortfahren, bis eine lange Blätterreihe entstanden sei, auf der sie die Figuren, die Handlungen und den Verlauf ihrer Geschichte bis zum Ende male. Diese Blätterreihe hefte sie dann vor ihrem Schreibtisch an die Wand, um sie immer wieder zu sehen. Erst dann beginne sie, das erste Wort in den Computer zu tippen.

In der Beratung geht es natürlich nicht darum, Romane zu erfinden, wohl aber Geschichten, die eigene Geschichte als eine Art Selbstportrait neu zu entdecken. Kinder und Jugendliche kennen den Begriff Selfie als digitales Selbstportrait in veröffentlichten sozialen Netzwerken. Hier geht es um ein manuelles „self-created" Selbstportrait.

Vordergründig spielen meist aktuelle Sorgen, Ereignisse oder Unstimmigkeiten eine Rolle, die den Lebenslauf von Schülern unterbrechen. Ebenso gibt es Phasen, in denen Schüler sich infrage stellen oder bestimmte Vorstellungen (wie etwas sein soll oder zu sein hat) oder Erwartungen (wer erwartet wann was von wem) nicht erfüllt werden können. Ich versuche in den Beratungsgesprächen, unterstützend und mithilfe der Schülerinnen und Schüler das „Verborgene" oder „Nicht-Aussprechbare" zu finden, Visionen zu entdecken und diese skizzenhaft darzustellen.

2. Verstehen von Bildern – *Der kleine Prinz*

Wie Erwachsene verstehen

„Bitte … zeichne mir ein Schaf" (de Saint-Exupéry, 2015, S. 9). Die Geschichte des Autors beginnt, als er ein Kind war, mit der Zeichnung Nr. 1.

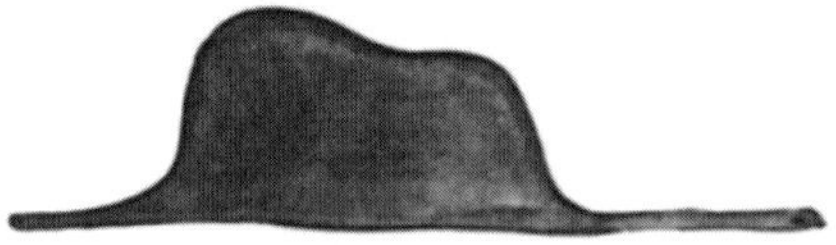

Die Boas verschlingen ihre Beute als Ganzes. Kein Erwachsener verstand, dass die Zeichnung kein Hut, sondern eine einen Elefanten verschlingende Riesenschlange war. Deshalb entstand die Zeichnung Nr. 2 als Erklärung.

Aber auch die Erklärung nutzte nicht viel. „Die großen Leute verstehen nie etwas von selbst, und für die Kinder ist es zu anstrengend, ihnen immer und immer wieder erklären zu müssen“ (ebd., S. 8). Der junge Autor blieb also allein, ohne dass er jemals mit jemanden über seine Boa hätte sprechen können, bis er eines Tages als Pilot in der Wüste abstürzte. Obwohl er sich in einer nicht zu unterschätzenden Notsituation befand, kam er irgendwann zur Ruhe, bis eine kleine Stimme ihn weckte: „Bitte … zeichne mir ein Schaf“ (ebd., S. 9).

Verwirrt nahm der Pilot die freundliche kleine Gestalt wahr und nach einem kurzen Einwand, er könne nicht zeichnen, da er nur geschlossene Riesenschlangen zu zeichnen gelernt hatte, wiederholte der kleine Prinz sein Anliegen: „Das macht nichts, zeichne mir ein Schaf“ (ebd., S. 10).

Also zeichnete er ein Schaf. „Nein! Das ist schon sehr krank. Mach ein anderes“ (ebd., S. 12). Der Pilot zeichnete. „Du siehst wohl …, das ist kein Schaf, das ist ein Widder. Es hat Hörner … Das ist schon zu alt. Ich will ein Schaf, das lange lebt“ (ebd.). Am Ende hatte selbst er, der als Kind die Erfahrung der Ablehnung und Ungeduld der Erwachsenen so nachhaltig gespürt hatte, ebenfalls keine Geduld mehr, weitere Schafe zu zeichnen und er kritzelte. „Das ist eine Kiste. Das Schaf, das du willst, steckt darin“ (ebd.).

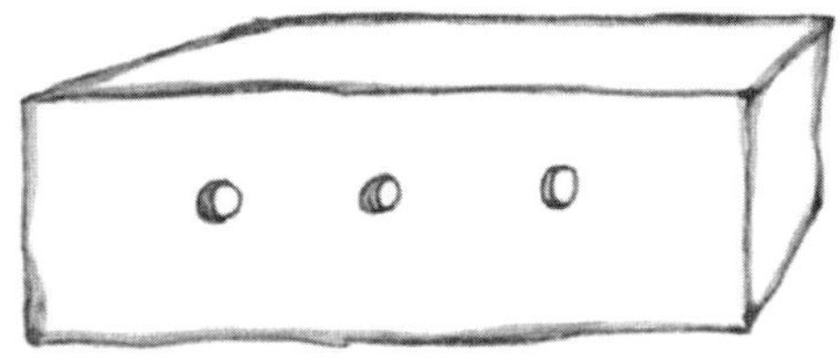

„Das ist ganz so, wie ich es mir gewünscht habe. Meinst du, dass dieses Schaf viel Gras braucht?“ (ebd., S. 13) fragte der kleine Prinz. Gerührt antwortete der Pilot: „Ich habe dir ein ganz kleines Schaf geschenkt.“ Der kleine Prinz neigte den Kopf über die Zeichnung: „Aber sieh nur! Es ist eingeschlafen …“ (ebd.).

Die Behutsamkeit des kleinen Prinzen, seine Fürsorge und liebevolle Zuwendung, den imaginären Inhalt der Kiste als ein wertvolles Geschenk zu betrachten, schafft eine Zeit des Vertrauens und Verstehens zwischen dem Kind und dem Erwachsenen. Der Erwachsene, der sich auf die Kind-/Erwachsenenebene einlassen kann, ist in der Lage, zuzuhören und anzunehmen und der kleine Prinz beschenkt ihn seinerseits mit vertrauensvollen Gesten, Geschichten und Fragen.

Das Kritzeln der Kiste ist der Ausdruck für das nicht gesprochene, nicht verstandene oder verlorene Wort. Der Pilot weiß nicht mehr weiter, weiß nicht, was er sagen soll. Er kritzelt einfach drauflos. Das Malen ist ein Ausdruck, ‚aus dem Bauch heraus‘ zu kommunizieren. Malen auf der Beziehungsebene ist der Beginn von Geschichten.

Die Kiste ist die Black Box der Systemtheorie, die Heinz von Foerster (von Foerster/Pörksen, 2013) als Metapher für nicht triviale Maschinen benutzt.

Mit einem Sprung in die Theorie sollen kurz die Grundsätze des systemischen Denkens und der systemischen Beratung betrachtet werden. Hier entstehen bereits kreiskausale Zusammenhänge (Zirkularität), die nachfolgend deutlicher werden.

Menschliche Beziehungen können nicht mit Maschinen verglichen werden, da Menschen keine Maschinen sind. Um das Verhalten von lebenden Systemen (z. B. Gruppen, Familien) zu beschreiben und insbesondere zu zeigen, dass Reaktionen nicht vorherzusagen sind, bedient von Foerster (1988) sich eines „Trivialisierungskonzepts". Mit der Darstellung von Input und Output unterscheidet er zwischen trivialen und nicht trivialen Maschinen und deren Wirkungs- und Funktionsweisen. Auf lebende Systeme übertragen bedeutet das, dass nicht triviale Maschinen eigensinnige Konstruktionen sein können (ebd.). Anders ausgedrückt: die Input-Output-Leistung bei trivialen Maschinen ist berechenbar. Bei einem Auto erzeugt das Ingangsetzen der Zündung mit einem Schlüssel (Input) einen Mechanismus, der das Auto fahren lässt (Output). Eine Waschmaschine soll waschen, ein Toaster toasten und ein Backofen backen können, so einige Beispiele, die auf von Foerster zur Erklärung einer allgemeinen Funktionsweise von Trivialität gegenüber Nichttrivialität zurückzuführen sind (1997; von Foerster/Pörksen, 2013, 54ff.). Er wendet die Maschinen-Metapher schließlich auf lebende Systeme an.

Bei lebenden Systemen als Menschen, Familien oder Gruppen, also ‚nicht trivialen Maschinen', zeigt von Foerster, dass es unmöglich ist, an bestimmten Input- und Output-Leistungen ein Verhalten vorherzusagen. Folgt man dem Autor, stellt er die wesentlichen Eigenschaften der beiden Maschinenmetaphern gegenüber: (1) Beide Maschinentypen sind synthetisch determiniert. (2) Triviale Maschinen sind analytisch bestimmbar, nicht triviale analytisch unbestimmbar. (3) Triviale Maschinen sind vergangenheitsunabhängig, nicht triviale vergangenheitsabhängig. (4) Triviale Maschinen sind voraussagbar, nicht triviale nicht voraussagbar (1988, 19ff.; 2003, 311f.).

Die Argumente überzeugen hinsichtlich der Unvorhersagbarkeit insofern, dass das Wesentliche an nicht trivialen Maschinen darin besteht, dass ihre jeweiligen Zustände von vergangenen Zuständen abhängig sind. Jeder Output verändert den inneren Zustand, so dass der nächste Output für den Beobachter unvorhersagbar wird, da er das veränderte Innenleben nicht sehen kann. Das heißt, aufgrund des Ablaufes sind zwar beide Maschinen synthetisch determinierbar, jedoch ist eine Vorhersage in der Praxis nicht möglich, da der innere Zustand eine Vielzahl an Zusammenhängen hervorbringen würde. In Kapitel 8.4 wird auf eine solche Art von Vorhersagbarkeit eingegangen, wenn zum Beispiel Themen wie Schule und Elternstress eine immer wiederkehrende gewisse Wahrscheinlichkeit von Verhalten vermuten lassen. Kriz veranschaulicht die Vorhersagbarkeit zurückführend auf von Foerster an einem Beispiel: „Wenn der kleine Fritz in der Schule auf die Frage ‚Was ist drei mal sieben?' zum ersten Mal vielleicht unerwartet und hoch kreativ mit ‚Grün' antworten mag, so ist es eben Aufgabe dieser Schule ihm beizubringen, daß er möglichst bald auf diese Frage zuverlässig, vorhersagbar […] mit ‚einundzwanzig' zu antworten hat" (Kriz, 1998, 91). Auch wenn der Schüler die Antwort kennt, die er in einer Prüfung sagen soll, wie will man letztlich „feststellen, was der Schüler weiß?" (von Foerster/Pörksen, 2013, 67).

In einem Interview wandte Pörksen ein, dass ihm nicht ganz wohl dabei sei, wenn von Förster die Welt und ihre Bewohner als „nicht triviale Maschinen" bezeichne, worauf von Foerster antwortete, dass seine Beschreibung ja gerade zeige, „daß man den Menschen, die lebenden Organismen, die Welt und die Dinge nicht trivialisieren kann" (von Foerster/Pörksen, 2013, 58). Den Maschinenbegriff verwende er nur formal, es gehe ihm um „Eingang und Ausgang, Input und Output, Reiz und Reaktion" (ebd.).

Bei der Input-Output-Relation einer trivialen Maschine kann man sehen (wissen), wie der Mechanismus funktioniert. Bei der Input-Output-Relation einer nicht trivialen Maschine kann man nicht sehen, was innen, zwischen Input und Output, also dazwischen passiert.

Das „Dazwischenliegende" zu finden soll zu einer Entdeckungsreise in den nächsten Kapiteln werden, die an Beispielen untermauert wird. Vertreter des Konstruktivismus, zu denen neben von Foerster auch von Glasersfeld (2010), Watzlawick (2010) und andere gehören, sind der Ansicht, dass eine Erkenntnis der absoluten Wahrheit nicht möglich ist (von Foerster, 2010). In diesem Buch soll es darum gehen, die eigene „individuelle Wahrheit" bzw. die eigene Wirklichkeitskonstruktion zu entdecken, zu sehen, zu formulieren, zu kommunizieren und Lösungen zu entwickeln.

Von Foerster spricht von Unerklärbarem, von Wunder, von Unwissen, von Staunen, von einer Black Box (von Foerster/Pörksen, 2013, 62) wie auch Luhmann (1991) und Wiener (1992) von Funktionen und Strukturen sprechen Die Black Box scheint eine Art Speicher zu sein, die das „Dazwischenliegende" sichert und bewahrt. Wenn von Input als Information und Output als Verhalten zu sprechen ist, kann diese Annahme insofern auf die Kommunikations- und Beziehungsebene übertragen werden. Bestimmte Teile, die in der beobachtbaren Kommunikation nicht gesehen werden (können), landen in der Black Box – vielleicht als unbestimmte Teilchen oder Phänomene eines Kommunikationsvorganges, den wir nicht erkennen können, weil wir ihn mit bloßen Augen nicht sehen.

Der folgende Vergleich zwischen Trivialität und Nicht-Trivialität soll das lebende System (Nicht-Trivialität) beschreiben und gleichzeitig die Herkunft von Zirkularität (kreisförmiger wiederkehrender Prozess) verdeutlichen.

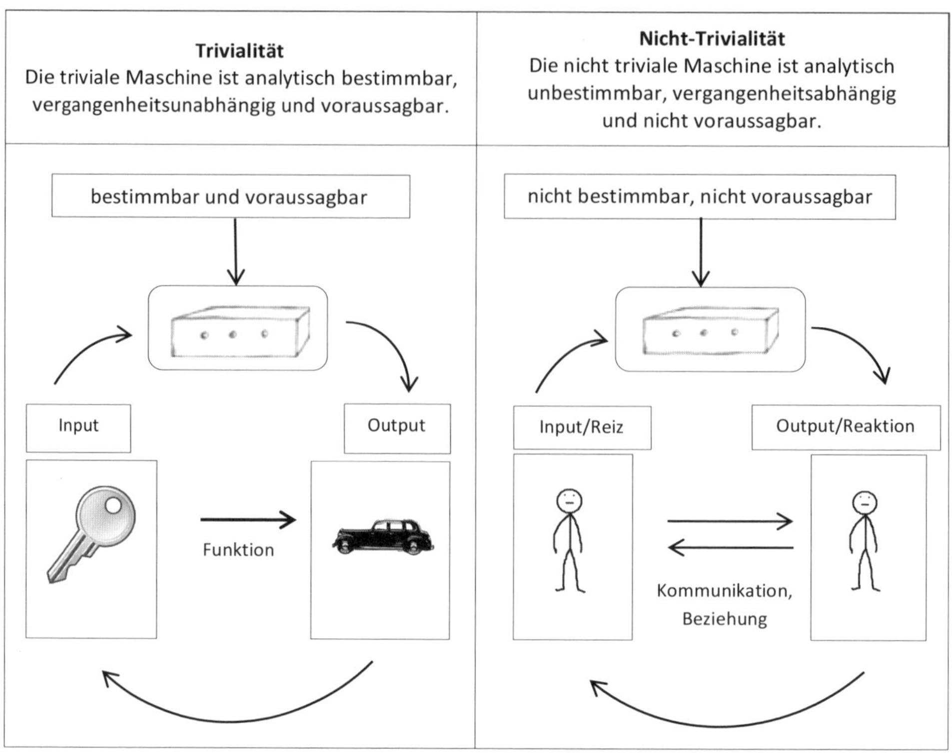

Abbildung 2: Triviale und nicht triviale Systeme (in Anlehnung an von Foerster/Pörksen, 2013, 58; Bertalanffy, 1970, 126)

Die erwähnte Black Box wird in beiden Kreisläufen dargestellt. Bezeichnend für die „triviale“ Black Box ist die Rekonstruktion für technische und mechanische Zusammenhänge (z. B. bei Flugzeugabstürzen). Bezeichnend für die nicht triviale Black Box sind die individuelle Geschichte, familiäre Beziehungsmuster, Erfahrungen oder Ereignisse, da durch die Anzahl der internen Zustände eine Vielfalt an Konfigurationen möglich ist, die manchmal der Betroffene selbst nicht kennt oder abrufen kann.

Zentrale Themen von Foersters sind Zirkularität und Selbstreferenz. In diesem Zusammenhang gilt er auch als Vater der Kybernetik. Er ist es auch, der die „Kybernetik der Kybernetik“ bzw. „Kybernetik zweiter Ordnung“ (1993, S. 63f) prägt. In der systemischen Beratung und Therapie geht es insbesondere um eine solche, auf die Kybernetik zurückführende Betrachtungsweise. Beobachtung und Reflexion, das heißt: Beobachtung erster und zweiter Ordnung kann als ein Kernstück systemischen Denkens bezeichnet werden. Beobachtung ist als ein Handeln und Denken bzw. als Konstruktion anzunehmen. Beobachtung und Reflexion der Beobachtung werden im Verlauf der nachfolgenden Kapitel als Gegenstand von Beratungskontexten gesehen und näher erläutert.

In lebenden Systemen (nicht trivial) befindet sich zwischen den genannten Wortpaaren Input-Output/Reiz-Reaktion (Abb. 2) etwas, das nicht determinierbar ist. In den Beratungsgesprächen wollen wir dieses Etwas am Beispiel von Kommunikation und Illustration untersuchen und sichtbar machen, nennen wir es vorerst das „Dazwischenliegende", die „Noch-Nicht-Kommunikation", vielleicht auch „Teilchen von Kommunikation" oder „das verlorene Wort". So geht von Foerster (1993) davon aus, dass bei nicht trivialen Maschinen ein analytisches Vorgehen prinzipiell nicht möglich sei. Er nutzt den Vorteil des Maschinenkonzeptes, um endgültig deutlich zu machen, dass lebende Systeme sich nicht trivialisieren und damit auch nicht analysieren lassen (ebd.). Mit dieser Beschreibung lassen sich die folgenden Beratungsgespräche hinsichtlich des Selbstverständnisses für referenzielle Kommunikationsprozesse und deren Sinn auf mehreren Ebenen untermauern und fortführen.

Was geschieht also in der Geschichte des kleinen Prinzen?

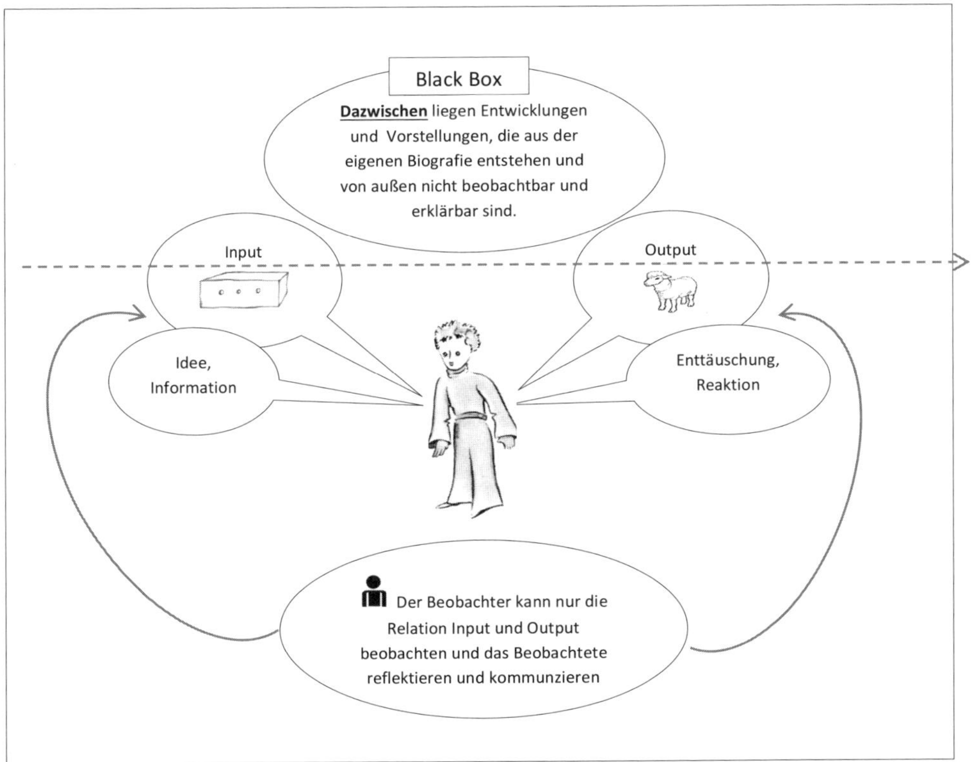

Abbildung 3: Black Box – das Dazwischenliegende (1)

Der kleine Prinz mag sich sein Schäfchen so (als Kiste) und nicht anders vorgestellt haben. Dieser Blickwinkel entzieht sich dem Beobachter völlig. Der Beobachter nimmt den Input wahr: der kleine Prinz bittet den Piloten, ihm ein Schaf zu zeichnen. Der Beobachter kann aus der Input-Output-Relation die Situation beschreiben, vielleicht: Der kleine Prinz lässt seine Schultern hängen und zieht einen ‚Schmollmund', nachdem der Pilot das Schaf gezeichnet hatte. Der kleine Prinz hatte sich das Schaf völlig anders vorgestellt. Der Beobachter kann das nicht wissen (sehen). Er kann seine Beobachtung reflektieren und daraus schließen, dass der kleine Prinz enttäuscht aussieht. Dabei spielen seine (des Beobachters) Erfahrungen eine Rolle, da er die Beobachtung so und nicht anders macht, reflektiert, beschreibt und kommuniziert. Das „Dazwischenliegende", also das, was beim kleinen Prinzen (innen) passiert, bleibt ihm verborgen.

IV. Systemische Intervention bei Skizzen und Zeichnungen

3. Intervenieren mit Bildern – *Der kleine Prinz*

Die folgende Abbildung zeigt die Kommunikation zwischen dem kleinen Prinzen und dem Piloten auf jeweils beiden Seiten, also auf der Seite des „Alter“ (Information und Mitteilung) und des „Ego“ (Verstehen) und umgekehrt.

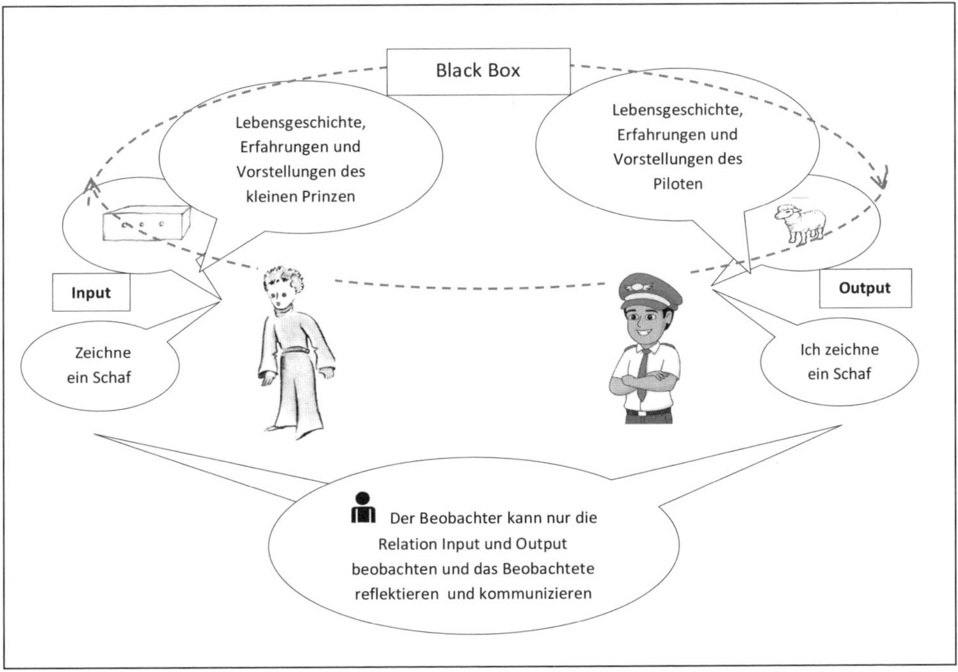

Abbildung 4: Black Box – das Dazwischenliegende – Kommunikation (2)

Zum Verständnis: Ego und Alter bezeichnen zwei unterschiedliche soziale Positionen eines Kommunikationsprozesses. „Alter“ bedeutet: „der andere“ und Ego bedeutet: „ich oder selbst“. Man könnte auch sagen: die „eine und die andere Position“ oder „der eine und der andere“, da beide Positionen jeweils im Wechsel „kommunizieren“. Das heißt: Es kommt nur dann ein Handeln (eine Kommunikation) zustande, wenn „Alter“ (Information und Mitteilung) sein Handeln nicht davon abhängig macht wie „Ego“ (Verstehen) handelt, und „Ego“ sein Verhalten an „Alter“ anschließen will (Reese-Schäfer, 1999). Luhmann gibt dazu ein Beispiel: „Alter bestimmt in einer noch unklaren Situation sein Verhalten versuchsweise zuerst. Er beginnt mit einem freundlichen Blick, einer Geste, einem Geschenk – und wartet ab, ob und wie

Ego die vorgeschlagene Situationsdefinition annimmt. Jeder darauf folgende Schritt ist dann im Lichte dieses Anfangs eine Handlung mit […] bestimmendem Effekt – sei es nun positiv oder negativ“ (Luhmann, 1985, S. 150). Im systemischen Denken geht es also nicht um Kausalzusammenhänge von Ursache und Wirkung, sondern um Zusammenhänge von Wirkung und Wirkung und damit um Zirkularität: Reaktion, Rückmeldung, Beobachtung und Reflexion (Verhalten).

Insofern lässt sich Kommunikation am Beispiel des kleinen Prinzen wie in Abbildung 4 darstellen.

Der kleine Prinz hat viele Gedanken, die ihn beschäftigen. Ein bestimmter Gedanke beschäftigt ihn jedoch besonders. Er möchte, dass der Pilot ihm ein Schaf zeichnet. Was genau der kleine Prinz damit verbindet, ist nicht bekannt. Jedoch kann davon ausgegangen werden, dass er eine bestimmte Vorstellung hat, die er mit dem Schaf verknüpft. Seine Gedanken und Erfahrungen und die damit verbundenen Bilder, die in seinem Kopf als eine Vielfalt von Informationen vorhanden sind, muss er nun in Worte fassen und zwar dergestalt, dass der Pilot sie versteht. Dessen Zeichnung gefällt dem Prinzen jedoch nicht, obwohl der Pilot die Bitte des kleinen Prinzen „verstanden“ hat. Damit ist nach Luhmann (1991) ein formaler Kommunikationsakt zustande gekommen:

Bei der Kommunikation (s. a. Kap. 8.1) spricht Luhmann (1991) von einer Dreier-Einheit: „Information, Mitteilung, Verstehen“. Hier ist immer auch Selektion gemeint. Selektion der Information, Selektion der Mitteilung (von Alter ausgehend) und Selektion des Verstehens (von Ego ausgehend). Das heißt: Es kann immer nur der Teil einer Informationsvielfalt ausgesucht werden, die mitgeteilt werden soll. Diese Mitteilung sollte sprachlich so „codiert“ (formuliert) werden, das der „andere“ sie verstehen sollte. Dabei ist jedoch nicht gewährleistet, ob und wie der „andere“ versteht und darauf reagiert bzw. daran anschließt. Das heißt weiter: Sobald „Verstehen“ gewährleistet (möglich) ist, ist ein Kommunikationsvorgang abgeschlossen. Dabei gibt es nichts Fehlerhaftes, denn der Adressat versteht, was er versteht. Insofern kann nach einem abgeschlossenen Kommunikationsvorgang eine Anschlusskommunikation erfolgen. Also fügen wir hier in Anlehnung an die Dreier-Einheit die Anschlusskommunikation in einem weiteren Schritt (4) an.

Von Seiten des kleinen Prinzen:

1. Schritt (Information):
   Der kleine Prinz wählt aus seinem Gesamtrepertoire an Wissen (Umwelt) eine bestimmte und keine andere Information aus, die ihm gerade wichtig erscheint – es hätte auch eine andere sein können – (Selektion der Information – Alter an Ego)

2. Schritt (Mitteilung):
   Der kleine Prinz möchte vielleicht nicht mehr allein sein (Einsamkeit) oder er möchte Vertrautheit (Nähe) spüren und verbindet diese Vorstellung mit einem

Schaf, das dieses für ihn symbolisiert (systeminterne Operation). Er muss diese Mitteilung kommunikativ, das heißt: verstehbar machen. Er konkretisiert seinen Wunsch „Bitte male mir ein Schaf" (Selektion der Mitteilung – Alter an Ego).

3. Schritt (Verstehen):
   Der kleine Prinz signalisiert, dass er das so nicht möchte. Er möchte ein Schaf, das er spüren und versorgen kann, das bei ihm ist, in seiner Nähe, wenn er allein ist (Selektion bzw. Teilannahme). Eine andere Ebene entsteht. Dieser Teil der Kommunikation ist abgeschlossen. Alle drei Komponenten haben stattgefunden. Der Pilot hat die Bitte (Informationen und Mitteilung) so verstanden, wie er versteht (Der Adressat versteht, was er versteht). Mit der Hoffnung auf (vollständiges) weiteres Verstehen findet weitere Kommunikation statt – ja, so (Kiste) habe ich mir mein Schaf vorgestellt. Der Pilot versteht die erneute Bitte (Information und Mitteilung) des kleinen Prinzen erneut (Selektion des Verstehens – Ego an Alter).

4. Schritt (Anschluss):
   Mehrere Kommunikationsprozesse sind in sich abgeschlossen und Anschlusskommunikation (1. bis 4. Schritt) ist möglich. „Alter und Ego" wechseln dann die Seiten, da die jeweiligen Anschlusskommunikationen auch wieder vom jeweiligen Verstehen abhängig sind. Der Empfänger der Botschaft muss also die Mitteilung verstehen – er versteht, was er versteht. Das geschieht zwischen dem Piloten und dem kleinen Prinzen in mehreren zunächst „untauglichen" Anläufen.

Von Seiten des Piloten:

1. Schritt (Information):
   Die ausgewählte Information erreicht den Piloten – es ist diese und keine andere – (Selektion der Information – Alter an Ego)

2. Schritt (Mitteilung):
   Für den Piloten ist die Mitteilung „male mir ein Schaf" klar verständlich. Er malt ein Schaf. Jedoch ist dieses nicht, wie der kleine Prinz sich ein Schaf vorstellt. Zwei unterschiedliche Vorstellungen, die dem jeweils anderen verschlossen bleiben, also zwei Black Boxes prallen aufeinander (Selektion der Mitteilung – Alter an Ego).

3. Schritt (Verstehen):
   Der Pilot malt ein anderes Schaf (systeminterne Operation). Er nimmt die Filterung wahr (Selektion bzw. Teilannahme). Schließlich verliert der Pilot die Geduld und kritzelt eine Kiste. In die Kiste kann der kleine Prinz seine Vorstellung vom Schaf hineinlegen. Eine andere Ebene entsteht. Dieser Teil der Kommunikation ist abgeschlossen. Alle drei Komponenten haben stattgefunden. Der Pilot hat die Bitte (Informationen und Mitteilung) so verstanden, wie er versteht. Durch die

Reaktion (erneute Bitte) des kleinen Prinzen erkennt der Pilot (Reflexion) sein Verhalten, das ihn an die damaligen Erwachsenen erinnert (Selektion des Verstehens – Ego an Alter).

4. Schritt (Anschluss):
   Die Kommunikation – ja, so habe ich mir mein Schaf vorgestellt (Kiste) – erfolgt zwischen dem kleinen Prinzen und dem Piloten nun weiterhin. Der Empfänger der Botschaft, in diesem Fall der Pilot, hat die Mitteilung verstanden.

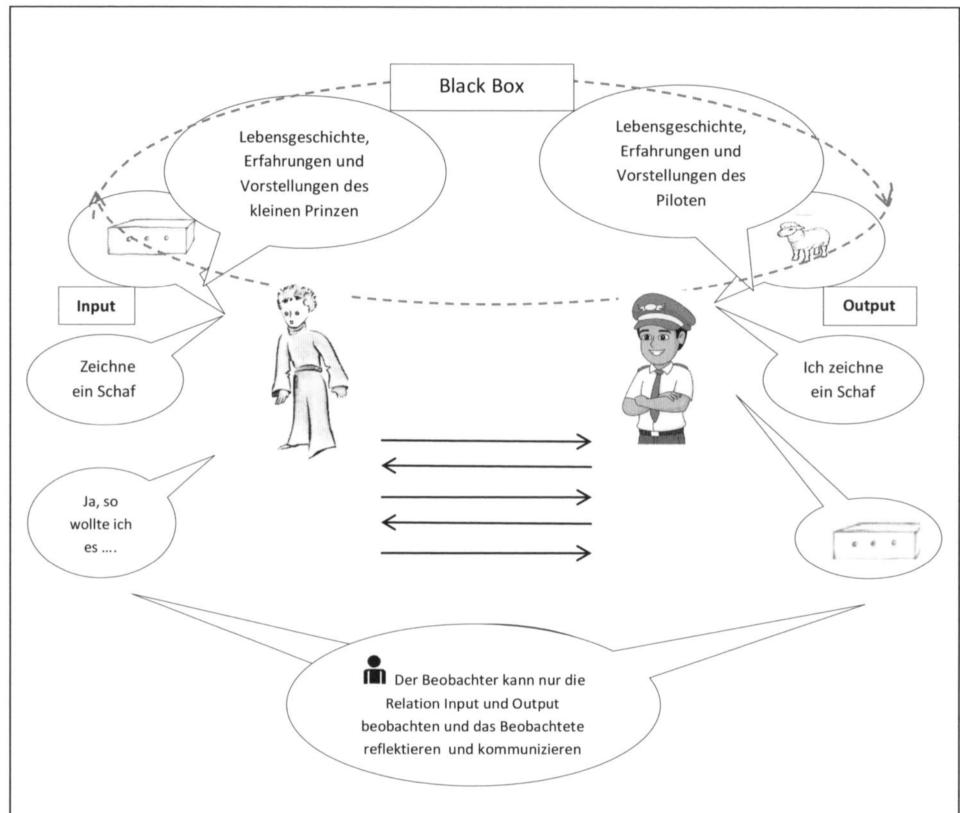

Abbildung 5: Black Box – das Dazwischenliegende – Anschluss-Kommunikation (3)

Eigentlich könnte man hier von drei Black Boxes sprechen, innerhalb des Selektionsprozesses beim kleinen Prinzen, beim Piloten und zwischen beiden als Kommunikationsprozess, der auf die vorangegangenen Prozesse zurückwirkt, und schließlich, wie Abbildung 5 zeigt, der Selektions-/Kommunikationsprozess so lange fortgeführt werden kann, wie beide das befürworten. Der Beobachter kann jedoch nicht „sehen", was sich hinter den „verschlossenen Türen", den jeweiligen individuellen Prozessen verbirgt und wie Verstehen zustande kommt. Er kann nur beobachtend reflektieren, zum Beispiel, dass eine Einigung erzielt wurde.

In der systemischen Beratung geht es um zirkuläre Prozesse und um die Frage, inwieweit Verstehen möglich wird. Eine wichtige Position nimmt der Berater ein, der den offenen Prozess beobachtet, seine Beobachtung reflektiert und seine reflektierte Beobachtung beschreibt und kommuniziert. Dann stellt er (zirkuläre) Fragen, um das Nicht-Aussprechbare aussprechbarer zu machen und um Türen zu öffnen.

Mit den Beispielen in diesem Buch soll der Beratungsprozess der systemischen Intervention durch Skizzieren, Malen oder Zeichnen unterstützt und im Einzelnen dargestellt werden.

Um den Visualisierungsansatz an dieser Stelle zu verdeutlichen, nehmen wir einmal Folgendes an – auch wenn es sehr weit hergeholt erscheint: Der kleine Prinz macht sich Sorgen darüber, sich Erdenmenschen und anderen Lebewesen gegenüber nicht klar ausdrücken zu können, und sein Anliegen besteht darin, besser verstanden zu werden … und einen Freund zu finden. Ebenso könnte der Pilot eine Frage zu klären haben: Wie mag es dazu kommen, dass auch er als Erwachsener den kleinen Prinzen nicht versteht und sich wie ein Erwachsener verhält, der (auch) keine Geduld hat zu verstehen und mit dieser Ungeduld eine Kiste kritzelt?

Welche Hindernisse könnten also vorhanden sein, die es dem kleinen Prinzen nicht leicht machen, einen Freund zu finden, der ihn versteht und den er versteht? Was zeichnet sein Leben aus? Was macht es besonders? Und wo wird er sein Ziel finden auf der Suche nach einem Freund? Der kleine Prinz nimmt einen Stift und malt.

Der kleine Prinz malt einen kleinen Asteroiden, der nicht viel größer als ein Haus ist. Er ist dazu bestimmt, seinen Planeten in Ordnung zu halten. Das ist sehr anstrengend. Er entdeckt eine Blume auf seinem Planeten. Sie ist die einzige, sogar das einzige Lebewesen, mit dem er sich unterhalten kann. Aber sie ist zu eitel für ihn und andere Freunde hat er nicht. So verlässt er seinen kleinen Planeten und sucht Freunde. Auf anderen Asteroiden in der Nähe begegnen ihm unterschiedliche Persönlichkeiten: ein König, der ein Reich beherrscht, das es nicht gibt, ein Eitler, der bewundert werden will, ein Alkoholiker, der trinkt, um sein Trinken zu vergessen, ein Geschäftsmann, der angeblich Sterne besitzt, ein Laternenanzünder, der sich zur Pflicht gemacht hat, simplen Dingen nachzugehen und ein Geograf, der viel schreibt. Nach all diesen Bekanntschaften ist der kleine Prinz noch immer allein und hat keinen Freund gefunden. Dann entschließt sich der Prinz, den Planeten Erde zu besuchen. Auch hier trifft er viele Wesen wie die kluge Schlange und den Fuchs, der ihm sagt: „Man sieht nur mit dem Herzen gut, das Wesentliche ist für die Augen unsichtbar." Er trifft den Piloten, dem es schwerfällt, ein Schaf zu zeichnen. Schließlich erkennt der kleine Prinz, nachdem er einen wunderschönen Rosengarten durchquert hat, dass er Heimweh hat, auch zu seiner eitlen Rose und er erkennt, dass seine Herkunft das ist, was er sucht, was ihn geprägt hat und er findet eine Möglichkeit zurückzukehren.

Er zeichnet also die Stationen seines Lebens und erkennt, dass er immer allein war. Seine Herkunft ist die Einsamkeit. Aber auf der Suche nach einem Freund hat seine Entdeckungsreise ihn jedoch auch viel gelehrt, nämlich „mit dem Herzen zu sehen“ und so gewinnt er die Erkenntnis, dass er sich dorthin zurücksehnt, woher er kommt. Er identifiziert sich mit sich selbst, dass er letztlich doch ein kleiner Prinz ist, der die Einsamkeit schätzt, weil sie zu ihm und seinem Planeten gehört. Er hat einen Freund gesucht und viele interessante Wesen gefunden, aber er hat auch etwas anderes gefunden, sich selbst und die Erinnerung an seine Reise: eine Kiste mit einem Schaf.

Der kleine Prinz wird als modernes Märchen international gelesen und vielfach gedeutet, wobei Freundschaft und Menschlichkeit meist im Vordergrund stehen. Der Gedanke, ihn hier als Beispiel für Kommunikation zu nehmen, ist dadurch entstanden, dass sich nicht nur in „Kisten“ verborgene Schätze befinden, die nur dann entdeckt werden, wenn man bereit ist, sie zu finden, sondern dass sich auch in Kommunikationen selbst „verdeckte Kisten“ befinden, die gesucht werden wollen – weil sie „Verstehen“ und damit Klärung beinhalten können.

4. Ordnen von Vielfalt

Der Anspruch der systemischen Beratung kann als eine sogenannte Anwartschaft gesehen werden, die es sich zur Aufgabe macht, einen Beratungsrahmen zur „Annahme einer Situation", in der sich jemand befindet oder zum „Hören einer Problematik", die jemand mitteilen möchte, in angemessener Weise zur Verfügung zu stellen, als Einladung, wertfrei und neutral.

Von Schlippe (2015) geht beispielsweise aus der Sicht eines systemischen Beraters davon aus, Komplexität psychischer und sozialer Zusammenhänge zu ordnen, die Vielfalt zu reduzieren (selektieren) und nach Wegen zu suchen, unterschiedlichen Situationen angemessen zu begegnen. Das bedeutet nicht, die Komplexität zu verringern, indem man zum Beispiel einen Teil wegnehmen würde, vielmehr bedeutet Komplexitätsreduktion, die vorhandene zu ordnen und diese durch eine daraus neu entstandene Komplexität zu verändern oder zu ersetzen.

Das Systemische wird hier aus der Perspektive der Komplexitätsreduktion beschrieben, als eine Art innere Ordnungsfindung. Denn Komplexität erzeugt für die Beteiligten auch eine Art Selektionsdruck (von Schlippe, 2015, S. 7). Gemessen an der Vielfalt äußerer Einwirkungen ist ein einzelner Mensch nicht in der Lage, alle auf ihn einwirkenden Informationen und Einflüsse zu erfassen. Der Mensch sucht nach dem, beziehungsweise findet das, was er (systemimmanent) „begreifen und verarbeiten" kann. Wie Luhmann (1984) geht von Schlippe davon aus, dass der Mensch insofern „zugleich eine ‚Kontingenzerfahrung'" macht, dass alles auch anders sein könne. Das bedeutet „man hat immer die Wahl (Selektion), wie eine Situation eingeschätzt werden könnte und man weiß um Alternativen (Kontingenz)" (von Schlippe, 2015, S. 7). Folgt man von Schlippe, haben wir es auch „immer mit durch Kommunikation erzeugten Beschreibungen zu tun und nicht mit „‚tatsächlich' vorliegenden ‚Dingen'", dessen man sich stets bewusst sein müsse (ebd.). Beschreibungen sind beobachtete Beobachtungen, die kommuniziert werden (können). Jeder beschreibt anders. Deshalb kann Komplexitätsreduktion auch gefährlich sein, wenn die umliegenden Dinge, die Umwelt oder das soziokulturelle Umfeld keine Berücksichtigung finden. Es geht also nicht nur um Reduktion einer Komplexität als ein Sachverhalt, es geht vielmehr um das Handeln, durch das Reduktion erst bewirkt wird, also um die Bewältigung des eigentlichen Vorganges, Komplexität zu reduzieren (Baecker, 1999).

Die systemische Praxis stellt schließlich an sich selbst den Anspruch, einen passenden und geeigneten Weg zu finden, der sich situativ aus dem Kontext und dem Repertoire von Interventionsmöglichkeiten ergibt (von Schlippe, 2015). Ergänzend zu Professionalität und Qualität systemischer Beratung wird in den nächsten Kapiteln die Visualisierung hervorgehoben, die sich aus dem jeweiligen Beratungskontext ergibt. In besonderer Weise entwickelt sich das Zeichnen „aus dem Bauch heraus" zu einem neuen Gegenstand, der zu Sprache und Kommunikation führt.

V. Beispiele aus der Praxis

„Zeichnen ist ein Quantensprung in der Kommunikation und kommt nach dem Geschichtenerzählen", sagt Scheinberger in einem Vortrag über die Macht des Zeichnens (2015). Einige Anregungen werde ich hier gern aufgreifen, da sie das Visualisieren verständlicher machen. Zeichen und Zeichnen, simple Symbole oder Bildzeichen als Vorgänger der Schrift seien eben immer auch Kommunikation oder Weitergabe von Information an andere, so Scheinberger. Aus systemischer Sicht ist der zweite Aspekt (Information an andere) wesentlich, denn Bilder sind Mitteilungen. Mitteilungen sind noch keine Kommunikation, wie oben als dreistelliger Selektionsprozess beschrieben worden ist. Findet jedoch durch das Bild Information, Mitteilung und Verstehen statt, kann von Kommunikation gesprochen werden.

Das Entscheidende am Kern eines Bildes, so Scheinberger (2015), ist die innewohnende Idee, die den Betrachter erreicht. Sie teilt ihm mit, was die Idee war, die durch den Zeichner mitgeteilt wird. Ein Bild transportiert anders. Es erreicht emotional. Man kann Dinge darstellen, die es nicht gibt, die nur im Kopf des Zeichners existieren. Zeichnen ist eine globale Sprache, die ohne Worte verstanden wird, ist auch Fantasie ohne Ergebnis. Zeichnen bedeutet auch hinzusehen, zu beobachten – dieses führt zur Erweiterung der eigenen Welt. Zeichnen ist eine subjektive innere Sicht, auch ein Stück Zeit – ein Moment – mein Moment (ebd.). Zeichnen bildet nicht nur ab, sondern macht erlebbar. Mit diesen Worten aus dem Vortrag wird schließlich deutlich „Wenn ich mich hinsetze und mich den Bewertungen anderer aussetze, bin ich nicht mehr bei mir" (ebd.). Genau das wird hier an systemischer Visualisierung verstanden: Wenn ich mich hinsetze und so sein darf wie ich bin, dann bin ich bei mir.

5. Schüchternheit in der Schule (Nina[1])

5.1 Zauberkiste als Erkenntnis

In der Arbeit mit Kindern und Jugendlichen ist eine vertrauensvolle Neugier vergleichbar mit einer offenen Tür. Sie lädt zum Verweilen ein, wenn das Setting stimmt – die Einladung einladend ist –, sie lädt zum Gehen ein, wenn Achtsamkeit und Wertschätzung nicht vermittelt werden. Ich freue mich auf meine Schülerinnen und Schüler und über das Vertrauen, das sie mir entgegenbringen. Manchmal reicht es schon, wenn Schüler ihre Traurigkeit, ihren Stress oder Ärger in einer imaginären Kiste oder Schatztruhe bei mir lassen können, vielleicht nur für ein bis zwei Tage, um diese jederzeit wieder abzuholen, wenn sie sie wieder benötigen. Meist ist das je-

1 Alle Personennamen und die Originalzeichnungen der Schülerinnen und Schüler wurden anonymisiert.

doch nicht der Fall. So kam einmal eine Schülerin, nennen wir sie Marie (13 Jahre), nach einigen Wochen erneut in die Beratung und fragte, ob ihre Wut noch bei mir in ihrer Schatztruhe sei. Auf die Frage, ob sie sie gern zurückhaben möchte, lächelte sie und sagte, „Nein, aber vielleicht komme ich in der nächsten Woche wegen einer anderen Sache zu ihnen. Geht das am Dienstag?"

Marie kommt am Dienstag in Begleitung ihrer Freundin Nina (13 Jahre). Nach einer Zeit des Ankommens und der Frage nach dem Anliegen übernimmt Marie fürsorglich für ihre Freundin die Antwort, die sie als Frage formuliert: „Gibt es auch Schatztruhen für Schüchternheit?" Ohne den anschließenden Prozess inhaltlich näher zu beschreiben und insbesondere darauf einzugehen, was es für Nina bedeutet, dass ihre Freundin sich so liebevoll um sie sorgt und für sie antwortet, entsteht aus dem Kontext, in den Nina nach und nach einsteigt, die Anregung, eine Kiste zu malen. Nina kennt dieses Verfahren schon von Maries Truhe. Nun soll es ihr bei der Bewältigung ihres Problems ebenso helfen. Sie malt zunächst eine Kiste. Jedoch nimmt im Gegensatz zu Maries Geschichte Ninas Geschichte einen anderen Verlauf und schließlich eine interessante völlig andere Entwicklung:

Abbildung 6: Illustration zu Schüchternheit (C. F.)

Ähnlich wie die Erwachsenen eine geschlossene Riesenschlange, die einen Elefanten verschlungen hat, nicht erkennen, wird die Schüchternheit nach Ansicht der Schülerin in der Erwachsenenwelt nicht verstanden, mitunter sogar als eine negative Charaktereigenschaft bezeichnet, die es abzulegen gilt, die ihr als sogenanntes „Defizit" über viele Jahre anhaftet und sich zunehmend verstärkt. Nina versichert sich, dass ihre Eltern vom Beratungsgespräch nichts erfahren sollen. Sie hat die Erfahrung gemacht, dass die großen Leute nie etwas von selbst verstehen, und „für die Kinder ist es zu anstrengend, ihnen immer und immer wieder erklären zu müssen" (Saint-Exupéry, 2015, 8). Genau wie der Autor des kleinen Prinzen als Kind unverstanden und allein blieb, fühlt Nina sich ebenfalls allein, ohne dass sie mit jemanden über ihre Schüchternheit hätte sprechen können. Im Beratungsgespräch bringt sie jedoch nicht nur den Mut auf, sich und ihr Verhalten zu beschreiben und zu hinterfragen, vielmehr formuliert sie ihre Sorge klar und präzise und ordnet ihre Situation in einen sie umgebenden Kontext ein. Sie möchte nicht mehr schüchtern sein beziehungsweise möchte sie ihre Schüchternheit verändern. Das ist ihr Anliegen. Dieses Anliegen ist der Auftrag an den Berater. Eine von vielen positiven Seiten ihrer Schüchternheit ist die Klarheit, die Nina auszeichnet. Sie sucht ein erreichbares Ziel. Ihr innerer Mut, wie sie sagt, sei eine weitere positive Seite ihrer Schüchternheit, die sie beschreiben kann als Begabung des Zuhören-, Hinsehen-, Zurücknehmen-Könnens, Ausstrahlung von Ruhe, Geduld oder die Fähigkeit, abwarten zu können, aber auch als das Anerkennen der eigenen Leistungen, Interessen und des Einfühlungsvermögens.

Ein weiterer Betrachtungsaspekt ist das „Erkennen von Ausnahmen": Bin ich immer schüchtern? Gab oder gibt es Zeiten, in denen das nicht der Fall ist? Wann oder wie verhalte ich mich anders? Wann oder wo bin ich stolz auf mich? Welchem Ort oder mit wem fühle ich mich verbunden? In welchen Situationen werde ich angenommen, wie ich bin? De Shazer und Dolan sagen dazu: *„Kein Problem besteht ohne Unterlass, es gibt immer Ausnahmen, die genutzt werden können"* (2013, 25, kursiv im Original). Probleme sind vergänglich, mal mehr oder weniger aktuell. Sollten sie dennoch als durchgängig und ununterbrochen vorhanden wahrgenommen werden, kann die kleinste Ausnahme genutzt werden, um Veränderungen herbeizuführen. Beispiel: Wie oft (wie lange, wann, wo) ist das Problem nicht aufgetreten? (vgl. von Schlippe/Schweitzer, 2012, 258f.). Schließlich geht es darum, ob ich mit mir (was und wie ich bin) übereinstimme. Möchte ich etwas verändern? Oder soll alles so bleiben wie es ist? Diese Entscheidung, auch Unterscheidung trägt der Klient, in diesem Fall Nina.

Nina möchte durchaus einen Teil ihrer Schüchternheit behalten, einen anderen Teil möchte sie nicht behalten, einen neuen Teil möchte sie finden, jedoch nicht plötzlich extravertiert sein. Sie möchte ihre Schüchternheit verwandeln, die sie in der Schule als Hemmschwelle insbesondere beim Sprechen und in allgemeinen Kommunikationen wahrnimmt. Sie erfindet die Zauberkiste, in der „die Verwandlung" als Idee von Nina entsteht (Abb. 7).

Man nehme die Schüchternheit, lege sie in eine Kiste, schließe diese für eine Zeit sorgsam zu, nehme die positiven Aspekte mit und verstärke diese. Alsdann probiere man die „Zutaten" aus. Ist das „Rezept schmackhaft", behalte man es bei und mache es zu seinem „Lieblingsgericht", ansonsten lasse man einige Zutaten weg oder füge andere hinzu, ändere die Zusammensetzung und probiere es erneut. In den nächsten Wochen erfindet Nina ein „Schüchternheits-Rezeptbuch".

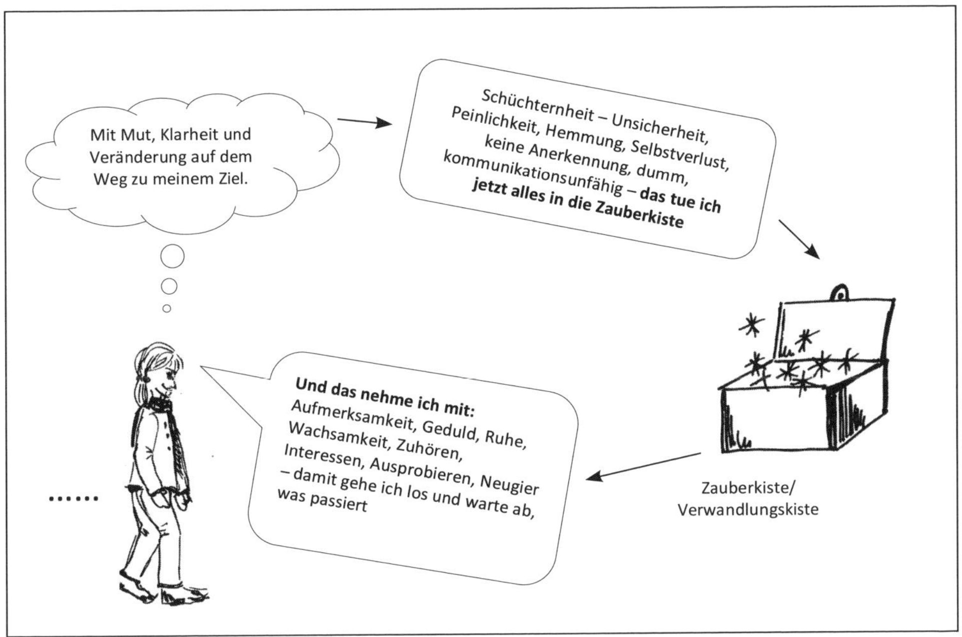

Abbildung 7: Verwandlung von Schüchternheit (C. F.)

5.2 Auswahl an Möglichkeiten

Das, was Nina in die Zauberkiste legt, sind Möglichkeiten, die sie nutzt, um Veränderung zu bewirken. Durch den methodischen Ansatz in der systemischen Beratung und Therapie bei der Arbeit mit Kindern und Jugendlichen, ihren Eltern oder Lehrern, einzeln oder in Gruppen legt das systemische Denken nahe, dass viele Möglichkeiten sichtbar werden, die zugleich aus einer sogenannten Unordnung (ich bin völlig durcheinander und weiß nicht mehr, was ich tun soll) eine neue innere Ordnung herstellen. Neben der Vielfalt von Möglichkeiten (Komplexität) und der Komplexitätsreduktion der Möglichkeiten (Selektion durch Komplexitätsreduktion) geht es ebenso um die Übernahme von Verantwortung, ob mit vier, vierzehn oder vierundvierzig Jahren. Es geht darum, den eigenen Wahrnehmungen zu folgen, sich selbst zu vertrauen (Selbstvertrauen). Es geht darum, sich sicher zu sein, dass das, was ich fühle, für mich in Ordnung ist und ich mit mir zufrieden bin (Selbstsicherheit). Es geht darum, die eigene Sprache zu finden, Augen, Ohren und Nase, eben alle Sinne zu nutzen, meine Beobachtungen zu beschreiben und zu reflektieren (Kommunikation). Schließlich geht es darum, aus der Fülle der Möglichkeiten, die sich mir bieten, zu differenzieren, auszuprobieren, zu entscheiden, zu unterscheiden und Sinn herzustellen.

Dabei gilt zu berücksichtigen, dass alle Möglichkeiten auch immer andere sein können und man sich durchaus Fehlgriffe leisten kann, „weil die Möglichkeiten damit noch nicht erschöpft sind. Man kann zum Ausgangspunkt zurückkehren und einen anderen Weg wählen" (Luhmann, 1991, 94). Von Foerster (von Foerster/Pörksen, 2013, 35) spricht vom ethischen Imperativ und meint damit, die Wahlmöglichkeiten zu erkennen, wenn in der Vielfalt, er spricht von Verwirrung, neue Möglichkeiten sichtbar werden. Ninas neue Sichtweise von Möglichkeiten entfaltet sich im Ausprobieren von ‚Schüchternheitsrezepten', die sie erfindet und ausprobiert. Hier entsteht Freiheit, der ein ethisches Grundprinzip zu Grunde liegt, so der Autor. Seine Formulierung *„Handle stets so, daß die Anzahl der Möglichkeiten wächst"* (ebd., 36; kursiv im Orig.) korrigiert er später präziser: „Heinz, handle stets so, daß die Anzahl der Möglichkeiten wächst" (ebd.). In der schulsozialpädagogischen Beratung würde dieses sinngemäß bedeuten: Leo, Jan, Janina, Jessica oder Nina, aber auch Herr Müller, Frau Meier oder Herr Dr. Schulte, (ich) handle so, dass die Anzahl der Möglichkeiten wächst. Die Blick- und Denkrichtung, das heißt der „eigenständige Denkansatz", erleichtert es, sich auf den gesunden Menschenverstand zu verlassen, eine Auswahl an Möglichkeiten zu sehen, zu erkennen und schließlich zu nutzen, um Unterschiede wahrzunehmen, Gedanken zu formulieren und zu kommunizieren.

Kommt nun ein Impuls von außen (Umwelt), der das System und damit die Strukturen eines Lebewesens in seiner selbstreferenziellen Ordnung (ver-)stört bzw. anregt zum Beispiel durch ein Beratungsgespräch, durch Familiengespräche oder durch

Abbildung 8: Freiheit und Auswahl an Möglichkeiten

Erkennen neuer Ziele, werden Prozesse in Gang gesetzt, die die Selbstorganisation des jeweiligen Systems in Bewegung bringen und Veränderungen herbeiführen, die seiner Eigendynamik entsprechen. Einwirkungen von außen können die Struktur des Systems (ver-)stören, aber nicht vorherbestimmen. Ludewig spricht von einem Verstörungsprinzip und betont, „dass es das Lebewesen ist, das bestimmt, welche Einwirkungen auf welche Weise wirksam sein können, und nicht die Einwirkungen selbst" (2009, 17). Der „Tadel" eines Lehrers trägt nicht zu einem geplanten oder vorbestimmten Verhalten bei – es ist der Schüler, der diesen Tadel in sein System integriert und den Umgang damit bestimmt. Die Möglichkeiten, die Nina mit ihrer Auswahl bestimmt, sind die Möglichkeiten, für die sie sich systemimmanent entscheidet (systeminterne Operation). Der systemische Berater kann ein System nie objektiv beschreiben. Er hat keine Sicht auf das Innenleben. Er kann es auch nicht in eine bestimmte Richtung lenken. Das tut das System selbst – es organisiert sich mithilfe seiner systemimmanenten Potenziale und Strukturen. Aber der systemische Berater darf, wie von Schlippe und Schweitzer konstatieren, neugierig sein, „neugierig auf die (oft ganz besondere) Eigenlogik der Klientensysteme" und „einer grundsätzlich fragenden, neugierigen Haltung auch sich selbst gegenüber" (2012, 95, 125). Im Sinne von Interesse und Verstehen ist der Berater mit dem Klientensystem im Berater-Klienten-Kontext verbunden. Er ist, um mit von Foerster zu argumentieren, ein „Neugierologe", denn „[die; A. J.] gesamte Erkenntnistheorie ist eigentlich, wenn man so will, eine Neugierologie" (von Foerster/Pörksen, 2013, 43).

Von dem Gedanken, nicht mehr zur Schule zu gehen oder ein drittes Mal aus Gründen von vermeintlichem „Unangepasstsein" oder Schüchternheit die Schule zu wechseln, verabschiedet Nina sich zu Gunsten eines möglichen erreichbaren Zieles. Nina möchte lernen, eine gute Schülerin zu bleiben und sich selbst anzunehmen. Ihr erster Schritt ist, sich in der kommenden Woche drei Mal im Unterricht zu melden und wenn möglich dieses bis zu den Ferien in fünf Wochen beizubehalten. Mithilfe ihres ‚Rezeptbuches' hat sie dieses bis zum Ende des Schuljahres und auch darüber hinaus geschafft.

6. Bauchschmerzen oder Schulverweigerung (Felix)

6.1 Aller Anfang ist nicht schwer …

Vielfach erlebe ich in Beratungsgesprächen mit Schülern, Lehrern und Eltern, dass die Tragweite eines Problems durch reine Formulierungen und Sprache oft nicht klar zu erfassen oder zu beschreiben ist und die Klienten sich angesprochen fühlen, wenn ich das, was sie sagen, mit kleinen Skizzen und farbigen Stiften unterstütze. Aussagen wie: „Ich kann morgens nicht aufstehen und auch nicht zur Schule gehen" inspirieren mich zum Beispiel dazu, ein einfaches Bett zu malen. Ich hätte auch eine Morgensonne, eine Schule, ein X oder einen Stuhl skizzieren können. Es gibt viele Möglichkeiten, ich wähle das Bett aus einem Impuls heraus, den der Schüler einbringt. Mit dieser eng an die Formulierung des Schülers geknüpften visuellen Skizze ist bereits die erste Hürde des Erstkontaktes (Joining) genommen, auch wenn es das Problem an sich noch nicht beschreibt.

Joining ist eine von Minuchin bezeichnete Methode der „accomodation" (1997, 10). In der deutschen Übersetzung ist darunter die Anschlussfindung oder der Zugang zum Klientensystem zu bezeichnen, der sich im laufenden Beratungskontrakt in einer gelingenden Kommunikation widerspiegelt. Die von Luhmann geprägte Bezeichnung „Anschlusskommunikation" (Kap. 3) besagt, „daß sie auf einem Verstehen der vorausgehenden Kommunikation beruht" (Luhmann, 1991, 198f.), anders ausgedrückt, erst anhand eines Anschlussverhaltens erkennt man, ob man verstanden worden ist und nur aufgrund von „Anschlussäußerungen" kann weitere Kommunikation stattfinden (ebd.,193). Die Rückbezüglichkeit tritt als selbstreferenzielle Rekursivität in einem kausalen Zusammenhang (Zirkularität) auf. Ebenso wird dem Aspekt Schrift kurz Aufmerksamkeit geschenkt und auch diesbezüglich wird auf Luhmann verwiesen: „Durch Schrift wird Kommunikation aufbewahrbar […], ja sogar unabhängig von Interaktion" (ebd., 127). Sie erreiche so auch Nichtanwesende, die den Zeitpunkt der Auseinandersetzung mit der Information selbst bestimmen können (ebd.). Aus der aktuellen Situation heraus (hier: Bett + aufstehen: was bedeutet das für dich?) wird das Problem herauskristallisiert und Kommunikation sichtbar, verstehbar, auch aufbewahrbar und für andere erfahrbar, aber nicht zuletzt bleibt sie eine Erinnerungsskizze für den Klienten selbst.

6.2 Schulangst brennt wie Feuer

Mit der Möglichkeit des Skizzierens und Malens erkannte ich, dass viele Schüler sich angesprochen und eingeladen fühlten, mehr von sich zu erzählen, von ihren Ängsten zu sprechen, die sich bereits mit dem Aufwachen bemerkbar machen. Der Schulbesuch ist für Felix (13 Jahre) unvorstellbar. „Angst ist wie ein Feuer, das brennt", sagt er. Nach lodernden oder glimmenden Flammen oder Funken sieht die Angst dann auch aus. „Je größer die Flammen", so Felix, „umso größer ist die Angst. Dann wird mir übel." Felix' Angst, zur Schule zu gehen, sieht so aus:

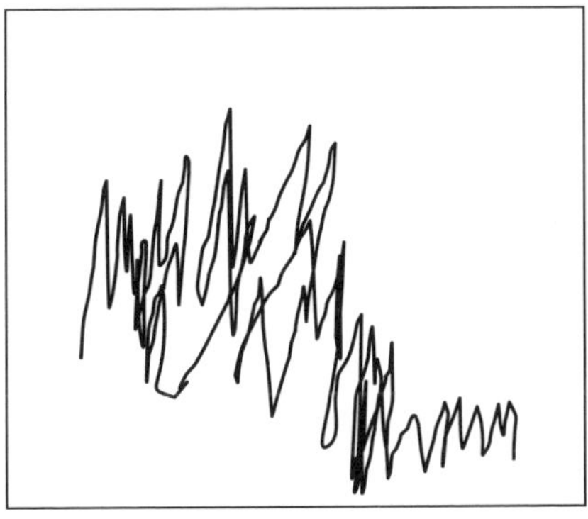

Abbildung 9: Angst ist wie Feuer

Anne (16 Jahre) verbindet mit dem Begriff Feuer ein Gefühl von Neid. Es lodere, wenn sie das Gefühl habe, andere erzielten bessere Noten oder seien anerkannter als sie. Dann brenne das Feuer im Hals und es schnüre ihr die Kehle zu, sagt sie.

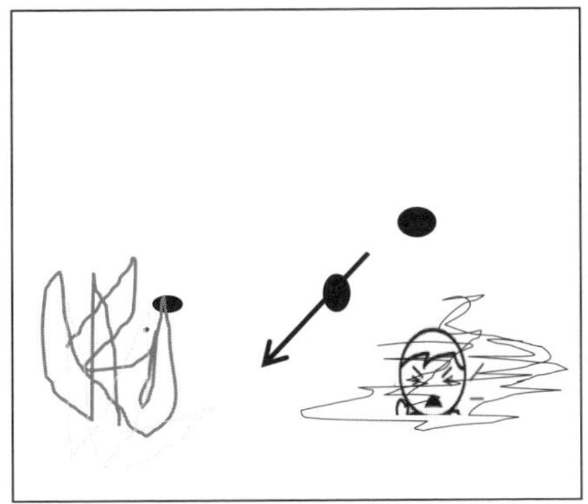

Abbildung 10: Neid sind giftige Pfeile

Manche Schüler nehmen die einfachen Zeichnungen zum Anlass, diese zu ergänzen oder minutiös in eine individuelle Abfolge zu bringen, wie das folgende Muster andeutet:

Auf Fragen, was denn genau passiere, kamen die Schüler zunehmend auf die Idee, die Bilder mit Sprechblasen zu vervollständigen, körperliche Symptome hineinzuschreiben oder andere Personen mit einzubeziehen. Einige Schüler stellen ihre

Bauchschmerzen als ein Krankenbett dar und machen unbewusst mit weiteren Ergänzungen den Wunsch nach Anerkennung oder Nähe deutlich. Felix, erzählt, dass es ihm besser gehe, wenn der Stress mit seinen Eltern wegen der Schule vorbei sei, den er aber aushalten würde, um dann in Ruhe zu Hause bleiben zu können (zu dürfen) und nicht zur Schule gehen zu müssen. Er nimmt also eher den Stress mit seinen Eltern in Kauf als zur Schule zu gehen. Er wählt zwischen zwei für ihn schwierigen Möglichkeiten die für ihn erträglichere aus. Dennoch ist diese Entscheidung für ihn nicht zufriedenstellend. Durch die offene Darstellung entstehen Bilder, deren problematischer Inhalt sich rein sprachlich meist anders gestaltet, nicht zum Ausdruck kommt oder einfach vergessen würde. Ist eine Skizze, eine Figur oder sonstige Form einmal skizziert und deren Bedeutung benannt, bleibt dieser „Gedanke“ (auf den Blättern) während des Beratungsprozesses stets sichtbar. Man kann darauf zurückkommen oder auch nicht.

Felix’ morgendlicher Stress wird sichtbar. Seine Bauchschmerzen führen dazu, dass er nicht zur Schule gehen möchte und lösen in seinem familiären Umfeld unterschiedliche Spannungsmomente aus. Die Abbildungen 11 und 12 vermitteln einen ersten Eindruck davon, wie Felix seine allmorgendliche Aufstehphase bewältigt. Der geschriebene Text in Abbildung 11 ist die Kommunikation zwischen Beraterin und Felix während des Malens. Das Beratungsgespräch kann nur in auszugsweisen Gesprächsphasen nachgezeichnet werden. Abbildung 12 zeigt ausschließlich die formulierten Symbole, die dem Gespräch innewohnen. Es liegt in der Hand des jeweiligen „Betrachters“ (Schüler), Verbindungen herzustellen, Besonderheiten oder bisher nicht bedachte Konstellationen zu erkennen, aber ebenso Visionen zu entwickeln oder Ziele zu formulieren. Die in diesen Abbildungen dargestellten Zeichnungen sind zum professionellen Gebrauch und Verständnis erstellt worden und nicht von Felix selbst gezeichnet. Abbildung 31 zeigt schließlich die im Original entstandenen Zeichnungen (anonymisiert).

Meine Mama weckt mich um  . Dann möchte ich nicht aufstehen  , weil ich weiß, dass ich jetzt schon Bauchschmerzen habe. . (*B: Du wachst also schon mit dem Gedanken an Bauchschmerzen auf, richtig?)* Ja, und dann zwingt meine Mama mich, zur Schule zu gehen, weil sie nicht glaubt, dass ich Bauchschmerzen habe und ich zur Schule gehen muss  . *(B: Angenommen, du würdest nicht zur Schule gehen müssen, wie würden sich deine Bauchschmerzen verhalten?)* In den Ferien sind sie nicht da und nachmittags auch nicht. Aber sonst ist es jeden Morgen das gleiche Theater mit meiner Mama  und der Arzt  sagt, ich sei organisch gesund. *(B: Hm ..., könnte das bedeuten, dass deine Bauchschmerzen auch ein bisschen Theater spielen, ein bisschen so wie du das von deiner Mama glaubst?)* Weiß ich nicht, ich tue so, als wären sie nicht da und gehe ins Bad und hoffe, dass sie  weggehen. *(B: Und? Gehen sie weg?)* Ja, meistens ist meine Schwester  schon wach und wir putzen unsere Zähne  und sie nervt mich. *(B: Kann es sein, das Deine Schwester dich von deinen Bauchschmerzen ablenkt?)* Ja, dann ziehe ich mich erst mal langsam  an und hoffe, dass die Zeit  nicht vergeht. *(B: das heißt, es geht dir erst mal besser, richtig?)* Ja, ich bin ja noch genervt. *(B: Wo sind die Bauchschmerzen?)* Weiß nicht. *(B: Haben sie sich versteckt? Oder werden sie grad nicht gebraucht?)* Meistens nervt Mama mich dann, weil sie schnell sauer wird  und Papa und Mama sich dann meistens streiten  , dann ziehe ich mich doch schneller an , aber ich habe keinen Hunger, weil ich Bauchschmerzen habe. *(B: plötzlich sind die Bauchschmerzen wieder da?)* Weil es wieder Stress gibt und meine Eltern zwingen mich,  , etwas zu essen  . Mir schmeckt es dann nicht  und manchmal muss ich weinen  . Dann wird es erst recht schlimm, weil es schon halb acht ist  . Keiner fragt mehr, wie es mir geht. Meine Mama ist genervt, weil sie selbst arbeiten muss. Ich hole mein Fahrrad  und weine in den Fahrradhelm  , weil man das ja nicht sieht  . *(B: Begleiten die Bauchschmerzen dich oder bleiben sie zu Hause?)* Sie fahren fast immer mit, weil ich ja gegen meinen Willen zur Schule muss und jetzt fühle ich mich ziemlich allein, weil Jan mich gleich bestimmt ärgert.

Abbildung 11: Das Malgespräch – 30 Minuten eines Tages (B = Beraterin) (C. F.)

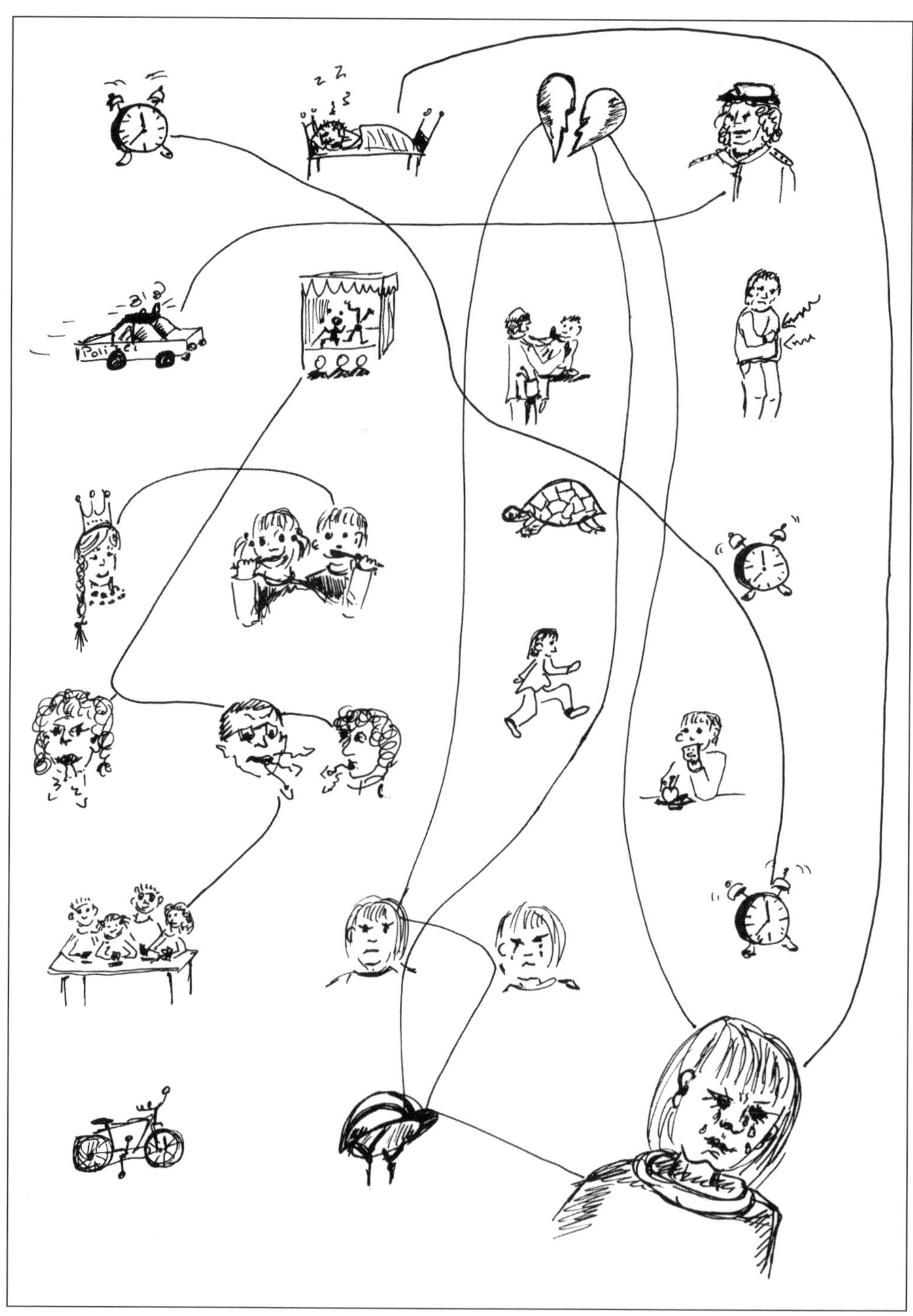

Abbildung 12: Das Malgespräch – 30 Minuten des Tages, Verbindungen (C. F.)

Felix fällt zunächst die Uhr auf, die er dreimal gezeichnet hat. Sein Erstaunen drückt sich darüber aus, dass die morgendliche Zeit unter Druck abläuft. Gleichzeitig fällt das gebrochene Herz in sein Blickfeld, das er mit weiteren Symbolen verbindet. Er findet noch nicht die richtigen Worte, wie er sagt, aber klar artikuliert er, dass alle Familienmitglieder gestresst sind und die eine Reaktion die andere auslöst. Als sein Blick noch einmal auf das gebrochene Herz und die damit einhergehenden Verbindungen fällt, weint Felix und er fühlt sich nach eigenen Angaben so, wie er sich fühlt, wenn er zur Schule gehen muss. Es folgt eine Pause und Schweigen. Anders als ein externer Betrachter, der die Information und die Mitteilung in Bildern zu verstehen versucht, erzeugen die Skizzen für Felix etwas anderes, seine gefühlten Erinnerungen (s. Beispiel des Zieleinlaufes des Läufers, Einleitung). Neue Facetten und Fokussierungen ergänzen seine Lebenswelt. Seine bisherige Wirklichkeitskonstruktion erscheint in einem anderen Licht. Er sieht nicht nur das skizzierte Bett, die Uhr oder das Polizeiauto, er fühlt auch die Situationen; er sieht nicht nur das gebrochene Herz, er fühlt es auch. Er erlebt und belebt das Bild in einem inneren Ablauf. Anders als die Beraterin, die nur beobachten, reflektieren und einen Zusammenhang erkennen und kommunizieren kann, betrachtet Felix das Bild aus seiner Innensicht.

Die Skizzen zeigen einen Teilausschnitt aus Felix' Lebenslage. Es ist der Beraterin nicht möglich, die Lebenswelt von Felix zu erfassen.

Was würde Felix selbst auffallen, wenn er sein Bild aus einer neuen Perspektive anschaut? Er kann die Position verändern. Er kann sich auf den Stuhl stellen und seine Zeichnung aus dieser Perspektive betrachten. Er kann sich auf den Tisch stellen und sein Bild auf den Boden legen. Er kann ausprobieren, entdecken und Spaß haben. Wie würden die einzelnen Symbole in dieser oder einer anderen Anordnung wirken? Welche kommen häufiger, welche weniger häufig vor? Welche Zusammenhänge erschließen sich ihm oder welche Störfaktoren bilden sich heraus? Vielleicht wird ein Gespräch mit seinen Eltern oder der Familie entstehen, um neue Erkenntnisse des morgendlichen Ablaufes zu gewinnen oder neue Ansätze zu „erfinden"? Was kann Felix dazu beisteuern, was seine Eltern oder seine Schwester? Was passiert zwischen den Symbolen? Was würde geschehen, wenn man sie verschieben würde? Welchen Platz haben seine Bauchschmerzen und wie wichtig ist für Felix das Thema Schule? Ein Problem mit seinem Mitschüler Jan spricht Felix nicht an. Im Moment ist er mit sich selbst beschäftigt.

Für einen Moment lebt Felix in seinem Bild. Das hat er der Beraterin voraus. Die Beraterin kann dieses Erkennen nie erreichen. Sie kann nur versuchen, Felix' Lebenslage zu verstehen und wertschätzend mit seinen Problemäußerungen umzugehen.

Am Beispiel der bisherigen Zeichnungen sind das „Dazwischenliegende", das „Noch-nicht-Aussprechbare", „Teilchen der Kommunikation" oder „das verlorene Wort" leichter zu erfassen (s. Kap. 1).

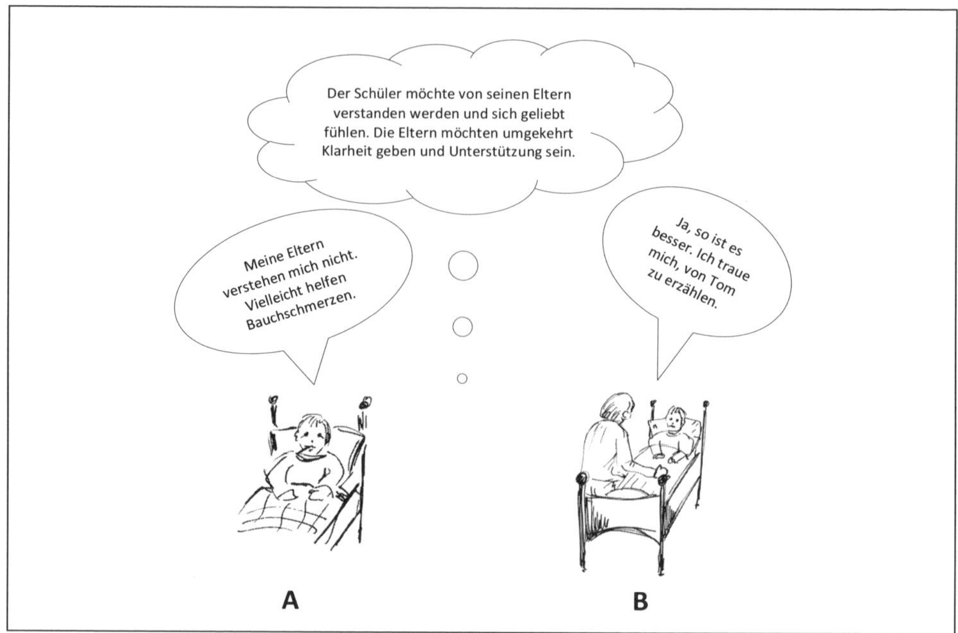

Abbildung 13: Verstehen können (C.F.)

Im obigen Beispiel scheint das gemeinsame Verständnis seiner Eltern (B) für Felix derzeit nicht möglich zu sein. Aus der „Innensicht" von Felix entsteht folgendes Bild (Abb. 14):

In der Mitte ist Felix krank. Er bleibt nach dem Stress mit seinen Eltern allein zu Hause. Anhand der Bilder kann anders und klarer formuliert werden. Denn zwischen dem Wunsch nach Nähe und Verständnis und dem Ergebnis, wegen Bauchschmerzen zu Hause zu bleiben, liegt nach Ansicht des Schülers nicht nur der überstandene Stress, sondern auch das „schlechte Gewissen", das „eigene Verschulden", die „eigene Infragestellung", wie eine Last auf seinen Schultern. Ein schwerer Rucksack also, der den Weg zur Schule zur Anstrengung werden lässt. Viele unbeantwortete oder unbeantwortbare Fragen befinden sich auf der Suche nach Lösungen oder Verständnis. Noch schwirren sie wie „Teilchen" auf einer Ebene „irgendwo" herum. Angefangen von nicht wissen (können), nicht erkennen, noch nicht finden, begreifen oder hoffen, scheint diese Ebene eine Unordnung, eine innere Leere zu haben, die ein Wohlbefinden nicht zulässt. Aus irgendwelchen Gründen scheint es eine Qual zu sein, zur Schule zu gehen. „Es müsste schon ein Wunder geschehen", sagt Felix. Irgendwo scheint es nicht identifizierte oder nicht identifizierbare Teilchen zu geben, die sich in einem noch unbekannten Raum des eigenen Systems befinden. Warum gerade ich? Wieso geht es den anderen Kindern besser? Warum können meine Eltern mich nicht verstehen? Oder warum bin ich so dumm? Ich hasse mich. Die Strukturen in diesem Raum

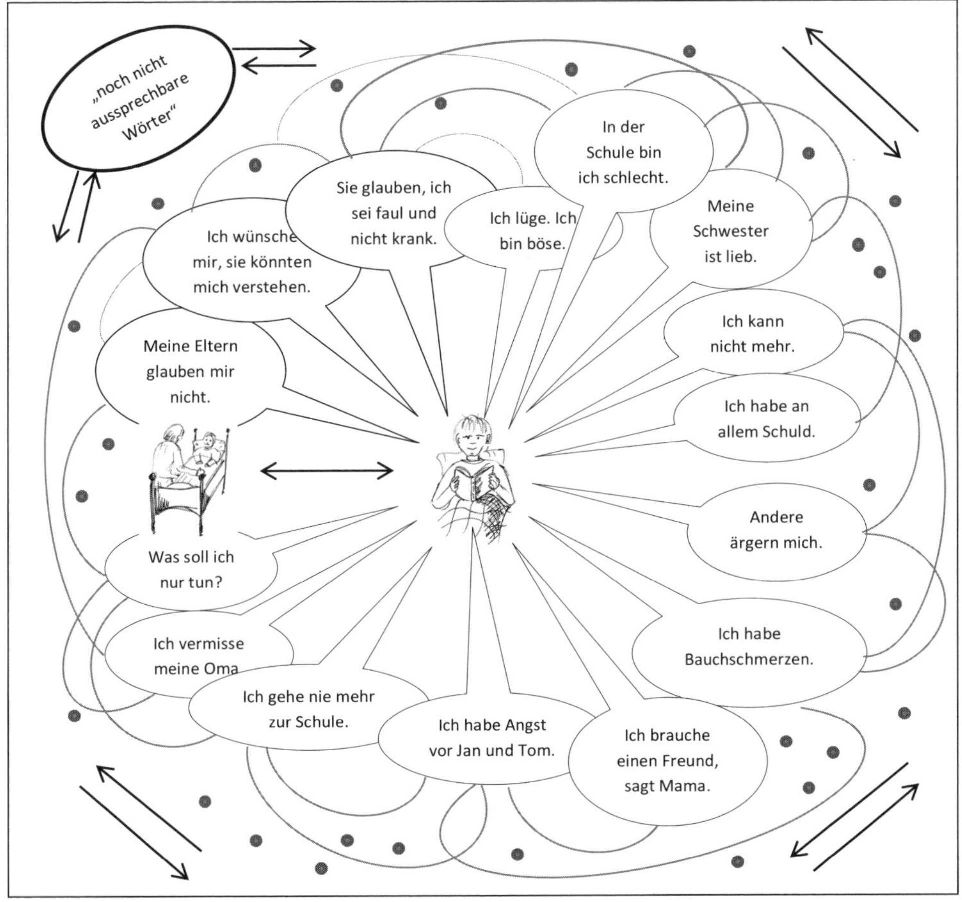

Abbildung 14: Das „Dazwischenliegende", „Noch-nicht-Aussprechbare" oder „Teilchen von Kommunikation" oder „das verlorene Wort"

sind weder determinierbar noch erklärbar, sie organisieren sich selbst und ordnen und orientieren sich an dem, was das jeweilige System kennt. Das „Übergeordnete" ist für den Schüler verworren, es verunsichert, beunruhigt, stellt Dinge infrage, stellt ihn selbst infrage und so entsteht das, was Felix als „schlechtes Gewissen" oder „Schuld" bezeichnet. Das, was er spürt, ist noch etwas Weiteres: die Suche nach Erklärungen. So entsteht die Metapher „das verlorene Wort". Durch das Skizzieren erhält das „Problem" und damit die Suche eine visuell wahrnehmbare Form, die der Sprache vorausgeht bzw. Ausdruck und Formulierung erleichtert, um dann auf der Kommunikationsebene Bestand zu haben. Vor dem Hintergrund systemischen Denkens ist Kommunikation immer eine tragende Dimension für die soziale Systembildung und -interaktion.

6.3 Eine Suche nach Wirklichkeiten

Zunächst entstehen Bilder, die sich aus dem jeweils aktuellen Beratungssetting ergeben oder als Anschlussbilder (-kommunikation) das erfüllen, was Felix bewegt oder sich an seinen vorangegangenen Erfahrungen ankoppelt und entwickelt.

Felix' Geschichte nimmt während der Beratung Formen an, neue Möglichkeiten und Denkweisen entstehen, die sichtbar werden und der Schüler gestaltet seinen Prozess aktiv mit:

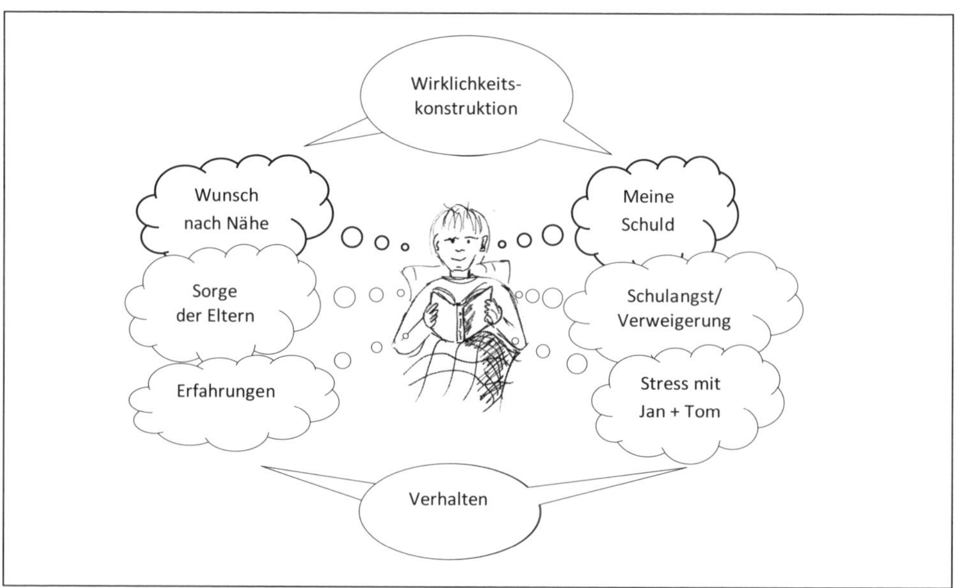

Abbildung 15: Wirklichkeitskonstruktion und Verhalten

Aus einer Wirklichkeitskonstruktion entsteht Verhalten (Schulverweigerung). Felix' Verhalten hat eine Geschichte, die zunächst sogar verständlich erscheint, jedoch ist Felix selbst damit nicht glücklich. Manchmal entstehe eine Art innere Panik, so Felix, so als hätte er etwas verbrochen und müsse fliehen, wisse aber nicht wohin. Auch sein Herz rase und seine Beine zitterten. Eigentlich möchte er zur Schule gehen, aber er könne nicht. Zu viele Unabwägbarkeiten beeinflussen seine Vorstellungen und wirken auf seine Lebenssituation und deren Ordnung zurück. Im Bild (Abb. 14) wird der kreisförmige Verlauf erkennbar, der sich im nachfolgenden Bild bereits strukturierter darstellt (Abb. 15). Für Felix werden seine bisher formulierten Sorgen nach und nach sichtbar. Er sieht deren Vielfalt, wenn er sie in Sprechblasen skizziert und wahrnimmt. Er erkennt, dass deren einzelne Komponenten sich gegenseitig bedingen und beeinflussen. Gleichzeitig kann er nachvollziehen, dass diese Geschichte seine eigene Geschichte ist und auch andere Personen aus seiner Familie, der Schule oder Freizeit eine Rolle darin spielen. Er ist also nicht allein. Er könnte sogar Veränderungen herbeiführen, wenn er wollte. Er könnte seine Eltern einladen, seine Familie, Lehrer oder Mitschüler. Seine Eltern könnten gemeinsam mit ihrem Sohn in die Beratung kommen oder Felix kommt weiterhin allein. All das könnte geschehen oder nicht geschehen oder Felix findet einen anderen Weg. Die Beraterin kann ihn begleiten. Sie ist Beobachterin, die ihre Beobachtung reflektiert und kommuniziert.

Bleiben wir zunächst beim Individuum (Person) Schüler. Es liegt auf der Hand, dass andere (soziale) Systeme, das heißt andere Personen und Vorstellungen und deren eigene Konstruktionen, parallel dazu eine Rolle spielen und sich durch Kommunikation vernetzen. Es geht hier aber zunächst nur um Felix und seine erweiterte Wahrnehmung:

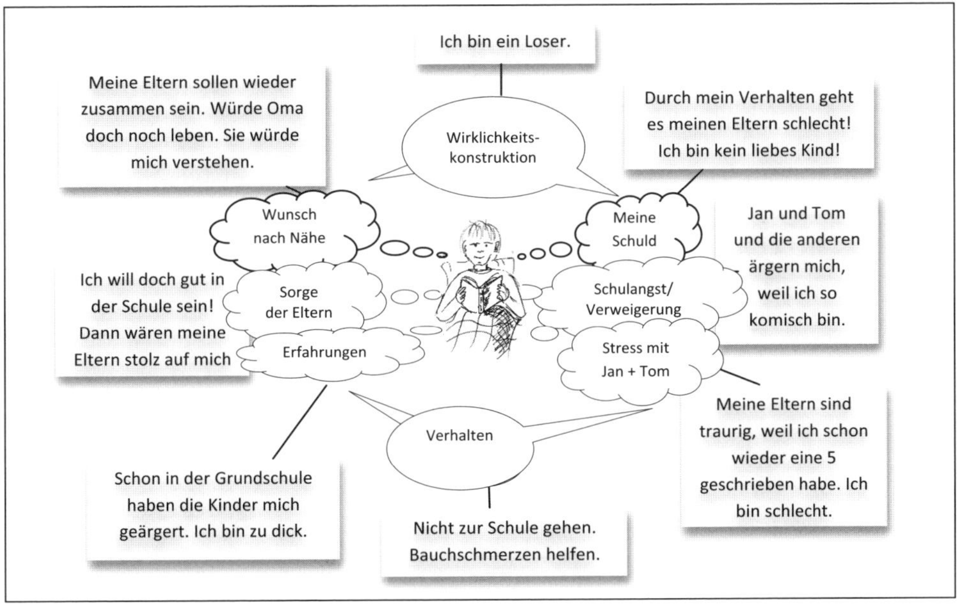

Abbildung 16: Wirklichkeit und Wahrnehmung

Der innere Zirkel wird um einen weiteren daraus abzuleitenden Zirkel ergänzt (operationalisiert), der ebenso eng mit Felix' Situation verbunden ist. So entsteht gegenüber Abbildungen 14 und 15 eine noch deutlichere individuelle Struktur, Ordnung und Formulierung. Hier werden die Umwelten, die das System (Person, Individuum, Schüler) beeinflussen, mit einbezogen wie Familie, Kindergarten, Schule. Weitere periphere Beispiele ließen sich ähnlich fortsetzen und würden weitere Kreise ziehen.

So ist alles zirkulär. Das heißt, es gibt keine konkrete und eindeutig zu bestimmende Ursache, die darauf schließen ließe, dass Felix nicht zur Schule geht. Weder kann man sagen, weil die Mutter Felix nicht liebt (auch das ist nicht feststellbar), weigert Felix sich, zur Schule zu gehen, noch kann man sagen, weil Tom und Jan ihn ärgern, kann er sich nicht konzentrieren. Ebenso wenig kann man davon ausgehen, dass Felix in der Schule schlecht ist, weil er sich nicht konzentrieren kann usw. In Beziehungen nach Ursachen und Wirkungen zu forschen, etwaige „Schuld" auf eine lineare Kausalität zurückzuführen, auf Verhaltensweisen zu schließen oder damit zu begründen, ist nach einem Ursache-Wirkungs-Prinzip nicht zu klären. Zu sehr entsteht Verhalten aufgrund einer Vielfalt an Erfahrungen und Mustern, dem bereits ein meist längerer Entwicklungsprozess vorausgegangen ist. Erst dann, wenn beispielsweise Kommunikationsprobleme so weit fortgeschritten sind, dass Verstehen nicht mehr möglich wird, entstehen Reaktionen in Form von unterschiedlichem teils auffälligem Verhalten. Dieses kann durchaus im Rahmen des Kontextes, in dem es gezeigt wird, gerechtfertigt sein. Häufig entsteht ein Teufelskreis. In Beziehungen und Verhaltensweisen kann es deshalb keine lineare Kausalität geben (Abb. 17). Pädagogisch gesehen könnten wir also einen einzigen Lerntopf und dessen Inhalt nicht jedem System in gleicher Weise überstülpen und erwarten, dass sich dabei die gleichen Ergebnisse ergeben, und juristisch gesehen könnten wir keine Beweise antreten, weil eben alles zirkulär ist und es die einzige richtige Wahrheit nicht geben kann. Trotzdem versuchen wir das täglich (von Foerster/Pörksen, 2013). Die Abbildungen sollen einen Eindruck vermitteln, dass für Schüler, Lehrer und Eltern Situationen verständlicher werden, wenn wir skizzieren oder malen. Der Prozess des Malens ist ein Prozess des eigenen Lernens und Erkennens. Durch Erkennen entsteht Sicherheit (Selbstsicherheit).

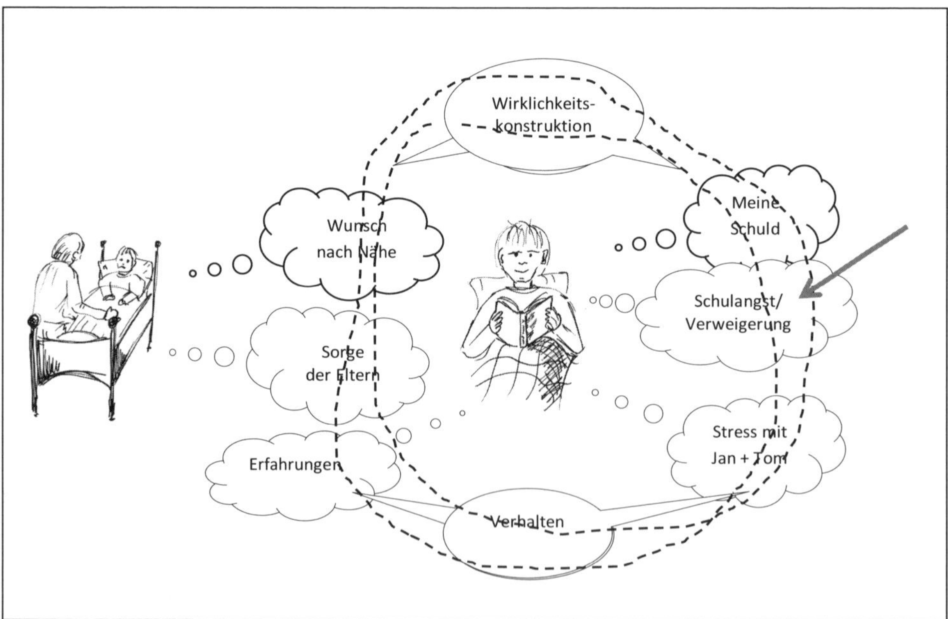

Abbildung 17: Zirkularität

Der Blick auf verschiedene Wahlmöglichkeiten (Abb. 8) erzeugt eine erweiterte innere Blickrichtung des einzelnen Systems auf vorhandene Wichtigkeiten und mögliche weitere systemimmanente Lösungsansätze. Der Blick auf die Person (Abb. 14, 39) macht verstehbar, dass Kommunikation aus einer Vielfalt erst entstehen muss, sonst könnten wir nicht auswählen und unterscheiden. Bewusstsein und Kommunikation (psychisches und soziales System) ermöglichen dieses im Austausch miteinander. Beide Systeme sind autonom und gleichzeitig aufeinander bezogen, irritieren und beeinflussen sich gegenseitig und schließlich ist es das soziale System, das die gefilterte Kommunikation nach außen transportiert. Dieses geschieht hier zunächst bildhaft in Form von Schrift und Zeichen, Strichen, Punkten oder Sprechblasen. Nehmen wir an dieser Stelle bereits vorweg, das „hinter den Sprechblasen" beziehungsweise dazwischen Bewegung in Gang gesetzt wird, sobald eine „Sprechblase" durch einen Impuls von außen angeregt wird, ist davon auszugehen, dass sich ebenso die Strukturen und deren Ordnung im gesamten System verändern. Stellen wir uns Seifenblasen vor, reicht der zarteteste Windhauch aus, um ein Seifenblasensystem in eine andere Ordnung zu versetzen. Dieses gleicht einem „Eingriff" (Intervention) ins System und ist dem „Schmetterlingsflügelschlag" geschuldet, der ein Mobile in Bewegung setzen könnte, geht man davon aus, dass Systeme hohen Wahrscheinlichkeitsschwankungen in die eine oder andere Richtung ausgesetzt sind und die winzigsten Ereignisse eine Bedeutung haben (von Schlippe/Schweitzer, 2012, 105).

Würde man nun anstatt Seifenblasen zwei „Sprechblaseninhalte" miteinander in Bezug setzen, wäre das „Unbestimmte", was sich dahinter verbirgt, das „Dazwischenliegende", also das, was zwischen Sprechblasen oder Teilchen passieren oder sich zwischen ihnen ereignen oder bilden könnte, nicht mehr beobachtbar, nicht vorhersehbar und noch nicht kommunizierbar. Das „vorhandene Nicht-Wissen" wäre schon als eine Art „Wunder" (Kap. 6.7), zu bezeichnen. Und manchmal sehen wir nicht, dass es noch Etwas gibt. „Wir sehen nicht, dass wir nicht sehen", sagt von Foerster (von Foerster/Pörksen, 2013, 117) und demonstriert das Gesagte mit einem Experiment: der blinde Fleck.

„Das Experiment mit dem blinden Fleck: Halten Sie dieses Buch mit der rechten Hand, schließen Sie das linke Auge und fixieren Sie mit dem rechten Auge den Stern. Bewegen Sie dann das Buch langsam entlang der Sehachse vor und zurück, bis der Abstand erreicht ist, bei dem der große schwarze Punkt verschwindet. Wenn der Stern gut fixiert wird, bleibt der Punkt unsichtbar, auch wenn Sie das Buch parallel zu sich selbst nach rechts oder links, nach oben oder unten bewegen" (von Foerster/Pörksen, 2013, 117).

Abbildung 18: Der blinde Fleck

Vergleichbar mit einer optischen Täuschung oder visuellen Illusion entsteht eine Wahrnehmungstäuschung des Sehens. „Wir sehen nicht, dass wir nicht sehen", aber wir wissen, dass etwas da sein muss, was wir nicht sehen können. Der blinde Fleck unserer Wahrnehmung ist also nichts anderes, als dass wir nicht sehen können, obwohl etwas vorhanden ist (Abb. 18). Von Foerster wird von Luhmann nicht nur im Rahmen der Kybernetik zweiter Ordnung, sondern auch bezüglich seiner Beobachtung des blinden Flecks sowie voraussagbarer Eigenwerte herangezogen (Lutterer, 2002).

Das Bild Wirklichkeitskonstruktion und Verhalten (Abb. 15) zeigt ein vereinfachtes Modell mit neuen reduzierten Aspekten aus einer vorherigen Vielfalt. Der Blick auf Bild, Wirklichkeit und Wahrnehmung (Abb. 16) erweitert den Eindruck von Felix in einer für ihn angemessenen und überschaubaren Art. Der Blick auf Abbildung 16 macht deutlich, dass der nicht zufriedenstellende Kreislauf unterbrochen werden kann. Auch alle anderen Themen würden ihren Platz verändern, sobald eine „Sprechblase" aus dem Kreislauf genommen würde.

Felix ist eingeladen, sich und seine Welt zu betrachten. Es kann passieren, dass er Ideen entwickelt oder Zusammenhänge erkennt. Es kann passieren, dass er Situationen wahrnimmt, die ihm besonders wichtig erscheinen und vorher nie aufgefallen waren. Es kann passieren, dass Fantasien den Kreislauf dergestalt verändern, wie er seiner Ansicht nach aussehen könnte und erste Zielvorstellungen genannt werden. Die meisten Schüler interessieren sich sehr für die eigene Lebenskonstruktion aus der „Beobachter- und Betrachterperspektive". Durch eine neue Sichtweise aus der eigenen Metaperspektive seines Lebensmodells erhält Felix neue Impulse, die ihn befähigen, seine Situation neu zu beschreiben und auch zu formulieren. Die Visualisierung hilft dabei, die eigene Sprache, das verlorene Wort, zu finden. Und Felix ist dabei, seine erste Zeichnung (Abb. 31) wieder zur Hand zu nehmen. Lange bleibt sein Blick daran haften.

6.4 Treffen mit den Eltern (Lokführerkonferenz)

Felix ist ganz bei sich selbst angekommen. Das zeigen seine Tränen und seine Körperhaltung. Schließlich darf die Frage gestellt werden, was ihn in diesem Moment am meisten bewegt, was ihm besonders auffällt, wohin sein Blick geht, woran er gerade denkt oder welches Bild er gerade vor sich sieht. Felix sagt: Eine Lokomotive. Er nimmt den Stift, den er die ganze Zeit in der Hand hält und skizziert eine Lokomotive, die viele Waggons zu ziehen hat.

Die Beraterin fragt, wer der Lokomotivführer ist: „Ich", sagt Felix. „Ganz schön viele Waggons, die deine Lokomotive zu ziehen hat", bemerkt sie mit Blick zu Felix. „Ja", sagt er, „aber ich bin gar nicht allein." Mama und Papa müssen auch Waggons ziehen, nur andere." Auf die Frage, was er genau damit meint, malt er ein Schienensystem mit vier Zügen. Alle Familienmitglieder werden zu Lokomotivführern, die

Abbildung 19: Die Lokomotive (C. F.)

Waggons zu ziehen haben. Felix nimmt ein neues Wir-Gefühl wahr. Er bezieht seine Familie mit ein. Er baut ein Familienkonstrukt, von dem er noch nicht weiß, dass er damit eine Veränderung herbeiführt, die seine bisherige Wirklichkeitskonstruktion zur Möglichkeitskonstruktion werden lässt.

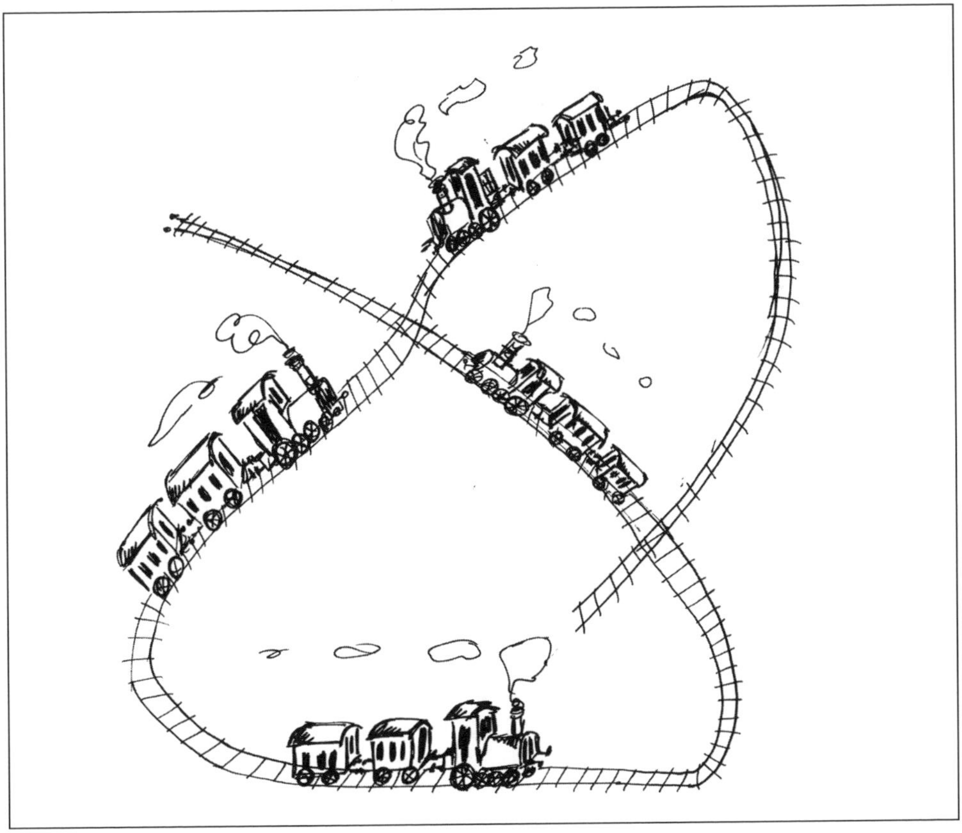

Abbildung 20: Schienensystem (C. F.)

Die Überlegung, dass zu einem Schienensystem bestimmte Funktionen gehören und Regeln und Vorschriften eingehalten werden müssen, damit die Züge nicht zusammenstoßen, bringt Felix auf die Idee eines Lokomotivführertreffens. In seiner Vorstellung als Kind hebt er nicht nur das Größenverhältnis Erwachsener/Kind hervor, er zeichnet die Eltern als Eltern und die Kinder als Kinder. Alle Kinder orientieren sich an ihren Eltern. Sie (die Eltern) sind die Verantwortlichen, die diese Rolle übernehmen müssen. Mit der zunehmenden Freude am Skizzieren entsteht folgende Zeichnung:

Abbildung 21: Lokführertreffen (C. F.)

Felix möchte seine Familie zum nächsten Beratungsgespräch einladen. Er hat die Initiative ergriffen und damit Verantwortung übernommen. Diese Verantwortung sollen seine Eltern in ihrer Rolle als Eltern übernehmen, aber bisher sind sie zu sehr in ihrem eigenen Streit gefangen. Die durch den Streit zwischen den Eltern „verbrauchte" Familienkraft wird als „negative" Energie auf Felix gelenkt. Die schützenden Funktionen der Familie werden behindert. Insofern spricht Minuchin (1997) von Verstrickung innerhalb familiärer Grenzen. Felix reagiert „auffällig", seine Schwester angepasst. Das heißt, wenn einzelne Familienmitglieder besonderen Belastungen ausgesetzt sind und sich „aktiv" verhalten, kann es sein, dass andere Familienmitglieder einen Drang zur Anpassung an die Situation empfinden (ebd., 70ff.). Felix ist zum Symptomträger geworden. Sein „Nichtfunktionieren" bereitet der Familie (zusätzlichen) Stress. Bauchschmerzen, Schulangst, schlechte Noten werden nicht nur zum Familienproblem, sondern werden als Problem des Sohnes gesehen. Um von sich als Eltern abzulenken, nehmen die Eltern Kontakt zur Schule auf. Felix' Problem wird nun auch zum Schulproblem und dieses wird von den Lehrern bestätigt. Felix müsse sich mehr konzentrieren und sich häufiger am Unterricht beteiligen. Durch Felix' Verhalten bleibt der Zusammenhalt der Familienkonstruktion auf eine besondere Weise aufrechterhalten.

Das ist für die Eltern wichtig zu erkennen, denn es wäre ihre Aufgabe als Eltern, klare Familienebenen zu schaffen (Paar-, Eltern-, Kind- und Geschwisterebene). Wieder kann in einer vereinfachten Form der (zirkuläre) Prozess veranschaulicht werden, der sich weiter im Kreis drehen würde, wäre Felix nicht zum „Symptomträger" geworden.

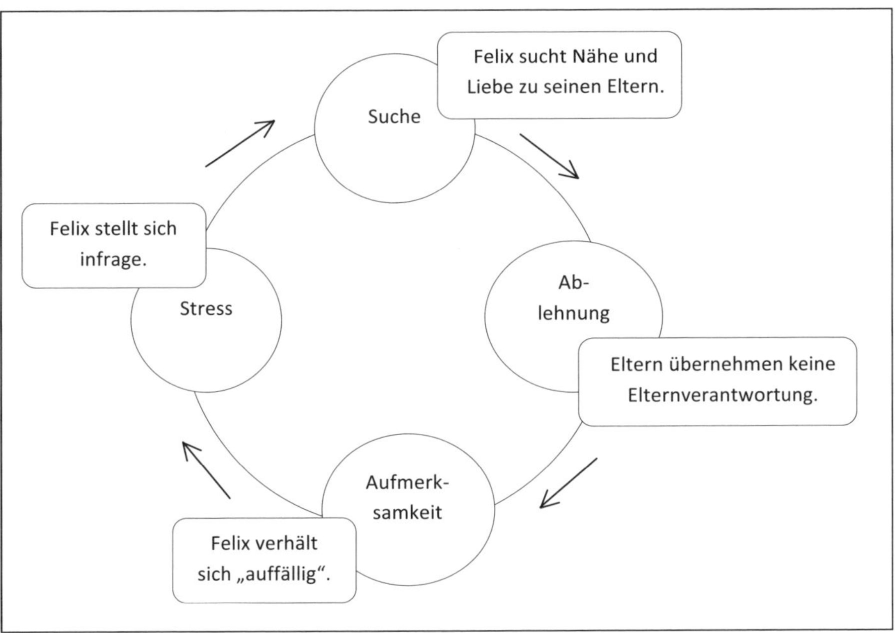

Abbildung 22: Felix' familiäres Verhaltensmodell

Felix möchte seiner Familie seine Bilder zeigen. Das ist ein neuer Schritt, der allein von ihm ausgeht. In einem Familiengespräch ist dieses eine wichtige Rückmeldung an die Eltern, so dass Felix Entlastung findet, in dem die Eltern ihn „sehen", auch sehen, was ihr Sohn für die Familie tut.

Die Lokomotivführergeschichte hat Felix zu einer neuen Betrachtungsweise geführt, nämlich die „Schuld", nennen wir es Verantwortung, auf alle Familienmitglieder „zu verteilen". Es hätte auch alles anders sein können. Felix hat aus seinem anfangs empfundenen Gefühl (es geht gar nichts mehr) eine Differenzierung vorgenommen, sein Sinnbild in Form von Bewältigung von Familienstress entdeckt und dieses in den Vordergrund gestellt. Die Beraterin hat viele Themeneinladungen von Felix erhalten.

Ein vordergründiges ist jedoch mit der elterlichen Präsenz und Verantwortung verbunden, der Weg zur Schule wird später thematisiert werden.

Im Verlauf des Beratungsgespräches erwähnt Felix seine Bauchschmerzen nicht mehr. Sein Ziel ist die Entspannung des morgendlichen Ablaufes. Je nach Situation kann die Beraterin die Bauchschmerzen wieder einladen oder nach deren Verbleib fragen, wo nach Ansicht des Schülers die Bauchschmerzen geblieben sein könnten oder wo, wenn diese einen Platz erhalten würden, er ihnen am ehesten einen solchen einräumen würde? Oder: Wo die Bauchschmerzen sich verstecken oder ausruhen würden, wenn sie das könnten, wenn er von der Schule zu Hause bleibt? Felix sagt, „Unterm Bett." Die Beraterin fragt nach, „Bedeutet das, dass sie immer griffbereit sind?" – „Hm, aber nicht, wenn ich in der Schule bin." Beraterin: „Heißt das, nur bevor du zur Schule gehst, sind sie griffbereit?" – „Ja, wenn ich einmal in der Schule bin, geht es ja ...." – „Wie gelingt es den Bauchschmerzen, dass sie immer dann da sind, wenn du sie brauchst, nämlich bevor du zur Schule gehst?" Die Frage bringt Felix zum Schmunzeln. Auch Humor spielt eine Rolle. Ob Felix mit einer Lokomotive in die Schule fährt oder es mit einem schweren Rucksack schwierig wird, die Schultreppe heraufzugehen, darf durchaus aus einer momentanen Situationskomik entstehen, wenn sie ins Setting passt und die Beraterin sie situationsgerecht formulieren kann. Meist entstehen viele neue Gedanken, auf deren Vielfalt eingegangen werden kann. Es geht also, wie oben bereits deutlich wurde, um Entscheidungen zwischen vielen Möglichkeiten. Vielleicht kennt Felix noch nicht die Anzahl seiner Möglichkeiten, es sind zu viele, aber er ist auf dem Weg, zu differenzieren.

Es ist gar nicht leicht, die „Angst vor der Schule" zu beschreiben, wenn nur das Wort Angst zur Verfügung steht. Aber wenn diese sich wie eine Ziehharmonika (Gürtel, Korsett usw.) mit jedem Schritt zur Schule fester um den Bauch zieht, das Herz zum Pochen bringt und die Luft zum Atmen nimmt, kann sie entsprechend ausgedrückt werden, was jedoch vielen Schülern oft schwerfällt. Ein Nachfragen würde oft die

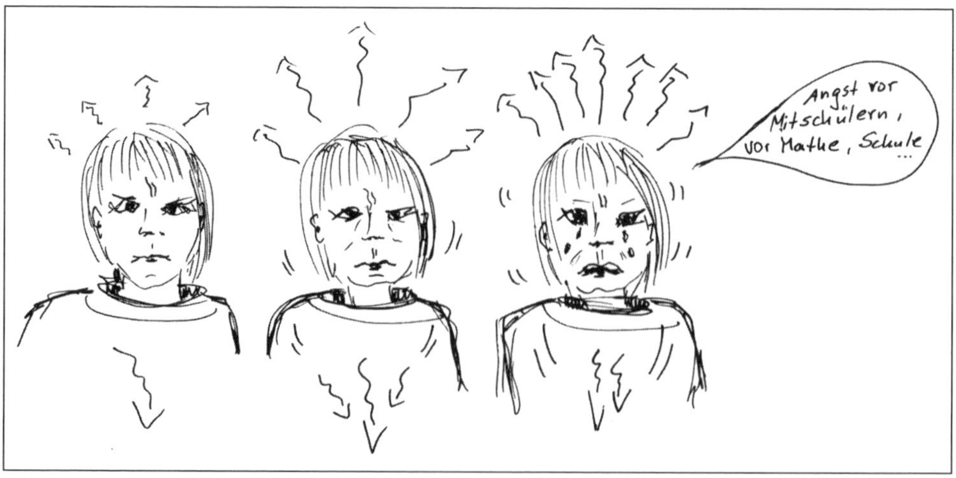

Abbildung 23: Schulangst (C. F.)

Antwort provozieren: „… ja, habe ich doch schon gesagt: Angst eben." In einer anderen Sequenz des Beratungsgespräches drückt Felix sein Empfinden bildlich (s. Original) aus:

Abbildung 24: „Ich könnte kotzen" (C. F.)

Abbildung 25: Zombie (C. F.)

Abbildung 26: Zusammenbruch (C. F.)

Die Zeichnungen beschreiben Felix' aktuelle Situation und er ergänzt die letzte Figur mit der Aussage, „ich habe das Gefühl, als müsste ich ‚kotzen' und mein Herz und meine Hände und Beine zittern." Pause … „Angenommen, du würdest weitergehen und in die Schule hineingehen, was würde im schlimmsten Fall passieren?" „Ich würde mich wie ein Zombie fühlen", sagt er und malt auf das Blatt eine Zitterfigur. „Ein Zombie würde schon für Aufmerksamkeit sorgen, stimmt's?"

„Ja", sagt Felix, „aber eine solche Aufmerksamkeit brauche ich wirklich nicht, dann falle ich lieber in mich zusammen, zum Beispiel so: „Und dann will ich nur noch nach Hause wegen Bauchschmerzen und Peinlichkeit und am liebsten möchte ich mich auflösen."

Wiederholend wird darauf aufmerksam gemacht, dass der Berater nur beobachten, seine Beobachtung reflektieren, wahrnehmen, vermuten, hypothetisieren und professionell kommunizieren kann. Wie es sich für Felix anfühlt, mit einem „zerbrochenen Herzen", einem ständigen Blick auf die Uhr, die Anforderungen der Familie zu erfüllen, sein Frühstück zu essen oder mit Tränen unterm Fahrradhelm zur Schule zu fahren, kann der Berater nur mit seinem Wissen um die Black Box und des blinden Flecks erfassen. Das Erleben und die innere Orientierung sind abhängig von Felix' Erfahrungen, seinen Beziehungsmustern, seinem entstandenen Selbstbild und seiner eigenen Lebenswelt-/Wirklichkeits-Konstruktion.

Infolgedessen wäre eine Lebensweltorientierung (Thiersch, 1997), wie sie in der Sozialen Arbeit verstanden wird, aus systemischer Sicht als eine Orientierung an der Lebenslage zu verstehen (nicht an der Lebenswelt), denn nur die Lebenslage ist sichtbar (Kraus, 2006), Just, 2016b).

6.5 Blickwechsel mit neuen Sichtweisen

a) Nie wird eine Situation gleich oder vergleichbar sein. Sollten andere Schüler (Fritz, Sven oder Jörg, Mia, Uta oder Udo ...) ähnliche Verhaltensmuster zeigen, das heißt, wegen Bauch- oder Kopfschmerzen nicht zur Schule gehen können (diese und ähnliche Phänomene treffen auf viele Schüler zu), kann dieses viele andere Gründe haben. Bauch- oder Kopfschmerzen können von der Außenwelt (Lehrer, Mitschüler) unterschiedlich wahrgenommen werden, mal „fragwürdig, mal bezweifelnd oder auch naserümpfend". Ob seine Mutter ihm die Bauchschmerzen abnimmt oder nicht und damit Felix' Aussage infrage stellt oder Felix eine „Bauchschmerzenmethode" erfunden hat, um wegen „Null Bock" nicht zur Schule gehen zu müssen, bleibt zunächst offen. Jedoch ist das Verhalten aus einer besonderen „inneren" Beziehungs- und Erfahrungskultur in erster Linie ein Verhalten und damit ein vorläufiger Selbstschutz.

b) Die Vorstellung unterschiedlicher „Aufstehgeschichten", wie andere Schülerinnen und Schüler sie in Anlehnung an Abbildung 11/12 skizzieren und malen würden – nicht nur in der Kunst des Zeichnens wären sie voneinander zu unterscheiden: Sie würden in der Darstellung von Symbolen und Zeichen dazu beitragen, in die eigenen Geschichten einzutauchen. Jede Aufstehgeschichte würde anders sein, so dass sich ein Verständnis für die Andersartigkeit und Anerkennung für andere entwickeln könnte.

Der folgende Ausschnitt am Beispiel eines sozialen Trainings in einer Klasse macht die biografischen Unterschiede der Teilnehmer nicht nur sichtbar, wie selbstverständlich haben alle einen gleichberechtigten Platz:

Abbildung 27: Autobiografien

Allein das Bücherregal regt dazu an, ein klares Bild davon zu entwickeln, dass unterschiedliche Geschichten nebeneinander Platz haben „dürfen". In jedem Buchladen ist das so. Allein die Visualisierung ist eine Fantasie des „inneren" Bildes. Sie regt Schüler meist an zu überlegen, wo denn ihre eigene Autobiografie stehen könnte und wie sie aussähe. Nicht selten entsteht die Idee für ein soziales Training durch die Schüler selbst, so dass von einem „Auftrag" ausgegangen werden kann, der von der „Schulklasse" ausgeht und nicht vom Lehrer. Nach systemischen Interventionsmethoden ließe sich ein Training aufbauen, das eine systemimmanente Operationalisierung „Schulklasse" berücksichtigt. Das systemische Denken setzt sich ebenso in Gruppen und Klassen fort und bildet einen seiner wesentlichen Schwerpunkte des „Joinings", nämlich sich am „Auftrag" des Beratungssuchenden, auch in der Gruppenarbeit, zu orientieren und Anschlussinterventionen bereitzuhalten. Näheres über Klassen- und Gruppentrainings findet sich im Handbuch Schulsozialarbeit (Just, 2016a).

Zurück zu Felix: Seine Gefühle nimmt Felix zunächst individuell und für sich allein wahr. Er leidet lange, bevor er die Beratung aufsucht. Wesentliche Aspekte, die von Felix genannt werden, werden von ihm und der Beraterin in Sprechblasen und Skizzen gesammelt. Felix kann seine Situation visualisieren. Er kann sie sichtbar machen und selbst sehen. Er kann sie in neue Zusammenhänge bringen. Durch das Sehen entwickelt sich eine neue sprachliche Ausdrucksweise und Kommunikation, die zuvor nicht denkbar gewesen wäre. Felix ist also nicht mehr sprachlos. Mit den Bildern kommen ihm weitere Ideen, die er jetzt formulieren kann. Er nimmt seine Situation wahr und entwickelt eine neue Haltung: die des Sammelns, Strukturierens und Ordnens.

Die neue Version sieht wie folgt aus:

Abbildung 28: Bauchschmerzen verstecken sich nur

Manche Schüler kommen auf die Idee, ihre Gedanken oder aktuellen Ereignisse aneinanderzureihen, so dass das Bild einer Schlange oder Schnecke entsteht und die zeichnerische Andeutung nicht nur lange (einsame) Wege zeigt, sondern auch Raum, Zeit oder Gefahr signalisiert. Oder wie Felix als Lokomotivführer sich fragen könnte, wie viele Waggons (Sorgen) seine Lokomotive noch ziehen kann, bevor sie stehenbleibt? Welche Art oder wie viel Kraft(-stoff) sie braucht, um das Ziel zu erreichen? Oder müssen Waggons abgehängt werden, um die Fahrt fortsetzen zu können? Ebenso könnten die oben verwandten Sprechblasen den „Ladungen" der Waggons als Inhalte zugeordnet werden.

Abbildung 29: Lokomotive mit Sorgenwaggons (C.F.)

Auch Bäume können sinnbildlich für Sorgen stehen, wenn die Äste herabhängen oder schwerbehangen zu Trauerweiden werden, wie das folgende Bild einer 14-jährigen Schülerin zeigt:

Abbildung 30: Trauerweide (C.F.)

Das Empfinden wird durch die Zeichnung formuliert, das verlorene Wort gefunden. Mithilfe der Trauerweide werden Sorgen genauso sichtbar wie es im obigen Beispiel die Sprechblasen der Lokomotive zeigen.

Die Lokomotivführerzeichnungen und Trauerweidenzeichnungen sind also nur Beispiele, andere Visualisierung wie Sprechblasen, Luftballon oder Schiffe sind denkbar.

Allen gemeinsam ist, dass zwischen dem, wie „gedacht und gehandelt“ wird, viele weitere Kommunikationsteilchen herumschwirren, für die noch keine Worte gefunden wurden. Manchmal können eben diese Worte nicht gefunden werden, weil sie unser rationales Auffassungsvermögen übersteigen. Visualisierungen können dieses „Überangebot“ auf den Punkt bringen. Das zu wissen, kann bereits Entlastung bedeuten.

Im Folgenden sollen die Originalzeichnungen von Felix vorgestellt werden, die aus Gründen des Datenschutzes anonymisiert wurden.

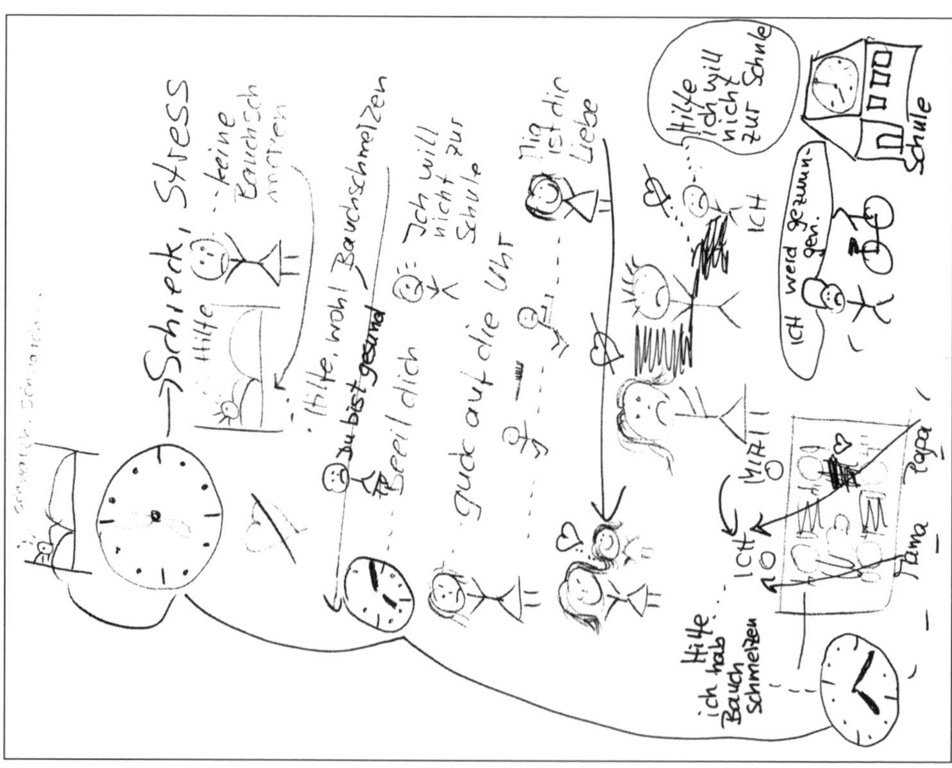

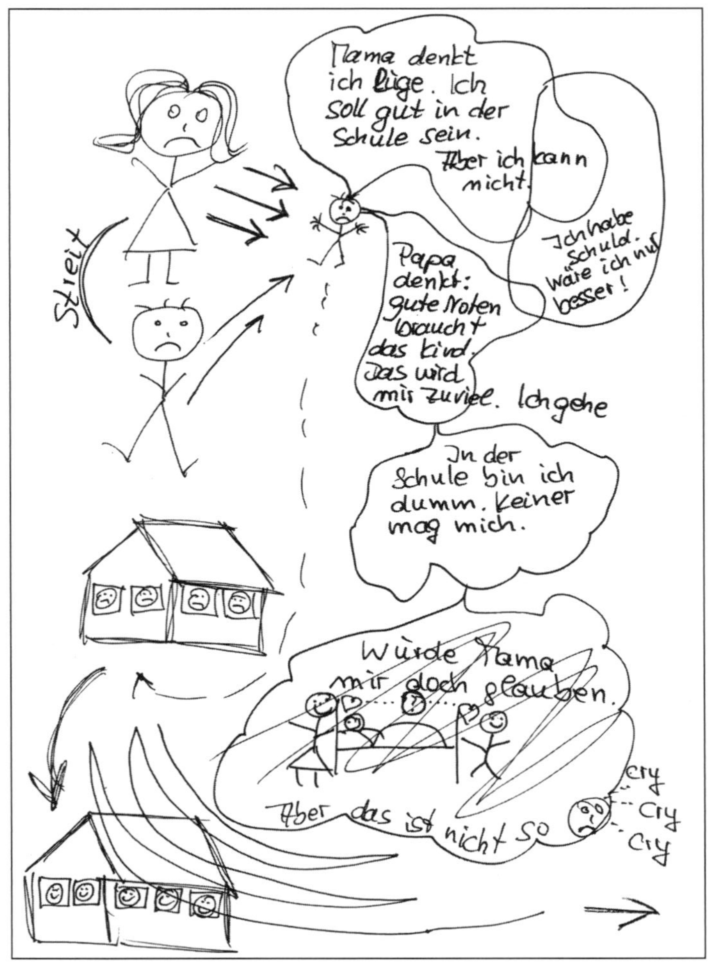
Streit
Mama denkt ich lüge. Ich soll gut in der Schule sein. Aber ich kann nicht.
Ich habe Schuld. Wäre ich nur besser!
Papa denkt: gute Noten braucht das Kind. Das wird mir zuviel. Ich gehe
In der Schule bin ich dumm. Keiner mag mich.
Würde Mama mir doch glauben.
Aber das ist nicht so
cry
cry
cry

ICH
MIA
MAMA
PAPA
nicht so
So:
ICH
Puh
Stressanhänger
PAPA
MAMA

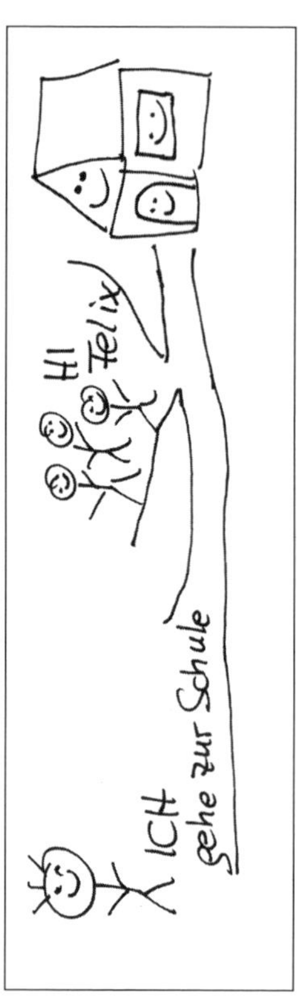

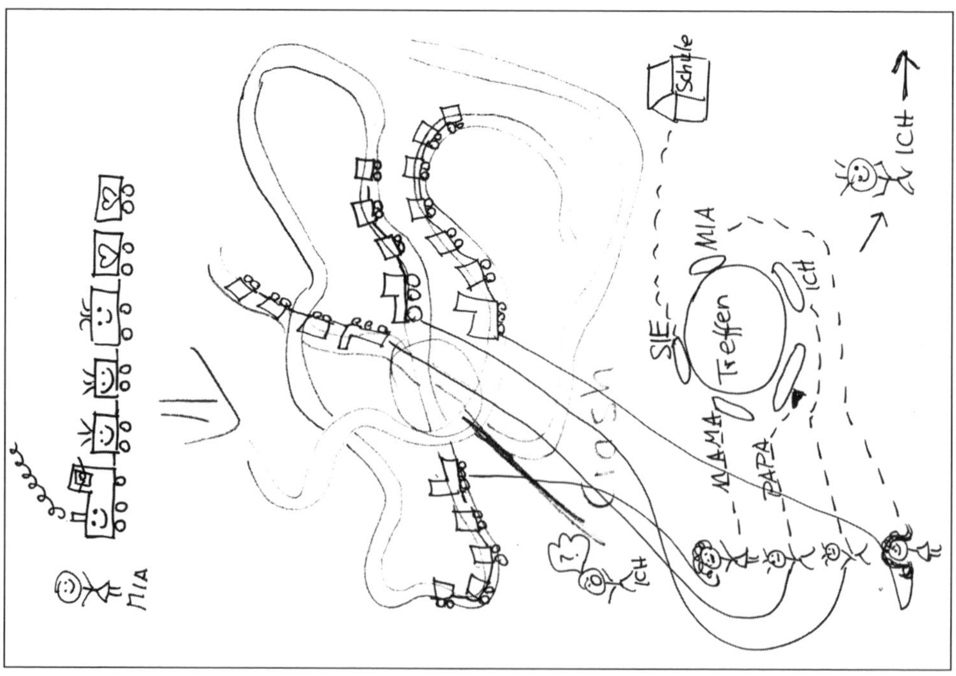

Abbildung 31: Originalzeichnungen Felix (anonymisiert)

6.6 Wissen oder Nicht-Wissen (Neue Konstruktionen)

Felix' Nicht-Wissen liefert eine theoretische und praktische Basis, um Gedankenkonstruktionen und Wissen verstehbar zu machen. Parallel zum Visualisierungsansatz spielt das zirkuläre Fragen, geprägt durch Selvini Palazzoli und andere (2011), eine besondere Rolle in der systemischen Therapie und Beratung. Fragen aus dem Kontext des Geschehens ermöglichen es Felix, trotz aller Komplexität eine (innere) Ordnung herzustellen und einen Blick auf das eigene Selbstverständnis zu werfen, so dass die Wirkung des Bewusstseins der eigenen Kompetenz nach außen sichtbar wird. (Felix gelingt es, ein Lokomotivführertreffen einzurichten).

Für von Schlippe und Schweitzer besteht der Grundsatz der zirkulären Frage-Methode darin,

„dass in einem sozialen System alles gezeigte Verhalten immer (auch) als *kommunikatives Angebot* verstanden werden kann: Verhaltensweisen, Symptome, aber auch die unterschiedlichen Formen von Gefühlsausdruck sind nicht nur als im Menschen ablaufende Ereignisse zu sehen, sondern sie haben immer auch eine Funktion in den wechselseitigen Beziehungsdefinitionen. Daher kann es interessanter sein, diese kommunikativen Bedeutungen sichtbar zu machen, als den betreffenden Menschen ausführlich nach seinen eigenen Empfinden zu befragen" (von Schlippe/Schweitzer, 2010, 30; Hervorhebung im Original).

Oftmals ist das eigene Empfinden jedoch gar nicht so eindeutig zu formulieren und letztlich ist nicht klar, ob das jeweilige Gegenüber die Formulierung so verstanden hat, wie sie verstanden werden sollte. Das zeigte sich bereits beim kleinen Prinzen (Kap. 2, 3). Das wechselseitige Beziehungsspiel ist häufig mit einer Erwartungshaltung gekoppelt, die nur einseitig geschätzt werden kann. Ein solches Beziehungsgeflecht bezeichnen von Schlippe und Schweitzer (2012, 251) mit dem Begriff „Erwartungs-Erwartungen" nach Luhmann (1984, 413f.). Das heißt: Erklärt man den ersten Teil des Doppelbegriffes mit Unbestimmtheit, wird deutlich, dass eine Erwartung sowohl als etwas Wünschenswertes, Forderndes, Befürchtetes oder Unklares konstruiert sein kann, was ein an mich selbst, an andere oder von anderen an mich gerichtetes Etwas (unbekannte Kommunikationsteilchen) sein kann. Der zweite Wortteil von „Erwartungs-Erwartung" wird um die Ebene des „Gegenerwarteten" ergänzt, nämlich sowohl an mich selbst, an andere oder von anderen an mich ein „mögliches Etwas" zu befürchten, zu erhoffen oder zu konstruieren, nicht aber zu wissen (Nichtwissen-Können). Felix' Beispiel verdeutlicht dieses:

Felix hat Bauchschmerzen und möchte nicht zur Schule gehen. Er befürchtet, dass seine Mutter ihm nicht glaubt, da er vermutet, sie würde denken, er sei, wie auch der Arzt bestätigt, organisch gesund und könne zur Schule gehen. Felix vermutet also, seine Mutter würde denken, er sei faul. Die Wechselwirkungen können das eine oder das andere hervorrufen. Würde Felix sein Empfinden, seine Erwartung/Befürchtung an seine Mutter erklären wollen, um das mitzuteilen, was er spürt (nämlich seine Unsicherheit gegenüber Mitschülern, insbesondere Tom), auch wenn er sich darüber selbst noch nicht im Klaren ist und dieses auch noch nicht kommunizieren kann, würde die Mutter ihm möglicherweise nicht glauben (seine Befürchtung etwa bestätigen). Felix vermutet auch, dass sie annehmen könnte, er sei psychisch krank, was sie in der Vergangenheit mitunter geäußert hat. Diese (befürchtete) Aussage würde Felix sehr belasten. Um eine solche von sich fernzuhalten, muss er sich schützen. Unter diesen Umständen sind die Bauchschmerzen also legitim. Er geht lieber das Wagnis Bauchschmerzen als das Wagnis „psychisch krank" ein. Felix' Befürchtung/Erwartung führt dennoch rückbezüglich wieder dazu, dass er denkt, mit ihm sei etwas nicht in Ordnung. Er weiß nicht, ob er vielleicht doch „psychisch krank" sein könnte (Erwartungs-Erwartungs-Erfüllung). Aber das kann/will er (im Sinne einer Befürchtung) nicht mitteilen. Er behält es für sich. Es entsteht ein Problemkarussell, das er kaum noch zu bewältigen in der Lage ist. Deshalb kann (will) er nicht zur Schule gehen. Er schützt sich selbst vor einer möglichen Bestätigung seiner möglichen Befürchtung (Erwartungs-Erwartung/Erwartungs-Befürchtung). Es entsteht ein Prozess, dessen Kreisförmigkeit auf sich selbst zurückwirkt. Die folgende Abbildung zeigt einen morgendlichen 5-Minuten-Ablauf (Felix = F., Mutter = M.):

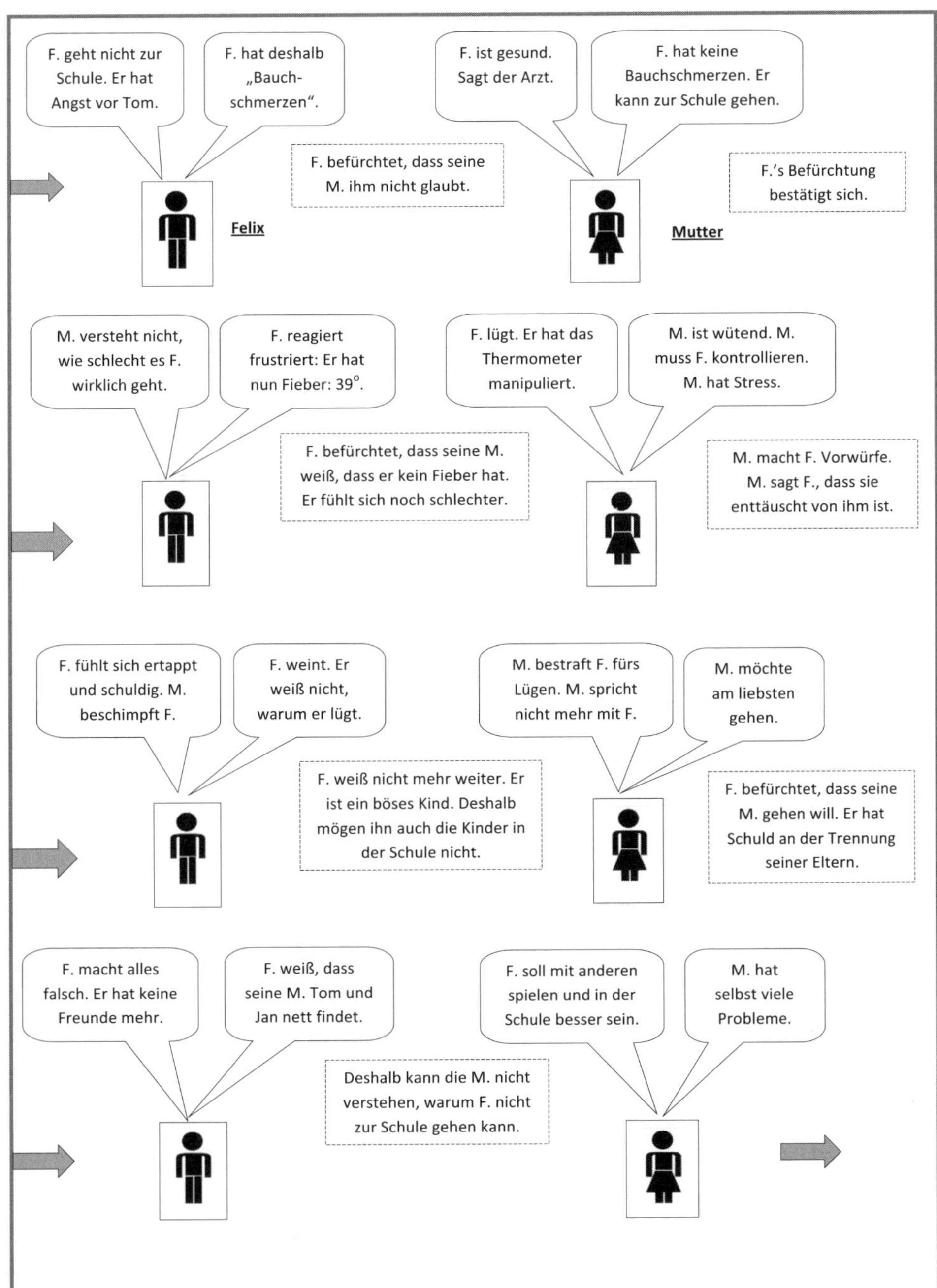

Abbildung 32: Stressmuster zwischen Mutter und Felix

Der Prozess des Missverstehens scheint für Felix zunächst nicht erklärbar, formulierbar und kommunizierbar zu sein. Aus der Beobachterperspektive ist jedoch eine Zirkularität zu erkennen, die Simon und Rech-Simon (1999) wie folgt beschreiben und gleichzeitig erklären, wie man aus diesem Kreislauf herauskommt, nämlich durch reflexive Kommunikation: „Da das Verhalten von Menschen nicht von dem bestimmt wird, was andere Leute tatsächlich denken, sondern von dem, was sie denken, was die anderen denken, empfiehlt es sich, ganz direkt und ungeniert nach Vermutungen und Spekulationen über andere zu fragen" (ebd. S. 21).

Legen wir beispielsweise eine Beziehung zwischen Felix und seinen Eltern zu Grunde, entsteht zunächst der Eindruck, dass die Mutter die Situation stärker als der Vater zu „prägen" scheint. Es stellt sich also auch die Frage, welche Rolle der Vater im Familiensystem einnimmt. Würde Felix sich anders verhalten, wenn „väterliche" Einflüsse stärker als „mütterliche" auf ihn wirken würden? Es ist anzunehmen, dass sich eine andere Dynamik entwickeln würde, die gleichzeitig die elterliche Beziehung verändern würde. Felix' Vater ist es, der die Paarbeziehung und damit die elterliche Ebene verlassen will. Für Felix scheint eine „Elternsäule" wegzubrechen, die seine innere Stabilität ins Wanken bringt.

Kommunikation im Sinne von Input und Output zwischen Vater und Sohn, wie es am Beispiel des kleinen Prinzen dargestellt wurde, findet hier nicht statt. Den Input des Vaters, „gute Noten von seinem Sohn zu erwarten", kann Felix nicht mit entsprechenden Noten „bedienen". Er reagiert mit „Bauchschmerzen", so dass ein kommunikativer Anschluss durch Reaktion entsteht. Wenn beispielsweise, so von Foerster, ein „nichttriviales System das, was [es: A. J.] hervorgebracht bzw. als einen Output erzeugt hat, wieder als einen Input benützt, dann entsteht eine zirkuläre Figur" (von Foerster/Pörksen, 2013, 60). Über diesen Zusammenhang bilden sich über eine längere Zeit stabile Werte. Diese können positiv oder negativ sein. Von Foerster spricht von Eigenwerten, die sich im laufenden Prozess stabilisieren und erklärt diesen Ablauf am trivialen Mechanismus einer Rechenmaschine.

Nun ist Felix keine Rechenmaschine. Jedoch sei die Entstehung von Eigenwerten durchaus auf die Kommunikation anzuwenden, so von Foerster (von Foerster/Pörksen, 2013, 61). Durch die Wechselwirkung von Interaktionen der verschiedenen Beteiligten entstehe über einen längeren Zeitraum ein stabiles Verhalten. Insofern seien auch teilweise Voraussagen möglich und aus der Perspektive von Erfahrungen prognostizierbar. Jedoch lasse sich ihr Zustandekommen nicht erklären und nicht analysieren (ebd.). Damit ist auch erklärbar, dass Felix' Verhalten nicht von vornherein erklärbar wäre. Sowohl für Eltern, Lehrer oder Mitschüler würde Felix' selbstreferenzieller Interaktionsprozess, sein „Gedankenkarussell" oder seine Input-Output-Dynamik nicht sichtbar (nicht erklärbar) sein. Jedoch kann dieser Prozess über einen längeren Zeitraum stabile Werte erreichen. Diese scheinen für Felix eher ungünstig und für ihn nicht zufriedenstellend zu sein, ihn traurig zu machen, ihn sich selbst infrage zu stellen, sobald sich seine Überzeugung, er sei nicht in Ordnung, verfestigen und gerade diesen „Eigenwert" annehmen würde.

Kommunikation über ein „Nicht-Wissen“ können wir nicht erklären. Wir müssen also eine klare Haltung des Nicht-Wissens einnehmen. Das soll in der Kommunikation zwischen Mutter und Felix mit einer erweiterten Skizze deutlich werden:

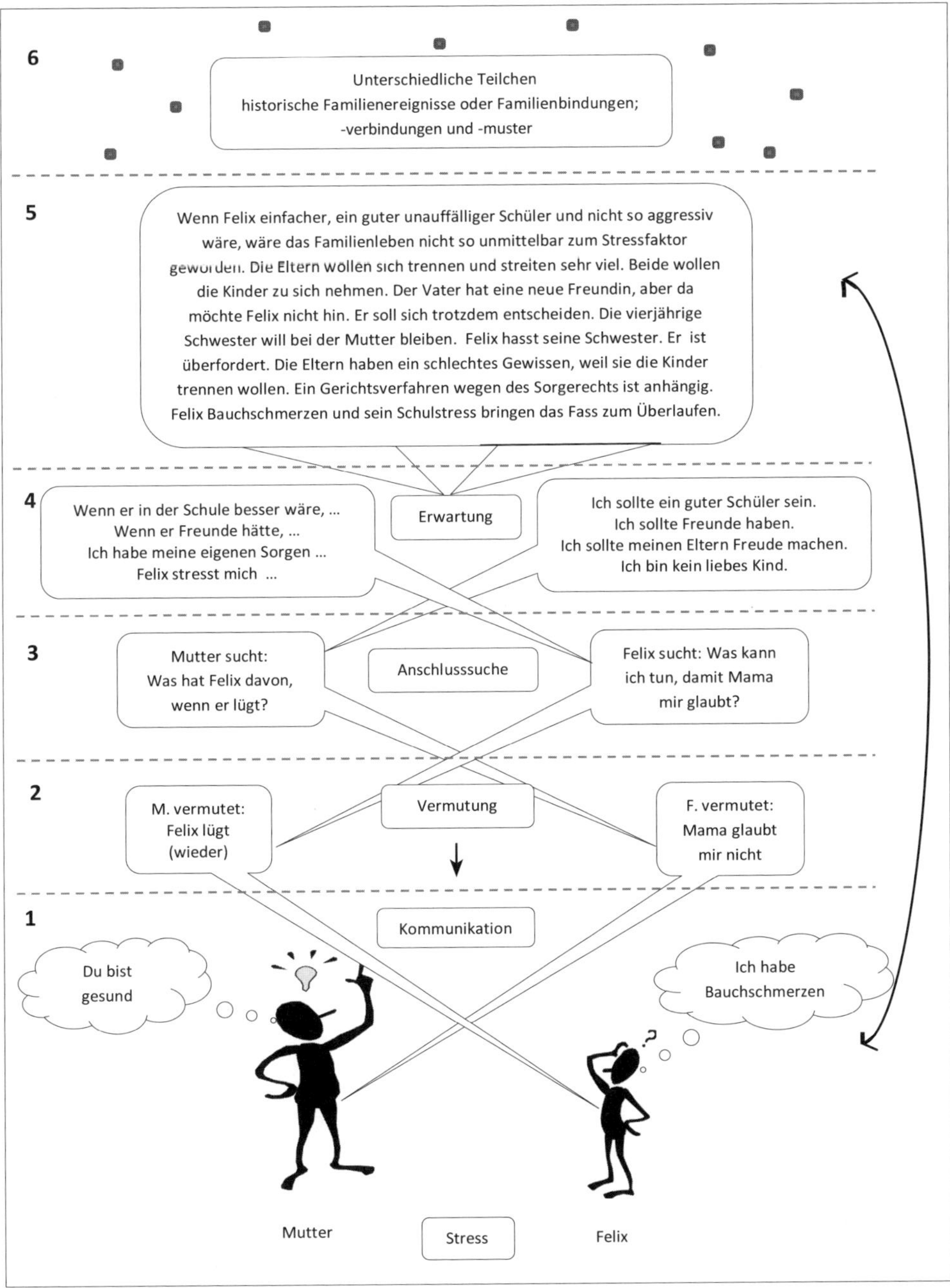

Abbildung 33: Kommunikationsmuster zwischen Mutter und Felix

Der Kontakt zwischen Mutter und Felix wird nun auf mehreren Ebenen sichtbar. Eindeutig lässt sich erkennen, dass die fünfte Ebene im kommunikativen Moment auf der ersten Ebene (noch) nicht präsent ist. Auf der ersten Ebene geht es um Bauchschmerzen und Schulprobleme. Die oberen Ebenen wirken zwar darauf zurück, können aber auf der ersten Ebene nicht kommuniziert werden. Sie schwirren quasi als noch nicht kommunizierbare oder verlorene Wörter oder Teilchen in einem noch „verschwommenen" Raum. Mutter und Sohn haben eine gewisse „Vorahnung". Ohne die Haltung der Mutter zu kennen, spiegelt Felix' Wirklichkeitskonstruktion sich auf den darüber liegenden Ebenen wider. Jedoch findet direkte Sprache nur auf der ersten Ebene statt. Auf dieser Ebene spiegelt sich auch das Verhalten wider, das sich in den darüber liegenden drei Ebenen bildet und im sozialen Systemanschluss ein Handeln/Verhalten herbeiführt (z. B. Schulverweigerung). Stellen wir uns das Streit- oder Stressgespräch zwischen Mutter und Sohn in den Sprachmustern vor, die das System aus seinen bisherigen Strukturen, Ordnungen und Umwelteinflüssen hervorgebracht hat, ist von einer Beziehung auszugehen, die auf der ersten Ebene eher oberflächlich (z. B. Vorwurf/Rechtfertigung) geführt wird, also den Kern der oberen Ebenen nicht erfasst. Jedoch könnte die sogenannte Nicht-Sprache von den oberen Ebenen im Sinne komplexitätsreduzierender Filterung (also Erklärung oder Gespräch) auf die untere Kommunikationsebene transformiert und dort ausgetragen werden. Das geschieht hier aber nicht. Von Foerster spricht beispielsweise von Transformationsregeln, die von Geschichten und Vergangenheit abhängig sind. Sie können zu Tabus werden und vollständig unberechenbar sein. Das mache „sie so schrecklich unbeliebt" (von Foerster/Pörksen, 2013, 56). Würden Felix und seine Mutter zu einem anderen Zeitpunkt miteinander kommunizieren, könnte eine Filterung bereits stattgefunden haben und es wäre eher möglich, ein offenes Gespräch zu führen.

Es könnte aber immer auch anders sein – es könnte sich ein sogenanntes Reiz-Wirkungsverhalten einstellen, das in etwa vorherbestimmt, wie ein Mensch auf einen bestimmten Reiz (hier: Felix und Schule) reagiert (Erwartungs-Erwartung). Dieses ist jedoch „von einem analytischen Standpunkt aus unerklärbar, aus der Perspektive des Erfahrbaren jedoch prognostizierbar" (ebd., 61). Von Foerster spricht von Eigenwerten bzw. Eigenverhalten, das er als stabile Formen von Interaktionen ansieht. Die Sprache zählt als ein solches Instrument, ist also als ein Eigenwert der jeweiligen Systemlogik anzusehen (ebd.). Dennoch bleibt das jeweilige System in sich geschlossen. Die Mitteilung von außen bezieht das System als ([Ver-]Störung) ein und beginnt, ein in sich selbst zu verarbeitendes Differenzieren, Reduzieren und Verstehen sowie den anschließenden eigenen (sozialen) Mitteilungs- oder Nichtmitteilungsprozess zu verarbeiten: „Ich habe Bauchschmerzen und gehe nicht zur Schule". Das, was Felix und seine Mutter kommunizieren, ist im jeweils inneren Kommunikationszirkel entstanden und vom jeweiligen System systemimmanent und -erhaltend produziert und reproduziert worden. Dieses „Produkt" wird schließlich durch Sprache und Handlung zum Ausdruck gebracht. Alles Nicht-Wissen bleibt auf der ersten Ebene verborgen. Die Information (mir geht es schlecht), die Mitteilung (ich habe Bauchschmerzen) und das Verstehen (ich glaube dir nicht) ist für beide Seiten nicht zufriedenstellend. Es findet keine Rückmeldung, kein fortlaufender Anschluss statt.

Was geschieht nun auf der fünften Ebene? Hier würden sich viele Fragen stellen und Hypothesen bilden lassen. Weder ist eine Kausalität herbeizuführen, da sowohl „logisches" Wissen als auch eine analytische Daten- und Faktenlage nicht existieren, noch ist eine Determinierung möglich, die auf die Ebene der Kommunikation zurückwirkt. Kommunikation in Luhmanns Sinn hätte also noch einen langen Weg vor sich. Auf dieser und möglichen darüber hinaus existierenden Ebenen gäbe es immer wieder Überraschungen, die von Foerster als „Wunder, zu bestaunende Ereignisse" formuliert (von Foerster/Pörksen, 2013, 54). Das hilft Felix zwar im Moment mit seinem Problem (Bauchschmerzen/Schule) nicht weiter, jedoch kann er wissen, dass es irgendwo etwas gibt, dass er nicht wissen kann, was keine Antworten hat, was aber sein Befinden in irgendeiner Form tangiert. Das sind die Bausteine seiner Wirklichkeitskonstruktion.

Die folgende Skizze symbolisiert die unbeantworteten Fragen durch weitreichende Äste als unmittelbar aus dieser Ebene entspringendes Nicht-wissen-Können, von dem Felix mittlerweile weiß, dass es vorhanden ist und zu seiner Biografie gehört.

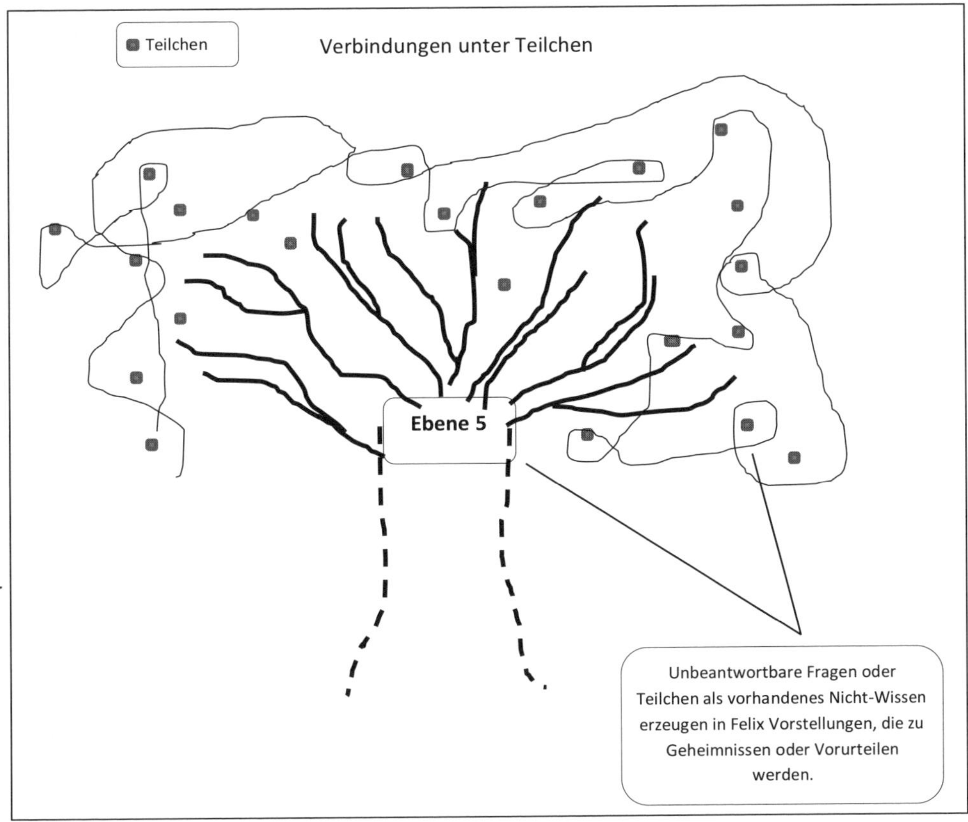

Abbildung 34: Nicht-wissen-Können von Kommunikationsteilchen

Das Nicht-Wissen spielt in der Fachliteratur ebenfalls eine Rolle. De Shazer und Dolan bezeichnen das Nichtwissen des Therapeuten als einen wichtigen Teil der Profession. Einerseits seien Interpretationen bereits eine Einschränkung der Freiheit der Klienten, die dessen Erwartungen (Erwartungs-Erwartungen) beeinflussen könnten; andererseits habe das Nicht-Wissen den Vorteil, nicht zu wissen, wie eine Antwort des Klienten sein wird (2013, 14, 24).

Das Beispiel zeigt auf dieser Ebene Felix' Familiensituation, die viele weitere Aspekte in sich zu tragen scheint. Viele zirkuläre Schleifen wären notwendig, um Zusammenhänge zu erkennen. Unterschiedliche Stresssituationen, Trennungsabsichten, Streit der Eltern um die Kinder oder der Zerfall der bisherigen Familienstrukturen scheinen in einer divergenten Abfolge zu korrelieren, aber ebenso sind Tabus, Ängste oder Unsicherheiten, die Felix beschäftigen, auf dieser Ebene anzusiedeln. Viele für Felix unbeantwortbare Fragen scheinen Wirkungen zu erzeugen, deren Beschaffenheit weder für Felix noch für seine Eltern oder andere Beteiligte sichtbar sind, die jedoch sein Verhalten beeinflussen.

Das Nicht-wissen-Können als eine Haltung anzunehmen kann Felix darin unterstützen, sich selbst so anzunehmen, wie er ist (Selbstwert), sich selbst sicher zu sein, dass etwas vorhanden ist, das er nicht wissen kann (Selbstsicherheit). Das Wissen um dieses Nicht-Wissen entlässt ihn jedoch nicht aus der Verantwortung seines Handelns, nicht zur Schule zu gehen. Er kann selbst eingreifen, denn er weiß grundsätzlich, dass es von Nachteil für ihn ist, seine verweigernde Haltung fortzuführen.

Streit zwischen den Eltern und das Schweigen darüber erzeugen in Felix eine innere Unruhe. Diese Unruhe scheint er auf seine Großelterngeneration mütterlicherseits (Ebene 6, Abb. 33) zu beziehen. Ausschnitte, die er aus Streitgesprächen zwischen den Eltern wahrnimmt, lassen ihn aufhorchen. Sie beschäftigen ihn, jedoch erhält er auf Nachfragen keine Antwort. So fühlt er sich aus seiner Vergangenheit ausgeschlossen, die Eltern lassen ihn nicht teilhaben. Das Verhältnis zu den Schwiegereltern ist zwischen Felix' Eltern zu einem Streitthema geworden. Ohne inhaltlich einsteigen zu können, macht Felix sich sein eigenes Bild. In diesem Bild sieht er seinen Großvater mit einer Uniform und einem Gewehr in der Hand. Obwohl in seiner Familie von Gewalt nicht die Rede ist, greift Felix einige Gesprächsfetzen auf, die sein Vater gegenüber seiner Mutter in Bezug auf ihren Vaters äußert. Die heutigen Bilder aus den Medien veranlassen Felix, das Geheimnisvolle, das seinen Großvater zu umgeben scheint, in die Geschichte des Nationalsozialismus einzuordnen. Dieses „Nicht-Wissen" ist seit fast einem Jahr Felix' Befürchtung und er informiert sich in den Medien genauer. In seiner Fantasie scheint es unterschiedliche Vorstellungen zu geben, die zu Befürchtungen werden. Jedoch kann er mit niemandem darüber sprechen.

Unbeantwortete Fragen, die das Nicht-Wissen bilden, könnten auf ein Ereignis aus der Familiengeschichte der Mutter zurückzuführen sein. Deren Erfahrungen und Erlebnisse tangieren beispielsweise die Großelterngeneration väterlicherseits oder bringen Muster daraus hervor, die sich über Generationen fortgeschrieben haben. Das heißt: Die Ur-Ur-Geschichte der Mutter (Großeltern-/Elterngeneration) und die Ur-Ur-Geschichte des Vaters konstruieren eine Ur-Ur-Geschichte der Eltern, die zur Ur-Ur-Ur-Geschichte der Kinder wird (Urgroßeltern-/Großeltern-/Eltern-/Kind-Generation). Diese Historie kann in der Systemtherapie als Genogramm, familiäre Landkarte, elterliche oder geschwisterliche Subsysteme im jeweiligen Geflecht von Grenzen dargestellt werden, aus denen sich (dys-)funktionale Transaktionsmuster ableiten lassen (Minuchin, 1997). Die Familie ist ein System, das fest genug verwurzelt sein muss, um zu wachsen. Eltern übernehmen in ihrer Rolle Verantwortung und Verpflichtung, die gegebenenfalls zu unterstützen ist. Gleichzeitig müssen sie das Recht des Kindes zur Entwicklung seiner Autonomie gewährleisten (ebd., 76). Das wird am Beispiel der Lokomotivführergeschichte sehr deutlich, die schließlich dazu führt, dass ein gemeinsames Gespräch möglich wird.

Das Nicht-Wissen-Können als unbeantwortbare Fragen soll jedoch Felix' Verhalten nicht legitimieren, dafür ist es nicht verantwortlich, das heißt: Nicht-Wissen-Können ist nicht verantwortlich für Verhalten. Es ist nur in der Vorstellung vorhanden und analytisch, physikalisch oder biologisch nicht erfassbar.

Es müsste also ein Wunder geschehen – und das ist gar nicht so weit hergeholt. Felix' anfängliche Äußerung, dass es nur durch ein Wunder möglich würde, wieder stressfrei zur Schule gehen zu können, kann er immer konkreter formulieren. Sein Weg „erstaunt" ihn zunehmend und er wird neugierig.

6.7 Das Wunder (Erste Schritte gehen)

Dieses Staunen möchte von Foerster erhalten. Zwischen der funktionierenden Interaktion (Kommunikationsebene) und deren Unerklärbarkeit (Felix' unbeantwortbaren Fragen) gibt es eine Verbindung, die von Foerster wie folgt als Wunder beschreibt: „Das Wunder ist das Unerklärbare; und die Erklärung besteht vielfach in dem Versuch, das Wunder zu beseitigen, es zu zerstören. Es wäre schön, wenn man sich mit dem prinzipiellen Unwissen anfreunden könnte; ja, mehr noch, mein Vorschlag ist es, Wunder entstehen zu lassen, indem man manche Phänomene gar nicht zu erklären versucht, weil man in einem tiefen Sinn überhaupt nicht in der Lage ist, dies zu tun" (von Foerster/Pörksen, 2013, 62).

Eine solche Erkenntnis erleichtert den Umgang mit Nicht-Wissen. Anstatt Ursachenforschung zu betreiben gilt schließlich das, was ist, anzuerkennen. Es gilt also, eine wertfreie, aber auch neugierige Haltung einzunehmen und diese zu Gunsten der Zufriedenheit weiterzuentwickeln.

In der praktischen systemischen Beratung und Therapie ist die „Wunderfrage" allgemein bekannt. In ihrem Buch ‚Mehr als ein Wunder' (de Shazer/Dolan, 2013) beschreiben die Autoren die lösungsfokussierte Kurztherapie anhand von folgenden Lehrsätzen:

„Was nicht kaputt ist, muss man auch nicht reparieren. Das, was funktioniert, sollte man häufiger tun. Wenn etwas nicht funktioniert, sollte man etwas anderes probieren. Kleine Schritte können zu großen Veränderungen führen. Die Lösung hängt nicht zwangsläufig mit dem Problem direkt zusammen. Die Sprache der Lösungsentwicklung ist eine andere als die, die zur Problembeschreibung notwendig ist. Kein Problem besteht ohne Unterlass; es gibt immer auch Ausnahmen." (de Shazer/Dolan, 2013, 23ff.)

Eine auf Möglichkeiten und ‚Wunder' ausgerichtete therapeutische Haltung besagt: Was wäre, wenn? Oder: angenommen, dass ... Die Wunderfrage dient als Ausgangspunkt für ein Problem, das nach Lösungsansätzen sucht. Unerklärbares ist also ausdrücklich erwünscht. In unterschiedlichen Formulierungen und Fragestellungen, ob als Fee, die ein Problem „wegzaubert", ob als Problem, das wie durch ein Wunder plötzlich weg ist, ob als Streit, der eigentlich keiner sein möchte, oder als Visualisierung, die „ver-rückte" Fragmente entstehen lässt, ist gerade das bis dahin Unerklärbare eben durch ein Wunder auf der Ebene von Staunen angesiedelt. Es gibt einfach nicht immer Erklärungen. Die Erlaubnis, sich ein Wunder vorzustellen, anstatt nach Ursachen zu suchen, gelingt im Alltag oft deshalb nicht, weil ein solches Denken und Vorstellen dem Kausalitätsgedanken den Rang ablaufen würde, weil wir es einfach anders gewohnt sind.

Wunder sind Oberkategorien von Zielen. De Shazer und Dolan (2013) haben das Wunder alltagstauglich gemacht, so heißt es im Vorwort. In der systemischen Beratung führt die Wunderfrage oft zu einer Möglichkeit, die vorher nicht gesehen wurde. Es führt insofern zur Entlastung bei Schülern, einzeln, in Gruppen, Familiensettings oder Sozialen Trainings, wenn sie die Möglichkeit erhalten, in kleinen Schritten ihre Geschichten zu (er)finden und sich eben Wunder vorzustellen. Meist gelingt es Schülern, ihre Wunder zu skizzieren und meist reicht es schon, diese im Auge zu behalten, um Veränderungen zu ermöglichen.

Der Mensch schaut in sich selbst hinein und von sich selbst aus hinaus. Das heißt, er schaut auf das zurück, was er vorher sieht. Von Foerster (2011) nennt es Zirkularität oder selbstreferenzielle Operation. Felix' Wunder beziehungsweise seine Äußerung, nur durch ein Wunder sei es möglich, wieder stressfrei zur Schule gehen zu können, sieht schließlich wie folgt aus – es ist durchaus anzunehmen, dass es Realität wird.

Das Bild, das Felix nun hinsichtlich seiner Vorstellungen skizziert, entsteht mit dem Blick in die Zukunft. Es ist nicht das Bild des Beraters, er hätte dieses gar nicht erfinden können. Es ist auch nicht das Bild, das der Berater angeleitet hätte und es ist schon gar nicht das Bild, wie der Berater sich Felix' Lebensversion vorstellen würde. Es ist Felix' Bild, das aus seinem Wissen, seinen Wahrnehmungen und Fähigkeiten entsteht. Heute, so Felix, sei seine eigene Geschichte für seine Bauchschmerzen zuständig. „Und ich finde sicher noch ein gutes Versteck." Seine Bauchschmerzen brauchen also einen guten Platz, damit der Weg zur Schule frei wird. Das ist ihm, aber auch seinen Eltern, nach der Lokführerkonferenz ein wichtiges Anliegen.

Abbildung 35: Ein Wunder wäre, wenn … (C.F.)

6.8 Das Unsichtbare (Beobachten, Reflektieren, Handeln)

Das, was nicht sichtbar ist, als ein Phänomen zu beschreiben, leuchtet ein. Das Phänomen des Nicht-Sichtbaren ist die „Black Box". Sie wird im Beratungsprozess nach und nach sichtbarer.

Die Lokführerkonferenz war schließlich der Anker, den Felix fand, um sein Problem zu klären. Ohne zu wissen, was er suchte, entwickelte sich sein Spürsinn neben vielen anderen Möglichkeiten genau dorthin. In seiner Familie hat sein Handeln nicht nur Anerkennung gefunden, sondern auch Verstehen. Da die Eltern sich nach dem Lokomotivführertreffen für eine Familienaufstellung entschieden, wurde auch die undurchsichtige Kommunikationsoberfläche deutlicher (s. Kap. 6.6). Auch die Großeltern wurden mit ins Boot geholt und Felix konnte die Nähe zu seinem Großvater als Entlastung erleben.

Was soll nun mit dem „Unsichtbaren" passieren? Wie soll man es benennen, wenn man es verstehen will? Die verlorenen Wörter? Unbekannte Teilchen? Allein Felix macht sich eine Vorstellung davon, wenn er nach innen blickt. Diesen Innenblick formuliert Maturana (1996, 218) wie folgt: „In gewisser Hinsicht ist ein System, als solches betrachtet, eine Ganzheit. Um es jedoch in seiner operationalen Komplexität zu verstehen, muss man nach innen blicken. Es gilt also mit diesem doppelten Blick zu spielen – das heißt, beim Umgang mit Systemen muss man zu einem begrifflichen und intellektuellen Apparat werden, stets von innen auf den äußeren Blick umschalten und beide aufeinander beziehen, da zwischen ihnen kein Kausalverhältnis besteht.“ Die Beobachtungsgrenze (blinder Fleck) befindet sich zwischen dem Beobachter erster Ordnung und dem Beobachter zweiter Ordnung als rekursiver Prozess. Es gibt keinen Anfang und kein Ende.

In der Zeichnung (Abb. 12) lenkt Felix seinen inneren Blick auf die Uhr. Aus diesem Blickwinkel entsteht seine Geschichte, die sich bis zum Lokomotivführertreffen entwickelt und schließlich wieder in die Schule zurückführt. Die Bauchschmerzen werden schließlich, wie Felix es möchte, symbolisch „begraben“. Die Beraterin sagt nichts. Denn alles, was sie hätte sagen können, hätte das, was sich durch die Erkenntnis des Schülers entwickelt hat, nur gestört. Nur Felix selbst kann die Geschwindigkeit seines Weges bestimmen. Ein anderes Mal kann es durchaus hilfreich sein, den Schüler nach seiner „Vorliebe“ zu fragen oder andere Vorstellungen aufzugreifen, die von der Beraterin nicht richtungsgebunden „vorformuliert“ werden, sondern die Gedanken des Schülers durch Nachfragen unterstützen, um im „Fluss“ zu bleiben.

Schließlich ist Felix’ Beratungsprozess nicht nur der Lösung seines Auftragsanliegens „Bauchschmerzen“ nähergekommen, sondern weitere Verknüpfungen konnten hergestellt werden, die zu neuen Lösungsansätzen mit der Familie geführt haben. Vielleicht hat das Familiengespräch (Lokomotivführertreffen) einen wesentlichen Impuls zur Veränderung gegeben, da es den Zusammenhalt der Familie verdeutlichte. Vielleicht bestand Felix’ unbewusster Wunsch darin, seine Familie „zu retten“ und mit seinem „Symptom“ zu einer innerfamiliären Klärung beizutragen. Der Beratungsverlauf zeigte, dass die schulängstlichen Aspekte im Verhältnis zu den familiären eher sekundärer Natur waren.

Für Felix bestand der innere Stress aus vielen Puzzleteilen. Alles in seinem Leben sei verpuzzlet gewesen, sagt er. Um sein inneres Bild zu finden, setzte er viele Puzzleteile wieder zusammen, die schließlich in einer Lokomotivführerkonferenz zu seinem Bild entstehen, das seine Lösung beinhaltet.

Beim Puzzlen können wir mit dem Rand beginnen, der ja schon aus uns selbst besteht, um von dort aus ins „Innere“ zu gelangen. Step by Step, denn manchmal gibt es 1000 Teilchen und das ist schon eine beachtlich hohe Anzahl, die Zeit braucht.

Felix inneres Puzzle hätte mindestens 897 Teilchen gehabt oder besser fast eine Million, wie er schmunzelnd feststellt.

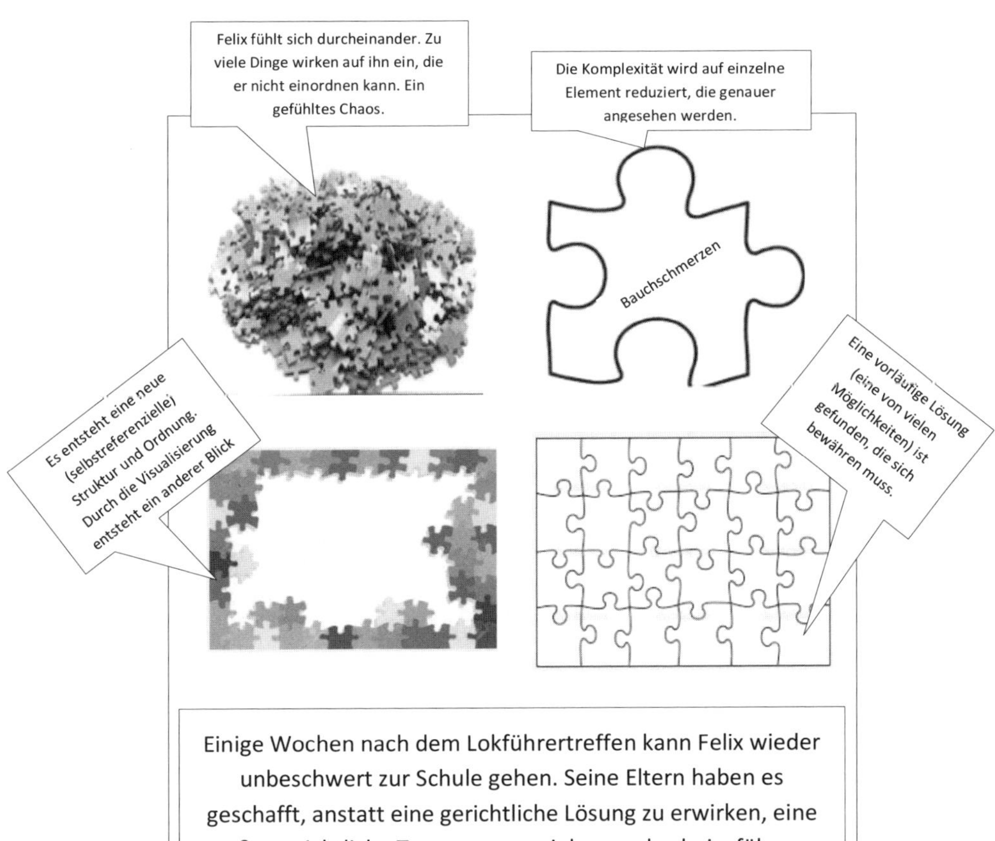

Einige Wochen nach dem Lokführertreffen kann Felix wieder unbeschwert zur Schule gehen. Seine Eltern haben es geschafft, anstatt eine gerichtliche Lösung zu erwirken, eine außergerichtliche Trennungsvereinbarung herbeizuführen. Diese Vereinbarung gilt zunächst für ein Jahr und wird dann gegebenenfalls modifiziert. Daran sind alle Familienmitglieder beteiligt und mit dieser Lösung sind Mutter und Vater, als Paar und als Eltern, ebenso wie die Kinder als Geschwister, als Junge und Mädchen, Bruder und Schwester einverstanden. Der Ansatz der Modifizierung verdeutlicht die Vielfalt der Möglichkeiten.

Abbildung 36: Felix' Puzzle

7. Wenn Eltern krank werden (Linda)

7.1 Bilder als Medium

Das Skizzieren und Malen von Impulsen, inneren Wahrnehmungen, Gedanken und Vorstellungen soll geschehen, indem man der Hand freien Lauf lässt und Blatt und Stifte als ein individuelles Medium nutzt. Die Sprache als Kommunikationsinstrument kann anschließend versuchen, das Gesamtbild zu übersetzen, Hypothesen zu bilden, Wege zu vermuten und nicht zuletzt das verlorene Wort zu finden und auszusprechen. Ebenso ist es möglich, mit geschlossenen Augen zu malen, wobei der Tisch oder ein großes Blatt als Mal- und Ausdrucksfläche dienen. Gemeinsam mit den Schülern verfolgte ich diesen Ansatz immer konkreter, das heißt, sowohl die Beraterin als auch der Schüler oder beide können das Verbalisierte oder nicht Verbalisierte mit einer innewohnenden Darstellungsvorliebe malen oder als Zeichen, Striche oder Farben „formulieren".

Es geht nicht darum, eine geniale erste Skizze hinzuzaubern, es geht auch nicht um perfekte Perspektiven oder exakte Proportionen oder Schattierungen. Es geht um visuelle Erinnerungen, um Fragmente, um Bild-Erfahrungen. Nur so entsteht ein persönliches Bildarchiv. Auch die Ausgestaltung eines solchen Prozesses ist denkbar, wie hier in weiteren Beispielen gezeigt wird.

In der Praxis stelle ich ergänzend zum Skizzieren und je nach Vorliebe der Schüler auch vorbereitete Karten zu bestimmten Themen zur Verfügung. Gern arbeite ich mit unterschiedlichen Gesichts- und Ausdrucksprofilen, von denen ich mehr als 150 gesammelt, ausgeschnitten und laminiert habe. Auch andere Bilder zu Traurigkeit, Wut, Weinen, Erstaunen, Freude, Fröhlichkeit wie auch Bilder zu Blumen, Tieren, Kultur, Natur (Wasser, Erde, Bäume usw.) können einer ersten Orientierung der eigenen Geschichte dienen. Schnell wird ein Stift in die Hand genommen und selbst skizziert. Das Alter der Schüler spielt dabei keine Rolle. Jüngere malen oft leidenschaftlich gern, geraten durch das aktive Tun in ihre Geschichte hinein und entwickeln Darstellungsfähigkeiten, die sie in die Lage versetzen, ihre eigene Geschichte zu kommentieren. Ältere Schüler lassen sich durch das Malen des Beraters oder der Beraterin gern inspirieren, wobei ein Ideenaustausch stattfindet, was wie skizziert werden könnte. Das heißt, manche ältere Jugendliche verfolgen gern ihre eigene Geschichte aus dem Stift des Beraters auf dem Blatt Papier, andere greifen ein, wieder andere fühlen sich aufgefordert, selbst zu zeichnen. Es gibt eine so große Vielfalt von Zeichen und Formen wie es Geschichten gibt.

7.2 Wie Linda ihre Familie sieht

Mit Linda (17 Jahre, Schülerin Gymnasium) entsteht ein besonderer Beratungsprozess. Ihre Mutter befindet sich seit vielen Jahren phasenweise in einer psychiatrischen Klinik. Die Beratung mit Linda wird gestützt durch die Zusammenarbeit mit anderen Einrichtungen, insbesondere durch die Klinik, wenn ihre Mutter sich dort aufhält.

Die Zeichnung, die Linda anfertigt, zeugt von diesen gewonnenen Erkenntnissen und ihren Erfahrungen aus psychotherapeutischen Settings mit der Familie. Diese sind mittlerweile ein halbes Jahr her. Insofern wird in Absprache mit Linda eine Vereinbarung mit der Psychotherapeutin getroffen, mich als systemische Beraterin in der Schule von der geltenden Schweigepflicht zu entbinden und inhaltlich mit der Klinik zusammenzuarbeiten. Die systemische Beratung in der Schule wird als ein Ort der Unterstützung gesehen. Deshalb ist der Beratungsauftrag als eine unterstützende Maßnahme zugunsten der Schülerin in ihrem schulischen Alltag unter gleichzeitiger Berücksichtigung des klinischen Familienprozesses zu verstehen.

Linda ist eine Künstlerin. Sie zeichnet Fantasiefiguren und erfindet Geschichten dazu. Irgendwann könne sie welche veröffentlichen, sagt sie.

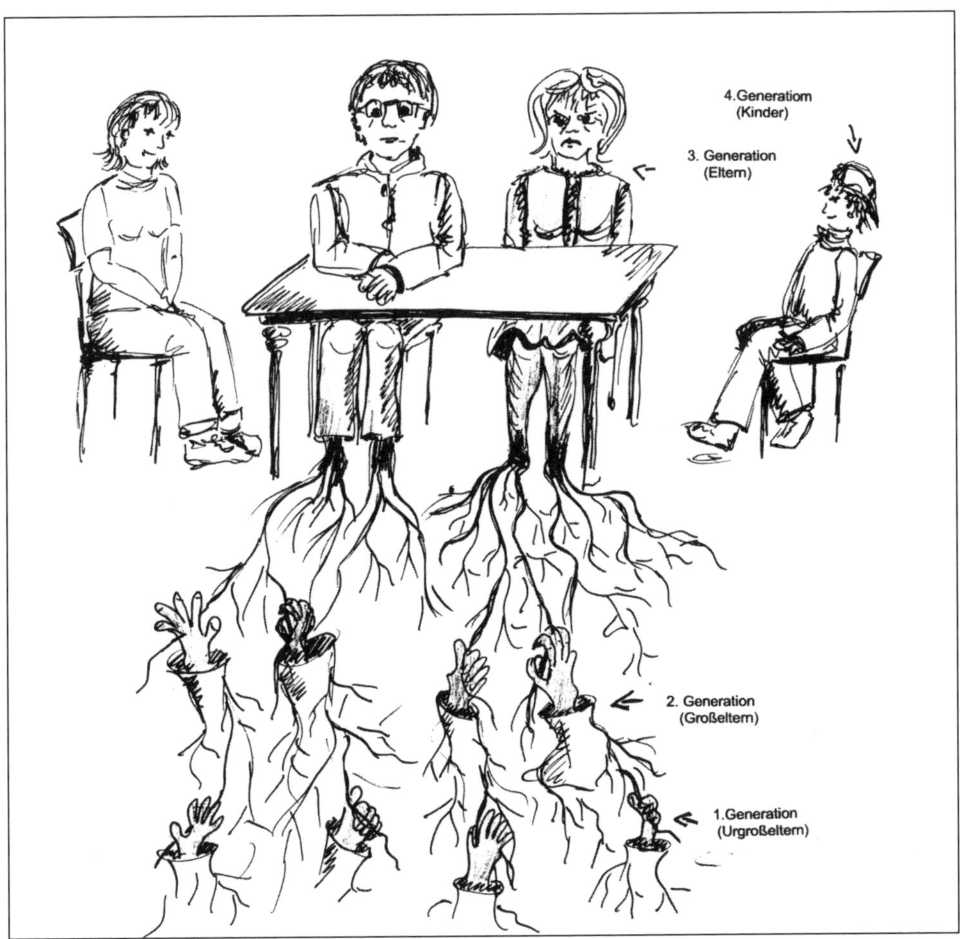

Abbildung 37: Lindas Familie (C. F.)

In dieser Beratungsstunde möchte sie ihre Familie malen. Die Idee entnimmt sie den unterschiedlichen Karten, die wir auf dem Tisch ausbreiten, aus deren Vielfalt sie eine Baumkarte heraussucht, die ihr spontan gefällt. Sie beginnt, ihre Familie zu zeichnen, die sie als Baumgruppe sieht:

Die Differenziertheit, mit der Linda ihre Familie beschreibt, zeugt von ihrer Auseinandersetzung mit der psychischen Erkrankung ihrer Mutter. Inhaltlich wird hier nicht näher auf die familiäre Situation eingegangen, jedoch lässt das Bild eine Vermutung zu, wie Linda ihre Familie sieht. „Die Hände sind Maulwürfe", sagt sie. Auf die Frage, was die Maulwürfe tun, antwortet sie, dass zwischen ihrer Mutter und ihrer Großmutter eine krankhafte Beziehung bestehe und die Hände, eben die Maulwürfe, ihre Mutter bis in die Psychiatrie herunter ziehen würden. Auch ihr Vater leide darunter und es käme ihr so vor, als müsse sie ihren Vater vor den Maulwurfhänden beschützen, damit sie ihn nicht auch noch runterziehen. Auf die Frage, wie es ihr damit gehe, wenn unter ihr die Erde aufgewühlt zu werden scheint, sagt sie sehr klar, sie habe sich und ihrem Bruder absichtlich keine Wurzeln gemalt, denn sie wolle nicht in den Untergrund der Psychiatrie hineingezogen werden.

Heute geht Linda mit einem guten Gefühl. Sie sagt, dass ihr das Gespräch gut getan habe. Durch die langjährige psychiatrische Erkrankung der Mutter hat Linda es geschafft, mit der Situation verantwortungsbewusst umzugehen. Das kann von der Beraterin angesprochen werden. Ebenso kann angesprochen werden, dass zwei Berater oder Therapeuten niemals ein gleiches Gespräch führen. Das ist allen Beteiligten und auch Linda bewusst. Sie kommt ab und zu in die Beratung. Sie nutzt den Raum Schule für ihr neues Unterstützungsfeld. Meist zeichnet sie an ihrem Baumbild, verändert dieses und einmal fügt sie Blumen hinzu (s. Abb. 38):

Abbildung 38: Originalzeichnung Linda (anonymisiert)

Natürlich ließen sich Fragen stellen, was uns Bäume in Bezug auf Beziehung und Standfestigkeit mitteilen können? Anders formuliert: Was passiert eigentlich unter dem Tisch? Wie sicher stehen wir mit unseren Füßen auf dem Boden? Wie tief sind wir verwurzelt? Wie standhaft widerstehen wir den Stürmen? Was sagen unsere Wurzeln aus, wenn wir sie sehen könnten? Welcher Baum wäre ich, wenn ich ein Baum wäre und wie sähen meine Wurzeln aus, die mir Standfestigkeit verleihen? Bin ich ein großer Baum, der nach außen standhaft wirkt, aber flache Wurzeln hat oder bin ich eher ein kleiner Baum, der nach außen lebhaft und beweglich wirkt und tiefgreifende Wurzeln hat? Wie sehen also meine Füße aus, mit denen ich auf der Erde stehe?

Andere Baumbilder, die von Schülern dargestellt werden, zeigen unter einem Tisch Verästelungen und Verwurzelungen, die sichtbar machen, welche Wurzeln mit wem auf welche Weise verbunden sind. Manchmal sind Wurzeln so eng miteinander verwurzelt, dass niemandem das Aufstehen allein gelingen könnte, ohne einen anderen zu tangieren oder mitzureißen. Manchmal sind Wurzeln auf andere Weise verwurzelt, wenn sie nebeneinanderliegen, sich wenig bis gar nicht berühren oder in entgegengesetzte Richtungen wachsen. Eine Schülerin malt ihre Eltern mit einer gemeinsamen Wurzel. Sie sei so stark, so die Schülerin, da sie ja schon mehr als 20 Jahre zusammengewachsen sei, während die drei Kinder aus der gleichen „Baumsorte“ je eigenständige Wurzeln hatten, die sie quer unter den Tisch zeichnet.

Der Baum als „Sinnbild“ entsteht in meiner Arbeit mit Kindern und Jugendlichen gern als Symbol mit unterschiedlichsten (Be-)Deutungen. Ebenso wie der Wind häufig als ein Zeichen von leichten Wellenlinien für leichte Krisen und der Sturm von starken zickzackähnlichen Linien für schwere Krisen skizziert wird, können auch Gewitter und Regen den inneren Zustand eines Stresses zeichnerisch beschreiben. So skizziert ein 12-jähriger Schüler einen Baum, der oben prachtvoll und kräftig aussieht, aber im Erdreich von einer einzigen dünnen Wurzel, wie ein Faden, gehalten wurde. Er schwanke manchmal, sagte er und habe auch keine eigene Meinung, obwohl seine Mitschüler ihn gerade wegen seiner Meinung schätzen würden. In Wirklichkeit sei er aber unsicher. Eine 15-jährige Schülerin skizziert im Laufe ihrer Geschichte ihre Gefühle in Form von Herzen und Tränen, so dass ein „Tränendes Herz“ entsteht. Ellis Situation findet sich in Kapitel 12 wieder und wird dort näher beschrieben.

8. Geheimnisse eines 14-Jährigen (Nils)

8.1 Was heißt Kommunikation

In diesem Kapitel geht es um Nils (14 Jahre, 8. Klasse Gymnasium). Seit zwei Jahren trägt er ein Geheimnis in sich, ohne mit jemandem darüber sprechen zu können. Nicht, dass ihm Kommunikation schwerfallen würde, eher hat er Null-Bock auf gar nichts, wie er sagt, und schon gar nicht auf Reden.

Die Haltung des Schülers ist zu respektieren. ‚Null Bock auf Reden' heißt auch ‚Null Bock auf verbale Kommunikation'. Diese ‚Null-Bock-Stimmung' soll zum Anlass genommen werden, Kommunikation im systemischen Denken theoretisch zu hinterfragen. Systemisches Denken ist nicht als das zu verstehen, „was oftmals pauschal vernetztes Denken genannt wird", auch nicht „als eine Einheit, als eine bestimmte, isolierte Fähigkeit" (Dörner, 1989: 306ff). Systemisches Denken ist als ein Bündel von Fähigkeiten zu verstehen, bei dem es im Wesentlichen um die Fähigkeit geht, seinen ganz normalen gesunden Menschenverstand einzusetzen und sich auf die jeweilige Situation einzustellen.

Wenn wir uns kurz theoretisch orientieren, ist systemisches Denken auch nicht das Antrainieren des Erwerbs einer neuen Denkfertigkeit, sondern der Prozess eines kommunizierbaren Eigenwertes. Bezug nehmend auf Ludewig stellt Holtz (2008) die Überlegung an, ob man denn dann von einem neuen, eigenständigen Denkansatz überhaupt sprechen könne. Die Antwort sei ja, denn es handele sich erstens um spezifische, nichtlineare, zirkuläre Wirkungsbeziehungen von beobachteten und beobachtbaren Elementen, zweitens betreffe es biokybernetische Modelle mit Rückkopplungskreisen und schließlich gehe es drittens um die ‚Selbststeuerungsfunktionen' von Systemen (ebd.). Diese Rückkopplung und Selbststeuerung wird in den vorangegangenen Beispielen Felix und Linda bereits deutlich.

Bevor wir zum nächsten Fallbeispiel kommen, soll ein kurzer theoretischer Blick auf die Kommunikation gerichtet werden.

Jeder kennt sie: Die Axiome nach Watzlawick: „Man kann nicht nicht kommunizieren" (Watzlawick et al., 2011, 58) und „Jede Kommunikation hat einen Inhalts- und Beziehungsaspekt" (ebd., 63). Sie drücken bis heute das aus, was für die Beschreibung alltäglicher Kommunikationsprozesse gilt. Kommunikation über eine Kommunikation ist identisch mit Beobachtung. Sie gehört als eindeutiges Konstrukt zur Systemtheorie. Verlorene Wörter zu finden, ist ein anderes Konstrukt. Deshalb ist ein systemtheoretischer Zusammenhang herzustellen, der darauf ausgerichtet ist, Nicht-Kommunikation zunächst über Kommunikation zu erklären, womit ein Blick auf den Ansatz von Luhmann vonnöten ist und deshalb eine kurze Beschäftigung mit der Systemtheorie sinnvoll ist.

Viele Menschen gehen von linearen Ursache-Wirkung-Zusammenhängen (Kausalitätstheorie) aus. Einfache Systeme wie ein Auto oder eine Heizung funktionieren nach dem Ursache-Wirkungs-Prinzip. Nicht triviale Systeme sind nicht auf das Prinzip der linearen Kausalität zurückzuführen, da sie immer wieder Überraschungen bereithalten (Kap. 2).

Das Innenleben sozialer Systeme, ihr „innerer Zustand" würde eher als „nicht zu erfassende Teilchen" zu beschreiben sein. Es ist also nichts vorhersagbar, da wir die Anzahl der Teilchen nicht erfassen und ebenso wenig analysieren können (von Foerster/Pörksen, 2013, 56). In diesen Teilchen „tummeln" sich die verlorenen oder verborgenen Wörter, die uns manchmal fehlen, um einen inneren Zustand zu beschreiben. Es bräuchte quasi eine Operationalisierung, um zu einem Ereignis zu kommen, das gar nicht präsent ist. Vielleicht passt auch der Begriff „suchende Kommunikation" oder Black Box, in die man nicht hineinsehen kann, in der sich aber viele unbeantwortete Fragen oder Teilchen befinden, die noch nicht bestimmt sind (Kap. 2 und 3).

Auf diese Suche werden die Geschichten von Nils und Felix, später von Sven oder Elli uns begleiten, um schließlich passende Wörter für das zu finden, was wir bisher als „verlorenes Wort", „Nicht-Wissen" oder „Nicht-wissen-Können" bezeichnet haben.

Bevor wir uns Nils' Geschichte zuwenden, ist es hilfreich, die Grundlagen von Kommunikation zu vertiefen, die in Ergänzung zum Kommunikationsverlauf des „kleinen Prinzen" (Kap. 1-3) kurz zu Wort kommen:

Das systemische Denken braucht einen Denkhintergrund (Ludewig, 2009; Holtz, 2008) und ein sinngebendes Verstehen (Luhmann, 1991), vor dem es angewandt wird. Systemisches Denken ist der Denkhintergrund, auf den sich die systemische Praxis bezieht.

Auch wenn es sich, wie die Beispiele der kleine Prinz oder Felix zeigen, um ein einzelnes Lebewesen handelt, dessen Systeme (psychisch und sozial) seine eigenen Strukturen selbst bestimmen, findet zwischen diesen eine Art innerer Austausch oder, wie wir bisher formuliert haben, eine Art Nicht-wissen-Können statt:

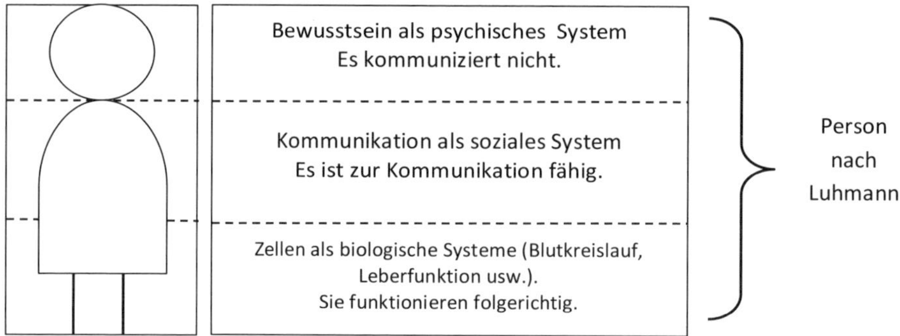

Abbildung 39: Person nach Luhmann

Die Elemente psychischer Systeme sind Bewusstsein, das heißt: Psychische Systeme entstehen durch Bewusstsein. Die Elemente Sozialer Systeme sind Kommunikation, das heißt: Soziale Systeme entstehen durch Kommunikation. Die Elemente biologischer Systeme sind Zellen, das heißt: Biologische Systeme entstehen auf der Basis von Zellen, deren inneren Aufbau und Interaktionen. Das psychische System (individuelles Bewusstsein) und das soziale System (Kommunikation) bilden gegenseitige (Sinn-)Umwelten füreinander, halten aber an ihrer jeweils eigenen Konstitution (Sinnbestimmung) fest. In ihrer gesamten Komplexität beeinflussen sie sich gegenseitig. Allein dadurch sind sie aufeinander angewiesen. Sie sind aber ebenso autonom, denn Denken kann auch ohne Kommunikation stattfinden und jedes Denken muss nicht kommuniziert werden (Luhmann, 1991, 192). Luhmann sieht den Menschen sozusagen als „Wirt" dieser drei Systeme. In Abgrenzung zu Luhmanns formalen Aspekten gibt es nach Kriz (2006) den Ansatz der „Person-zentrierten Systemtheorie", bezogen auf Prozesse der Selbstorganisation und Selbstaktualisierung.

Die theoretischen Aspekte sind hier als Anregung zu verstehen, für ein systemisches Denken in der Praxis.

8.2 Wie sehen Gefühle aus?

In der Beratungssituation frage ich Nils danach, wie ich seine Äußerung „Ich hab' null Bock auf Unterricht" verstehen kann. Wie aus dem Beispiel Felix bekannt, würde ein Schüler vielleicht eher zu einer Antwort neigen wie: „Hab ich doch schon gesagt …, Null-Bock-eben", anstatt nach anderen Wörtern oder Formulierungen zu suchen. Vielleicht würde er noch sagen: „Scheiß Schule oder „alles irgendwie unlogisch …". Vielleicht würde er auch noch von Lust (Lernlust) oder keine Lust sprechen, aber vielmehr würde ihm vielleicht gar nicht mehr einfallen. Nils kommt auf Empfehlung seines Klassenlehrers, also nicht ganz freiwillig. Deshalb sagt er nicht viel. Von sich aus wäre er ja auch nicht hier. Das scheint zunächst ein adäquater Einstieg zu „ohne Worte" zu sein. Die Frage, ob er denn seine „Null-Bock-Stimmung" behalten oder hierlassen möchte, interessiert ihn dann doch. Seine Blickrichtung ändert sich. Nils schaut nicht mehr zur Decke, sondern zur Wand. Und zu dieser sagt er, dass er „eigentlich" sein Klassenziel erreichen und versetzt werden möchte und etwas leiser fügt hinzu: ... „auch wegen meiner Freunde ... und ein bisschen auch wegen meiner Eltern." Kurze Pause. Auf die Frage: ‚Wenn die Wand jetzt antworten könnte, was würde sie dir jetzt sagen?' Nils Körperhaltung verändert sich nicht, jedoch wandern seine Augen zur Beraterin und irgendwie scheint sich eine gewisse Komik darin widerzuspiegeln. Damit scheint das Eis gebrochen. Es ist nur situativ möglich, eine Stimmung zu erfassen, in der derartige Fragen gestellt werden können. Auf die Anschlussfrage, inwieweit wer von seiner Null-Bock-Stimmung profitieren könnte, eher seine Freunde, seine Eltern oder vielleicht der Lehrer oder er selbst, antwortet Nils mit Schulterzucken. Was würde passieren, wenn die Null-Bock-Stimmung von heute auf morgen aufhören würde? Was würden die Freunde, die Eltern dazu sagen? Eine veränderte Mimik und offenere Körperhaltung sind die Antwort. Für die Beraterin ist das Antwort genug. Nils verschränkt nicht mehr die Arme vor sich, sondern setzt sich dem Gespräch zugewandt hin. In diesem Moment ist Nils nicht mehr der Schüler, der vom Lehrer geschickt wurde – in diesem Moment ist er gerade freiwillig angekommen, auch wenn er schon ein halbe Stunde da ist.

Abbildung 40: vorher – nachher (C.F.)

Er beginnt, sich für sich zu interessieren. „Für wen oder was ist die Null-Bock-Stimmung gut?" Darauf antwortet Nils: „Ich habe einfach keine Lust, den Unterricht abzusitzen und immer das Gleiche zu hören ..., interessiert mich auch nicht." Mit der Antwort macht Nils der Beraterin viele Angebote. Sie könnte auf den Unterricht eingehen, die Art und Weise, wie Nils diesen wahrnimmt, wann und in welcher Form er sich besonders wohl oder unwohl fühlt, ob der Begriff ‚das Gleiche' mit Langeweile übersetzt werden könnte oder was er antworten würde, wenn der Lehrer nach seinen Interessen fragen würde? Eine andere Frageoption wäre, wie andere ihn aus seiner Sicht beschreiben würden, seine Mitschüler, seine Freunde oder Lehrer. Oder wie seine Eltern ihn erleben und was sie wohl sagen würden, fragte man sie, was sie an ihrem Sohn toll finden. Oder ob sich etwas Besonderes ergeben oder verändert hat oder ein sonstiger Anlass besteht, weshalb Nils gerade heute hier ist. Auf letzteres könnte er antworten, weil der Lehrer ihn geschickt habe. Eine weitere Anschlussfrage könnte lauten, was den Lehrer bewegt haben mochte, Nils zu bitten, die Beratung aufzusuchen. Und Nils würde antworten: … weil ich eben keinen Bock auf Schule habe. Damit wären wir wieder am Anfang. Die Beraterin konzentriert sich jedoch zunächst auf den formulierten Auftrag: Denn Nils möchte sein Klassenziel erreichen. Deshalb fasst sie die Antwort zusammen und übernimmt den Begriff ‚Lust'.

Wie seine Lust im Moment aussehe, ist die Frage, auf die Nils antwortet, dass sie „vermodert" sei, in einem morastigen Tümpel liege und einfach nicht mehr da sei, zertreten irgendwie, untergetaucht eben. Die Beraterin malt einen Tümpel.

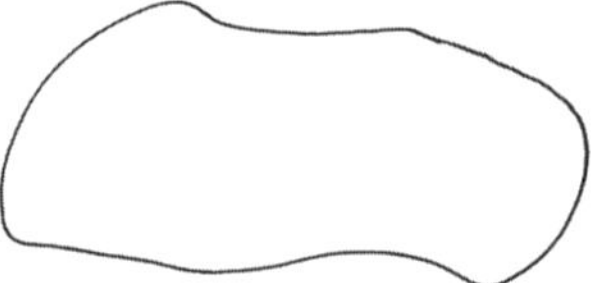

„So?"

„Ja, so ungefähr", sagt Nils und nimmt einen Stift in die Hand. „Aber eher so", sagt er.

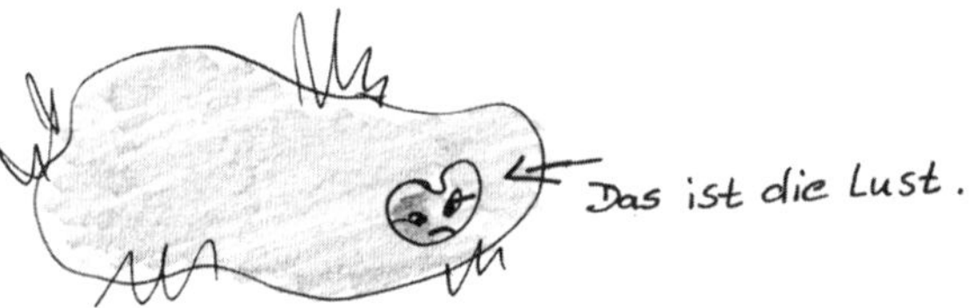

„Das ist die Lust. Sie ist schmutzig." Die Beraterin antwortet: „Hm…, sie liegt ja auch im Morast." Nils überlegt und nach einer längeren Pause sagt er: „Meine Lust heult, sie möchte gar nicht im Tümpel sein." Es ist leichter, über die Lust als über sich selbst zu sprechen. Denn eigentlich weint auch Nils. Eigentlich ist er traurig. Die Äußerung des Schülers ist eine vertrauensvolle Einladung an die Beraterin, den Schüler seinerseits einzuladen, ihn bei der Erreichung seines Zieles („Ich möchte das Klassenziel erreichen.") zu unterstützen. Eine weinende Seele kann man malen, sie wird bei jedem anders aussehen, mal wird sie Tränen haben, mal wird sie wütend dahinskizziert sein, mal wird sie ein Smiley sein, mal eine Wolke oder einfach nur ein Kreis mit oder ohne Gesicht. Auch Situationen, die eine Seele zum Weinen oder Lachen bringen, können dargestellt werden und in unterschiedlichen Farben ihre

Bedeutung haben. Nils traurige Lust sieht einfach so aus – ein rotes Kreuz in einem morastigen braunen Tümpel.

„Ja, das kann ich verstehen … Wenn ich deine Lust wäre, möchte ich da auch nicht rumliegen … Wenn du deine Lust anschaust und sie dir im Tümpel vorstellst, was müsste aus deiner Sicht passieren, damit es ihr besser geht?“ Nils hört zu, kann sich darauf einlassen, es ist seine Lust. Er spürt, dass es um ihn geht. Er spürt die Anschlusskommunikation. Die Sätze fließen. Es finden Input und Output, Reiz und Reaktion statt. Das Dazwischenliegende liegt gut gesichert in der Black Box. Der Berater vermutet es, kennt aber nicht den Inhalt, und auch Nils ist der Inhalt in diesem Moment noch nicht bewusst. Es geht ja eigentlich um Schule, nicht um schwarze Kisten, sondern um Null-Bock-auf-Schule und um die Lust-auf-Schule wiederzufinden. Darüber zu sprechen, ist noch nicht „gefährlich“.

„Sie müsste sich wieder wohlfühlen.“ Nils schmunzelt und malt eine Dusche. „Sie muss ja erst mal wieder sauber werden“, fügt er hinzu.

„Sieht zwar jetzt aus wie ’ne Lampe, ist aber ’ne Dusche“. Seine Mimik verrät eine gewisse Komik, so, als würde er über sich selbst lächeln können. Im Vergleich zu vorher wirkt Nils entspannt. Die Beraterin lässt sich auf die Komik ein, die die Situation hervorruft, lächelt zurück und fragt, wer denn für dieses „Duschen“ zuständig sei. „Ich“, sagt Nils und malt sich als Strichmännchen daneben. „… bin ja schon groß“, sagt er noch und grinst. Einerseits weiß Nils genau, wie „abgefahren“ das Ganze ist (seine Lust zu duschen!!! – geht ja wohl gar nicht!!!), andererseits weiß er auch, dass die Beraterin ebenso weiß, wie blöd es ist, eine Lust zu duschen. Dennoch macht Nils interessiert mit. Denn niemals zuvor hat er seine verlorene Lust so betrachtet.

„Es war ja auch mal anders“, sagt Nils und legt eine Pause ein, „als meine Motivation fröhlicher war.“ Nun benutzt Nils andere Wörter für „Scheiß-Stimmung“ und ist näher bei sich selbst, geht wertschätzender mit sich um und formuliert aus sich heraus. „Was genau war da mal anders im Gegensatz zu heute?“ Nils sagt: „Meine Motivation eben“, und fügt hinzu, dass sie gestrahlt habe. Die Beraterin schiebt das Blatt zu Nils und fragt: „Wie?“

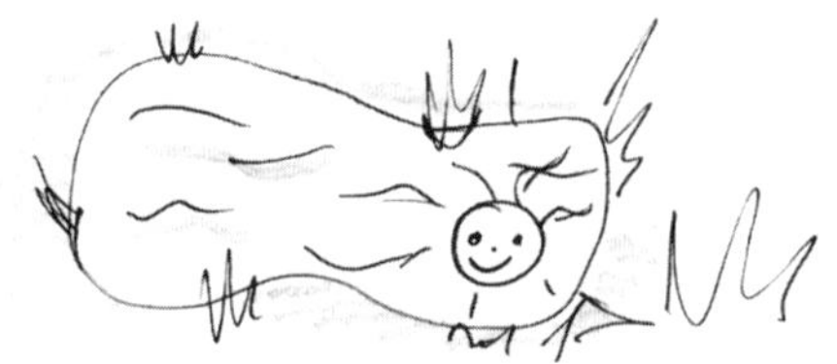

„Sie hat einfach gestrahlt. In der Grundschule war es anders, weil alle anderen Kinder auch Lust hatten, besonders zum Spielen.

„Und heute?" Nils überlegt. „Heute habe ich nicht mal mehr Lust zum Spielen, eigentlich zu gar nichts mehr. Ich gehe auch nicht mehr zum Fußball, obwohl mein Trainer mich immer wieder anruft und fragt." – „Was antwortest du ihm, wenn er dich fragt, ob du zum Training kommst?" – „Dass ich keine Lust mehr habe", sagt Nils und fügt auf die Frage, ob die Lust plötzlich aufgehört habe, eine Lust zu sein, nach einer Pause wieder schmunzelnd hinzu: „Sie liegt doch im Tümpel …".

Nach einer Weile wird Nils ernst. „Wegen des Vorfalls …, aber das sage ich dem Trainer dann nicht." … „Magst du von dem Vorfall sprechen?" Die Beraterin kann diese Frage gezielt stellen, es ist Nils' Angebot, sonst hätte er „den Vorfall" nicht erwähnt. Nils wartet. Er erzählt, dass seine Eltern erwarten, dass er wieder Fußball spielt. Aber sie könnten sich nicht vorstellen, dass er einfach nicht mehr wolle, dass er es nicht aushalte, dass er irgendwie Angst habe. Besonders sein Vater könne das nicht verstehen. Deshalb könne er mit seinen Eltern nicht darüber sprechen. Noch ist Nils nicht dort angelangt, wohin ihn seine Reise möglicherweise führt, was ihn innerlich bewegt. Er muss noch einige Hürden überspringen, um aussprechen und sehen zu können, was ihn beschäftigt, wie seine Wirklichkeitskonstruktion aufgestellt ist und an welchen Stellen „Fehlkonstruktionen" angelegt sind. Auf die Frage, was genau ihm Angst mache, sagt Nils: „Dass ich ein Mörder sein könnte." Es ist gut, dass eine Pause entsteht, denn Nils scheint das erste Mal etwas ausgesprochen zu haben, was bisher für ihn nicht möglich schien. Es stellt sich heraus, dass er als Co-Trainer einer Jungenmannschaft der 6- bis 7-Jährigen vor zwei Jahren den Sturz eines Jungen miterlebte, der länger als ein halbes Jahr im Koma lag. Obwohl der Krankenwagen schnell kam, habe er immer noch das Gesicht des Jungen vor Augen, als dieser seine Augen verdrehte und Schaum vor dem Mund hatte. Die Sanitäter hatten ihn weggeschubst und Nils dachte, der Junge sei tot und es wäre seine Schuld gewesen, weil er nicht aufgepasst hätte. Auch weil er dem kleinen Jungen gesagt habe, dass er weitermachen und sich nicht so anstellen solle, obwohl ihm übel war. Und dann sei er „abgehauen". Nur noch gelaufen. Irgendwohin. Es war, als würde ihn jemand verfolgen, wie in einem Krimi ein Mörder verfolgt wird …

Die Zeit des Beratungsgespräches neigt sich dem Ende zu. Die Beraterin leitet dieses zehn Minuten vorher behutsam ein, auch an einer solchen Stelle. Es gilt jedoch, situationsgerecht zu hinterfragen, zurückzumelden, mitzuteilen, dass es gerade jetzt wünschenswert wäre, mehr Zeit zu haben. Jedoch ist es wichtig, einen Hinweis zu formulieren, inwieweit es für Nils in Ordnung ist, das Gespräch langsam zu beenden. sich für das entgegengebrachte Vertrauen zu bedanken und schließlich die Frage zu stellen, ob Nils sich vorstellen könne, ein weiteres Gespräch zu führen beziehungsweise dieses fortzusetzen.

In den nächsten zwei Beratungsgesprächen entsteht folgendes inhaltliches Bild (s. Abb. 41), das zunehmend die Gesamtsituation darstellt.

Nur der Konstrukteur selbst kann den Ablauf seiner Gefühlswelt anhand der Zeichnung nachvollziehen. Durch das Aneinanderreihen von Ereignissen und den damit verbundenen Gefühlen entstehen Zusammenhänge, die Nils anders als bisher sieht. Sein damaliger Vorsatz: „Ich tue so, als ob nichts geschehen wäre, … nur nicht darüber reden, ich bin doch kein Mörder" ist in der Folgezeit der nächsten zwei Jahre zur „Scheiß-egal-Stimmung" mutiert – als Ablenkungsmanöver präsent geblieben. Nils konnte mit niemandem darüber reden.

Das Erkennen der Situation, das Aussprechen seines inneren Geheimnisses ist ein wichtiger Schritt, den es anzunehmen gilt. „Es ging einfach alles den Bach runter", sagt Nils. Das muss jedoch nicht heißen, dass nun die „Schullust" automatisch wiederkehrt und die „Null-Bock-Stimmung" verschwindet, vielmehr erkennt Nils durch das Sichtbarwerden der Ereignisse die Herkunft seiner Haltung. Er kann sich besser verstehen, ohne sich infrage stellen zu müssen. Der sichtbare Prozess ist noch nicht beendet. Er steht an der Schwelle des Wahrnehmens und Erkennens. Nils kann eingreifen und verändern. Hier wird nicht von einer posttraumatischen Belastungsstörung gesprochen, jedoch soll sie auch nicht weggedacht werden. Gemeinsam mit Nils gelingt es zunehmend, seine innere Ordnung wiederherzustellen und dessen eigentliches „bisheriges" Ziel (Schule) nicht aus den Augen zu verlieren.

Anhand der Zeichnung, die nun auf dem Boden liegt und die Nils stehend aus der Meta-Perspektive betrachtet, entsteht die Frage, was Nils einem Freund „raten" wür-

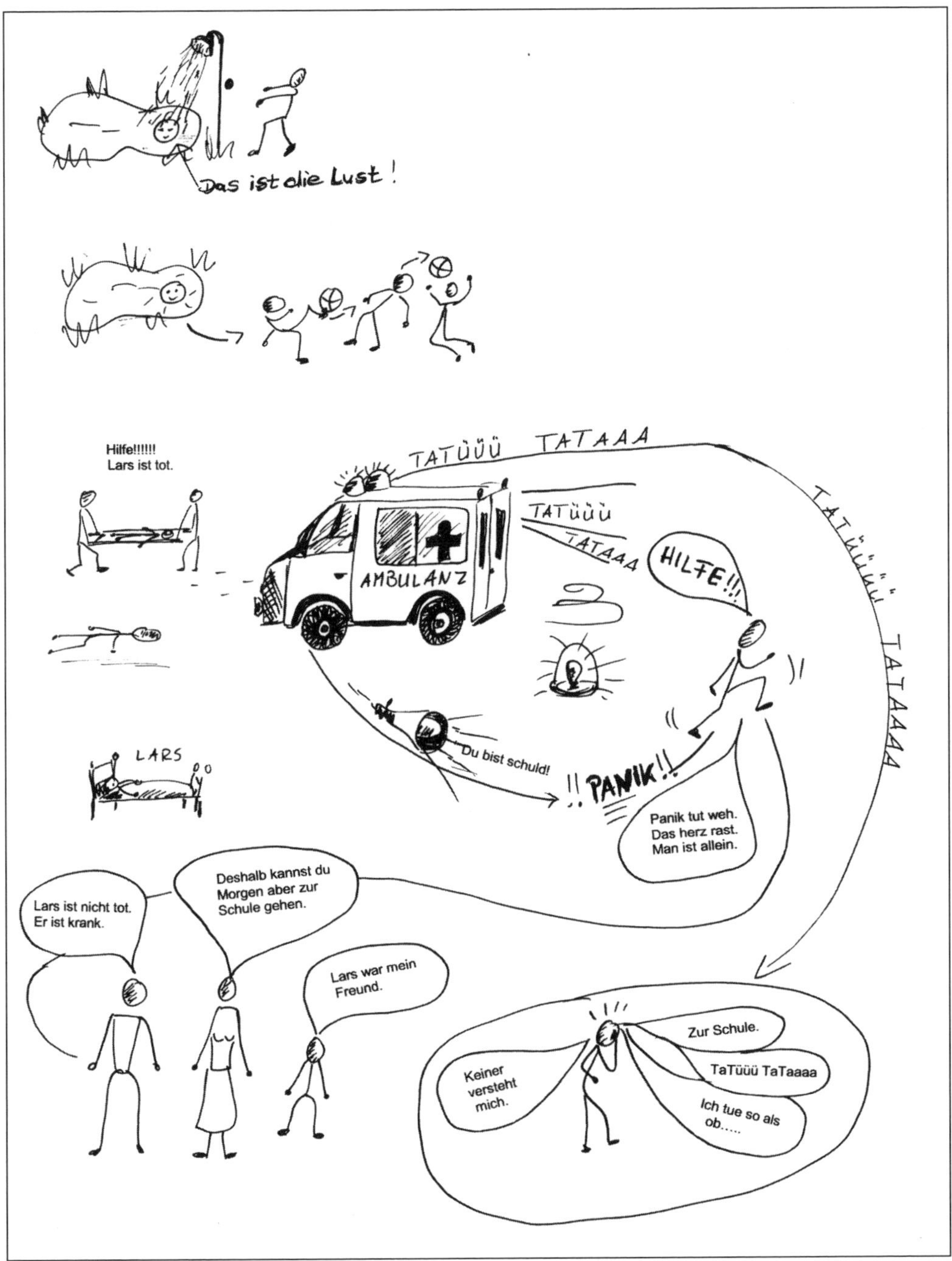

Abbildung 41: Nils' Null-Bock-Stimmung (C.F.)

de, der sich in der auf dem Boden liegenden Situation befindet und dieser Freund ihn bitten würde, ihm zu helfen. „Was soll ich tun?“ wäre die Frage des Freundes. Nils gibt sich die Antwort selbst. „Aus dem Schuldgefühl rauskommen“, sagt er.

Die Beraterin sagt „Hm …“ und legt eine Pause ein. Leise fragt sie, „Wie könnte dein Freund das tun?“ Nils zuckt mit den Schultern. Die Beraterin äußert sich in die Stille hinein: „Ist es möglich, dass dieses ‚Schuldgefühl‘, wie du es gerade bezeichnet hast, auch ein wenig die Antwort auf deine eigene bisher nicht gestellte Frage sein kann? … So eine Art Geheimnis, über das du bisher nicht gesprochen hast?“ Nils nickt langsam. „Könntest du dir vorstellen, deinem Geheimnis, da es ja jetzt ein wenig gelüftet ist, eine Form zu geben oder eine Art Symbol zuzuordnen?“ Nils ist nicht überrascht. Er nimmt einen lackierten Kieselstein aus dem Regal und legt ihn auf den Tisch. Er sagt nichts. „Das Geheimnis darf sich eine Zeitlang ausruhen“, sagt die Beraterin. Nils entlässt sich aus seiner vorgebeugten Körperhaltung und lehnt sich zurück. „Ich glaube, ich habe keine Schuld daran“, sagt er. „Hm … Was ist jetzt anders?“ ist die Antwortfrage der Beraterin. „Erstmal fühle ich mich erleichtert“, sagt Nils. Die Beraterin sagt nichts. Lässt die Äußerung im Raum stehen.

Nils reflektiert. Seine Zeichnung hilft ihm dabei. Er sieht sich in der Schule, sieht sich mit seinen Freunden, mit denen er am liebsten am Computer spielt. Er denkt an Fußball. Er ist sich nicht sicher, ob er jemals wieder spielen wird. Manchmal konzentriert er sich auch darauf, wann endlich Schulschluss ist. Dann erzählt Nils, wie es ihm in der Schule geht und fügt hinzu, dass er häufig nicht hingeht. Seine Eltern seien verärgert, da der Lehrer sie informiert habe und von Schulverweigerung sprach, sogar von innerer und äußerer, aber einen Schulverweigerungskurs, so Nils, wolle er auf keinen Fall mitmachen. Dann würde er lieber ganz abhauen, zu einem Freund gehen oder so oder nach Berlin oder Amsterdam.

Auf die Frage nach seinem Schulalltag und was genau passiert, wenn er darüber nachdenkt, abzuhauen, ergänzt Nils seine Zeichnungen mit weiteren Skizzen auf weiteren Blättern. Er entwickelt mögliche Situationen, aber eher solche, wie er sie in den letzten Wochen erlebt hat. Die Option, seine Eltern zum Beratungsgespräch einzuladen, hält er offen, schließt sie aber nicht mehr aus. Seine Eltern wissen, dass er zur Beratung geht. Der Lehrer hat den Eltern dieses in Absprache mit Nils mitgeteilt und ihm auch Unterstützung in Form von Wiederholen des Lernstoffs angeboten. Das kann Nils noch nicht annehmen.

Abbildung 42: in der Schule

Seine Schulgeschichte findet Nils spannend. Zeichnerisch zeigt er das, was die Schule für ihn gerade bedeutet. Zunächst scheint ein Kreis sich zu schließen, jedoch dreht Nils sich nicht im unendlichen Hamsterrad, wie er bisher annahm. Nils' Prozess geht noch weiter und er ist bereit, einzuschreiten und seine Situation zu verändern. Der Kreis hat eine Schnittstelle, die Nils als Veränderung deutet: Jetzt oder nie, sagt er.

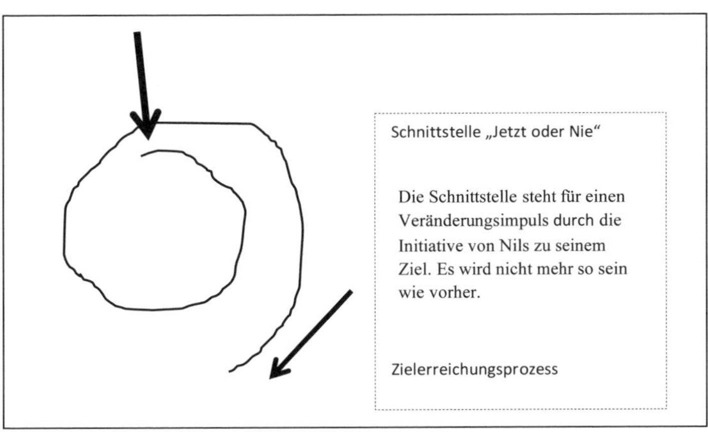

Abbildung 43: Schnittstelle

Im Inneren des Kreises werden seine bisherigen Ereignisse aneinandergereiht und hinsichtlich eines Weges zu einer möglichen Veränderung beobachtet. Plötzlich lassen die neuen Erkenntnisse durchaus auf eine Lösung schließen. Nils erkennt, dass seine Geschichte zu ihm gehört und vorhanden sein darf. Sie ist Teil seiner Lebenswelt. Er selbst ist der „Chef" und kann eingreifen, also auch Verantwortung für sich übernehmen. Nils hält sich an „seiner" Schnecke (Abb. 44) auf. Er betrachtet sie lange. Mithilfe der Beraterin beschreibt er seine Schnecke an einigen Punkten, sodass sein Lebensweg deutlich wird, der wie durch eine Spirale verläuft, die schließlich auf dem Blatt entsteht.

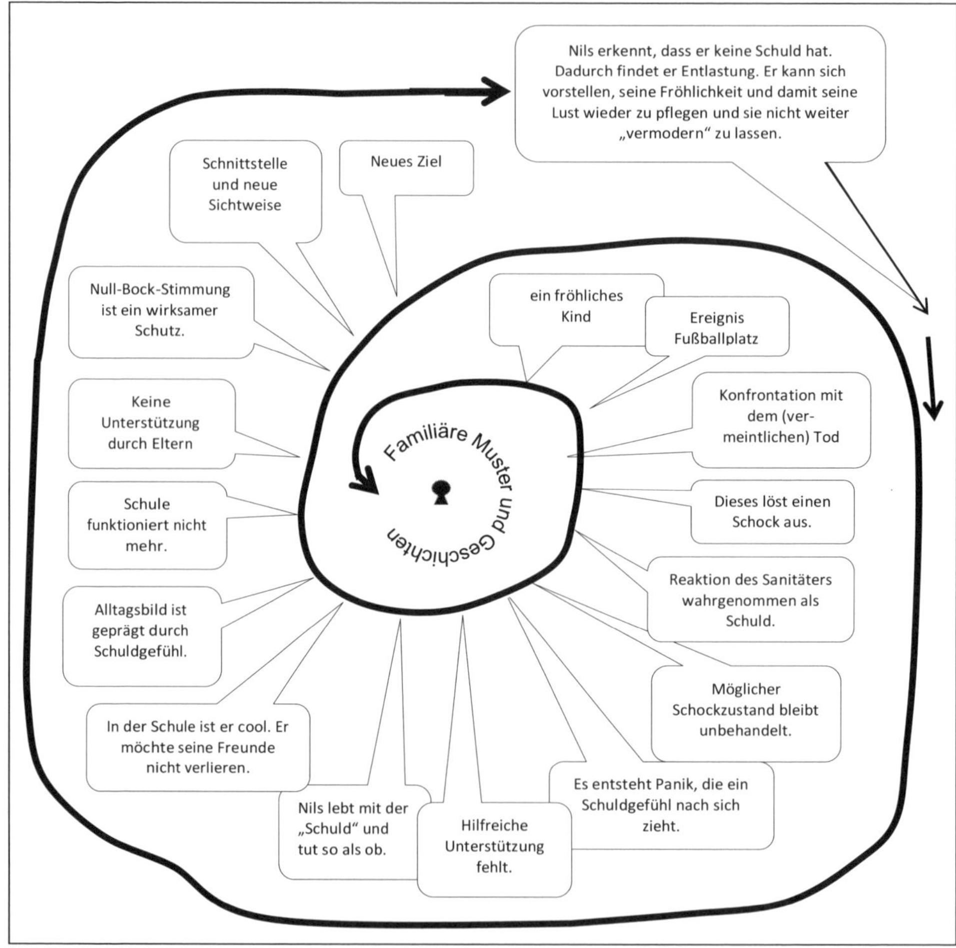

Abbildung 44: Nils' Zielerreichungsprozess

Um jede einzelne Sprechblase spielt die Umwelt als rekursiver Transfer eine entscheidende Rolle, die Nils in seinem Verhalten beeinflusst. Es wird bei der Abbildung darauf verzichtet, die einzelnen „unbestimmten und unsichtbaren Kommunikationsteilchen" wie bei Felix (Abb. 14) darzustellen. Überall sind sie jedoch als historische kleine Bällchen mit einer möglichen Wirkung vorhanden, die man nicht kennt. Um jede Sprechblase bilden sich System- und Subsystemgrenzen von Familie, Peergroup, Schule und wie in diesem Fall auch vom Fußballverein und von Nils' weiteren Netzwerken. Diese Einflüsse von außen regen Nils innere Selbststeuerung an und interaktivieren diese positiv oder negativ. Nils erkennt, dass etwas nicht stimmt. Der Lehrer mag den Impuls gegeben haben, jedoch hätte er nicht kommen und er hätte nicht reden müssen. Es erfordert Mut und manchmal kostet es Überwindung, etwas anderes als bisher zu tun. Auch Begriffe wie Mut, Neugier, Anspannung oder Zweifel können den Sprechblasen der Umwelt angehängt werden oder an anderen Stellen der Zeichnung in unterschiedlichen Formen oder Zeichen Platz finden.

8.3 Schritt-für-Schritt-Anleitung

Die folgende Schritt-für-Schritt-Anleitung eines systemischen Verständnisses stößt auch bei Schülerinnen und Schülern auf großes Interesse, wenn es darum geht, das Verhalten Einzelner oder in Gruppen oder Klassen nachzuvollziehen oder verständlicher wahrzunehmen. Selvini Palazzoli et al. (2011) verstehen zum Beispiel ‚Klasse' als einen umfassenden Begriff von Elementen. Zwischen diesen Elementen besteht jeweils ein Unterschied. Weder könne die Klasse ein Element von sich selbst sein noch könne ein Element die Klasse repräsentieren, weil unterschiedliche Ebenen entstehen.

Beginnen wir anhand der Abbildung 45 mit Variante 4 als ein Beispiel systemischen Denkens aus der Metaperspektive. In den Ballons findet Leben statt. Im inneren Luftballon tummeln sich einige Schüler, vielleicht zwei oder drei, die sich im Klassenverband besonders nahe stehen. Im mittleren Ballon, der den ersten mit einbezieht, interagiert die gesamte Klasse in ihrer eigenen Beschaffenheit und Dynamik. Im äußeren Ballon befinden sich die Lehrpersonen mit einem eigenen (System-)Auftrag, der seinerseits die beiden anderen Systeme in einem Gesamtsystem zusammenhält, das System Klasse mit Lehrer.

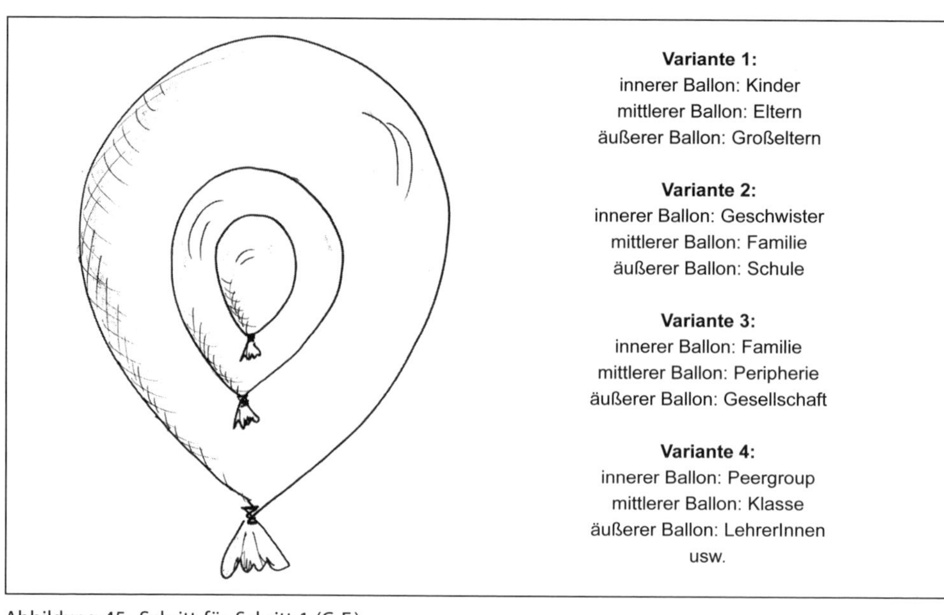

Abbildung 45: Schritt-für-Schritt 1 (C.F.)

Die Abbildung 46 zeigt durchlässige Grenzen. Dennoch sind die einzelnen Ballons in sich geschlossen. Sie agieren intern und autonom. Der Transfer zur Umwelt ist offen. Daher der Begriff des geschlossenen und gleichzeitig offenen Systems. Es ist ein lebenserhaltenes Element zur Umwelt, ohne das Systeme nicht existieren können.

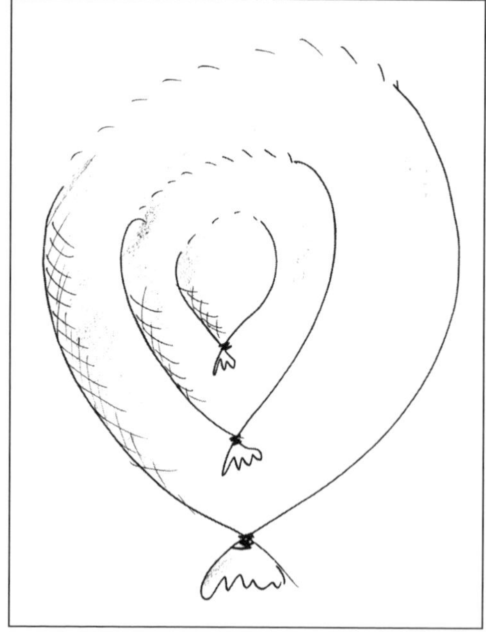

Abbildung 46: Schritt-für-Schritt 2 (C.F.)

Abbildung 47 zeigt die Möglichkeit an Interaktionen innerhalb (geschlossener) und außerhalb (offener) Systeme an gestrichelten, impuls- und informationsdurchlässigen Grenzen, die durch Beziehungen und Kommunikation, Grenzen und Regeln belebt und geprägt werden. Diesen Austausch könnte man mit Sauerstoff vergleichen, den die Systeme zum Überleben brauchen. Ein System Klasse würde ohne Vermittlung von Lehrstoff nicht lange ein System Klasse bleiben. Es hätte die Funktion als System verloren. Auch ein System „Lehrkörper" würde ohne Schüler keine Funktion haben.

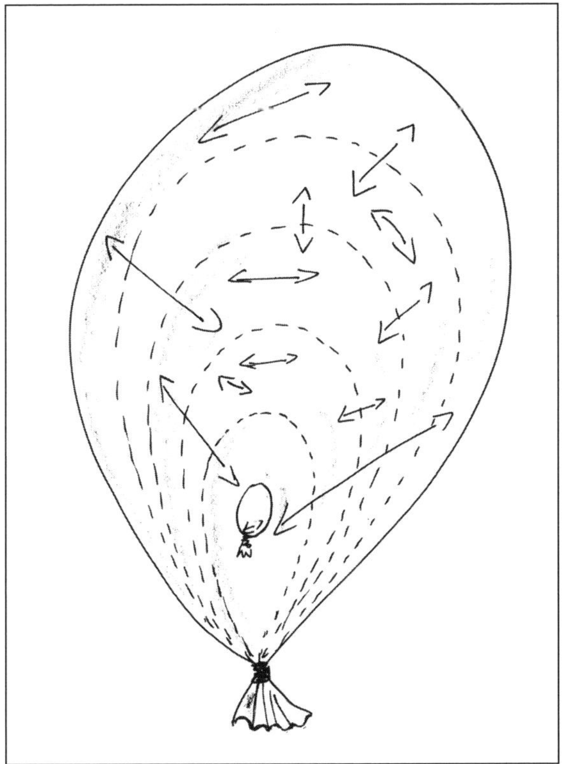

Abbildung 47: Schritt-für-Schritt 3 (C. F.)

Würde man das Ganze jetzt in einer Vielfalt darstellen können und sich die verschiedensten Systeme in ihrer unterschiedlichen Zusammensetzung und Interdependenz im Ganzen ansehen, könnte Abbildung 48 eine Vorstellung davon geben, wie die einzelnen Flugkörper als ein Schwarm alles Geordnete und Ungeordnete beleben oder beeinflussen.

Abbildung 48: Schritt-für-Schritt 4 (C. F.)

Jeder einzelne Schüler, auch jeder Erwachsene sieht zunächst das Gute, möchte das „Richtige" tun, aber auch gesehen und wertgeschätzt und vor allem geliebt und sozial anerkannt werden. Das ist das, was wir Menschen brauchen. Was jeder Einzelne dafür tut, ist seine eigene Geschichte, die nicht immer leicht sein muss und manchmal mit Belastungen, Zweifeln oder Problemen einhergeht. Auch Werte, ob Moral oder Ethik, Achtung oder Verzeihen, Ehrlichkeit oder Freiheit sehen wir als wichtige Prinzipien unseres Lebens an. Und Liebe. Und manchmal ist sie eben auch zu sehen, wenn man will.

In den Beispielen Felix, Nils und den noch folgenden geht es immer um sehen, hören, suchen, finden, visualisieren, eine Haltung entwickeln, wahrnehmen beobachten, reflektieren und gleichzeitig Fragen stellen zu dürfen. Dafür soll ein Suchbild als Metapher und Anregung dienen, um das Visuelle auf einer anderen Ebene zu verdeutlichen, das Unsichtbare zu finden oder es erst gar nicht zu suchen.

8.4 Das Versteckte in Suchbildern

Der Autor Bernd Ballmann macht in einem Streifzug durch literarische Texte anhand eines Tagebucheintrages von Kafka aus dem Jahre 1911 auf das versteckte Unsichtbare aufmerksam, das Kafka wie folgt formuliert: „‚das Versteckte in einem Vexierbild' sei ‚deutlich und unsichtbar': deutlich für den, der gefunden hat, wonach zu schauen er aufgefordert war; unsichtbar für den, der gar nicht weiß, daß es da etwas zu suchen gilt." Kafka hat hier konventionelle Rätselbilder im Sinn, bei denen etwa gefragt wird: Wo ist der Angler? Das solchermaßen angeleitete Auge fischt ihn alsbald aus dem Gezweig der Trauerweide am Ufer. Aber ohne den Fragetitel würde man dasselbe Bild als Naturbild auffassen und den Fischer im Geflecht der Striche weder suchen noch finden" (Ballmann, 2007, S. 271).

Es obliegt dem Betrachter, sich kundig zu machen, sich zu vertiefen und vielleicht „das Versteckte" zu finden oder es erst gar nicht zu suchen, weil es mühevoll erscheint, die Anstrengung einer Suche auf sich zu nehmen.

Nils Frage/Vermutung „Irgendetwas stimmt nicht" hat ihn bewegt, sich eine „innere Erlaubnis" zum Suchen zu geben und eine solche Anstrengung auf sich zu nehmen. Er weiß, dass etwas Unausgesprochenes da ist, was bisher in Verästelungen verborgen bleiben konnte, nämlich sein behütetes Geheimnis. Er ist bereit, etwas zu verändern, zu verstehen und anzunehmen. Ob dieses nun ein Strauch, eine Absicht, eine Intrige oder ein Bleistift ist, wird Nils für sich entdecken.

In Anlehnung an Luhmann „es kommt also alles wieder vor" (1991) und von Foersters „Input-Output-Relation" (von Foerster/Pörksen, 2013) wird der Beratungsfall Nils als wissenschaftliche Variante in Form einer technischen Grafik (Abb. 49) dargestellt. Diese ist als ein Konstrukt zu verstehen (Berater-Klienten-System), welches sich von der Schnittstelle aus bildet, als Nils die Beratung in Anspruch nimmt (Abb. 43). Es geht um Veränderung, um die Fortsetzung eines bis zur Zielerreichung andauernden Weges. Auch hier geht es um die Selbstorganisation und Verarbeitung von Umwelteinflüssen. Es ist nicht determinierbar, was Nils tun wird, ob er seine Eltern ins Boot holt, den Lehrer, Freunde oder sich von allem abwendet. Der systemische Ansatz beruht letztlich auf der Unvorhersehbarkeit und Unkontrollierbarkeit dynamischer Prozesse. Willke spricht von Emergenz als den „Kern des Systemischen" (2004, 12), was bedeutet, dass immer wieder neue, nicht voraussagbare Qualitäten auftreten können, wenn mehrere Faktoren zusammenwirken. Aber ebenso kann eine gewisse Voraussagbarkeit dann hergestellt werden, so von Foerster (von Foerster/Pörksen, 2013, 59ff.), wenn immer wieder gleichlautende Faktoren gleichbedeutende Reaktionen hervorrufen und diese beim nächsten Reiz zwar vorhersagbare, jedoch nicht verlässliche Prognosen bilden. (Beispiel: Felix' Vater fragt: Was macht die Schule? Felix sagt: Lass mich mit Schule in Ruhe! Oder: Nils Vater fragt: Kommst du mit zum Fußball? Nils sagt: Du willst doch nur, dass ich meine Hausaufgaben mache und wieder Fußball spiele.)

Auch im Bereich der Forschung ist die Zielsetzung systemischer Interventionen, insbesondere der Fragetechniken, darauf ausgerichtet, das beobachtete System „über bewusste, eingegrenzte und akzeptable Fragen" dabei zu unterstützten „mehr Klarheit über eigene Konstrukte […] zu erlangen" (Königswieser/Exner, 2001, 17, zit. nach Mosell 2008, Zitatabschn. 107).

In dieser Arbeit ist das beobachtete System selbst ein sich beobachtendes System. Durch die Geist-Hand-Koordination aus der Meta-Perspektive nimmt es einen neuen Blickwinkel ein. Anhand des eigenen „Produktes" entsteht eine andere Kommunikation. Auch Nils musste anhand seiner Bilder erst sehen lernen, um seine bisherigen Konstrukte zu erkennen. Mit diesem inneren Sehen gelingt es ihm, sein Problem, das zunächst auf die ‚innere und äußere Schulverweigerung' gestützt wurde, wie der Lehrer Nils' Verhalten formulierte, völlig anders zu entdecken. Es gelingt ihm, sein Geheimnis anzunehmen und es zu formulieren ‚Ich habe keine Schuld am Unfall des kleinen Jungen'. Erst mit dieser Entlastung wird es ihm möglich, seine Steine, auch den lackierten Kieselstein aus dem Regal der Beraterin mit dem Namen ‚Schuld' aus dem Weg zu räumen. Erst jetzt gelingt es ihm, Veränderung herbeizuführen, als er die Schnittstelle entdeckt. Das Bild seiner „vermoderten Lust" sollte nicht das Bild einer vermoderten Lust bleiben. Nils erkennt, dass er nicht „ober cool" (Null-Bock-Stimmung) sein muss, um seine vermoderte Seele zu verstecken oder „so zu tun, als ob…", sondern wertschätzend, ja auch neugierig und bereit gegenüber sich selbst sein kann, um sich aus einer nicht zufriedenen Situation zu befreien.

Die folgende Abbildung steht für ein Veränderungskonstrukt im Sinne einer Gegenstandsentfaltung von Input und Output.

Insgesamt finden sechs Beratungsgespräche mit Nils statt, das letzte mit seinen Eltern. Zum Schluss sagt Nils: „Das Coolsein, was jeder will, ist eigentlich nur oberflächlich, weil man etwas damit bezweckt, das Echtsein … also ich meine, das wirklich sein oder eben ehrlich sein, ja vielleicht sogar reden, ist eigentlich viel cooler … und nicht so anstrengend."

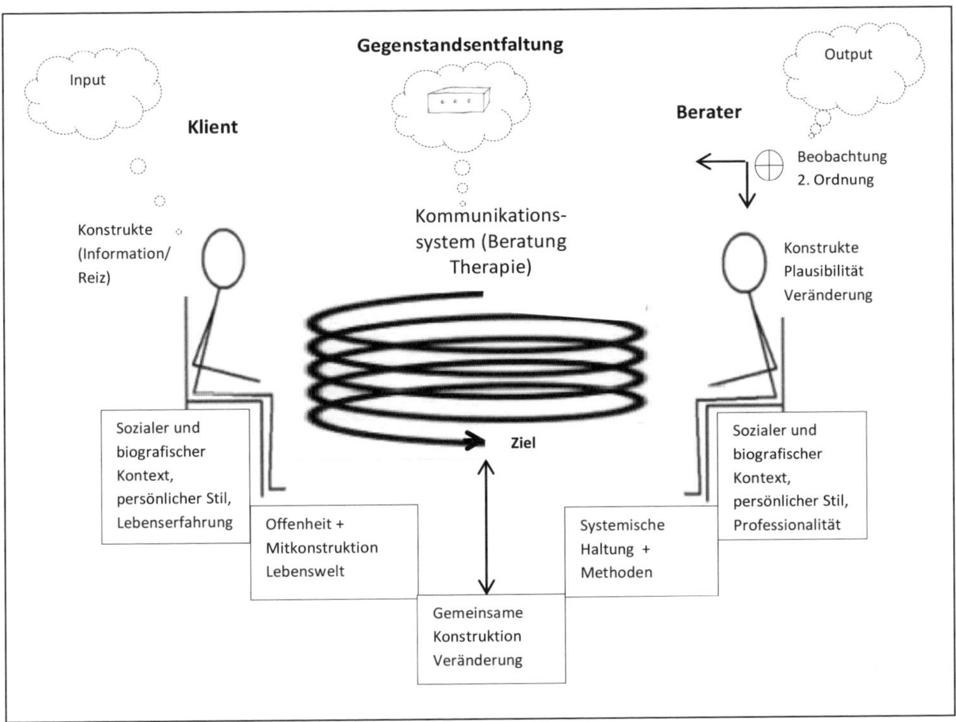

Abbildung 49: Gegenstandsentfaltung (in Anlehnung an von Foerster/Pörksen, 2013, 87-88; Steinke, 1999, 127; Mosell, 2008, Zitatabschnitt 108)

Die folgende Abbildung ist das Original des Schülers Nils, aus Datenschutzgründen ist es anonymisiert.

Anmerkung: Betrachtet man Nils' Zeichnungen im Original, mögen sie Anlass dazu geben, sie aus unterschiedlichen Blickwinkeln zu interpretieren. Das ist nicht verboten. Dieser Ansatz der Visualisierung besteht jedoch darin, die Zeichnungen von Außenstehenden weder interpretieren noch assoziieren zu lassen. Lediglich vom Schüler selbst, auch mit Unterstützung zirkulärer Fragen und geeigneter systemischer Methoden werden Äußerungen dazu vorgenommen, die mit seiner Geschichte im Zusammenhang stehen. Der Schüler oder andere unmittelbar am Geschehen beteiligte Personen erleben die Zeichnungen als ihren eigenen Prozess, tauchen in Situationen ein, die aus den Skizzenbildern erwachsen, neue Impulse hervorrufen, eine eigene Sprache ermöglichen oder entstehende Gedanken formulierbar machen, die ausschließlich dem Beratungsprozess dienen. Interpretationen von außen können in die Irre leiten und die eigene Wahrnehmung beeinflussen (s. Kap. 18).

Abbildung 50: Originalzeichnungen Nils (anonymisiert)

9. Mein Platz in der Gruppe (Fabian und Janina)

9.1 Ist Gruppenzugehörigkeit gewichtsabhängig?

Das Visualisieren mit einem Ziel zu beginnen führt bei Kindern und Jugendlichen meist zu einer klaren Vorstellung und oft beinhaltet es gleichzeitig einen Beratungsauftrag. Fabian, 13 Jahre, möchte nicht mehr ausgegrenzt werden: Er möchte zu seiner Klasse dazugehören. Vor allem möchte er mit den Jungs an der Tischtennisplatte am Rundlauf mitmachen dürfen. Sein Leidensdruck ist groß, wie er sagt und manchmal sei ihm übel, dann bleibe er zu Hause. Janina, 15 Jahre, möchte sich nicht mehr mit ihren Freundinnen streiten: Sie möchte mit ihnen wie bisher wieder etwas unternehmen. Sie fühle sich verraten und „hinterhältig" behandelt. Deshalb könne sie kaum noch schlafen.

Beide Bildvarianten beginnen mit einer Zielvorstellung:

Abbildung 51: Janina (C. F.)

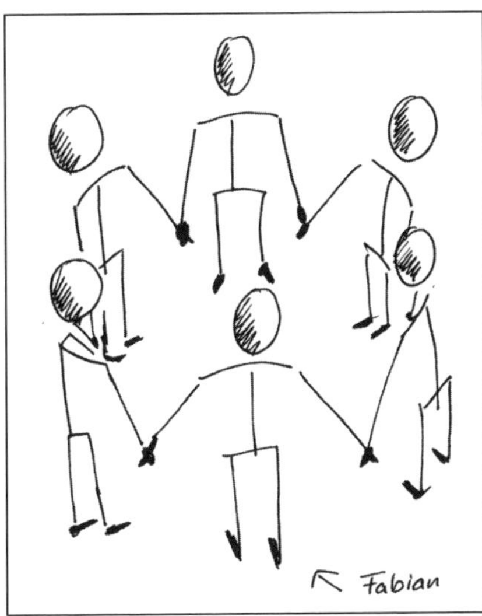

Abbildung 52: Fabian (C. F.)

Fragen wie: Welche Hindernisse könnten im Weg stehen, die es unmöglich erscheinen lassen, das Ziel zu erreichen? Oder was müsste passieren, damit das Ziel auf keinen Fall erreicht werden kann? Wer könnte etwas dazu beitragen? Was müsste der- oder diejenige dafür tun? Aber auch Fragen wie: Wann genau oder in welchen Situationen tritt das Problem eher auf, wann eher nicht, wann häufiger, wann eher seltener usw.? können dazu beitragen, das „Symptom“ neu zu positionieren. Das Umfeld ist mit einzubeziehen, um bestimmte Verhaltensweisen nicht am Schüler/an der Schülerin festzumachen bzw. es unmittelbar in seiner oder ihrer Persönlichkeit zu verankern. Fabian sagt: „Ich bin zu dick! Wenn ich nicht so dick wäre, würde ich mitmachen können!“ Auf die Frage, ob das Mitmachen vom Gewicht abhänge, schmunzelt Fabian. „Nein, natürlich nicht … Fritz und Timo sind auch nicht die Dünnsten, aber die haben kein Problem.“

Abbildung 53: Fabian, die Kugel (C. F.)

Anhand der Skizze bezeichnet Fabian sich als Kugel, erkennt aber gleichzeitig, dass er mitten drin ist und sich nicht außerhalb skizziert hat. Auf die Frage „Angenommen, die „Kugel“ würde sich für zwei Tage beurlauben können, wohin würde sie am ehesten rollen?“ antwortet Fabian: „Zu meiner Mutter.“ Die Kugel ist in einen neuen Vorstellungsraum gerückt, zu einem „Gegenstand“ geworden, den Fabian zunächst bei seiner Mutter gut aufgehoben wähnt. Das Symptom ist in einem ersten Schritt „entpersonalisiert“, das heißt, es ist nicht mehr unmittelbar und ausschließlich an die Person Fabian gebunden, sondern „frei“ und damit (in diesem Moment) nicht mehr das individuelle Problem des Kindes allein. Mit der Antwort ist auch die Familie ins Boot geholt worden und Fabian ist die Entlastung förmlich anzusehen. Bereits in der Skizze steckt eine implizite Aussage, die die erste Ansicht relativiert. Fabian zeichnet sich neben allen anderen nicht „gleichförmig“, sondern macht „seine“ Unterschiede sichtbar und lässt diese auch gelten. Er zählt sich zur Gruppe dazu, so wie er ist. Er unterfüttert sein Bild schließlich mit einer „Kegelkugel“ vor umgeworfenen Kegeln und sagt zum Ende des Gespräches: „Eine dicke Kugel ist wie ein Elefant im Porzellanladen, die haut alles um.“ Fabian skizziert jedoch keinen Elefanten bzw. sich selbst als einen solchen, sondern stellt ein Kegelspiel dar. Denn das ist seine Leidenschaft,

Abbildung 54: Elefant im Porzellanladen (C. F.)

darin ist er Spezialist. Es gibt große, mittlere und kleine Kugeln, vielleicht auch noch Zwischengrößen. Sie erfüllen jede für sich ihren Zweck. Fabian sagt, dass die kleinste Kugel die schnellste sei, weil man mit ihr gezielt die rechten und linken Bauern abkegeln könne. Die dicke Kugel sei aber genauso wichtig, weil sie, wenn gut platziert, zwischen den beiden „Vorderdamen“ ein Kranz-Hand-Bild erkegeln könne. Fabian erzählt mit Begeisterung. Seine Begeisterungsfähigkeit ist eine Gabe, die man teilen kann. Mit dieser Vorstellung entwickelt er die Idee, mit seinen Kumpels einen Kegelnachmittag zu verbringen. Seine Eltern unterhalten einen Gastronomiebetrieb mit Kegelbahnen.

9.2 Was haben die Eltern damit zu tun?

Weitere Beratungsgespräche folgen, auch mit seinen Eltern und Geschwistern. Die Beraterin kann die Familie darin unterstützen, sowohl gemeinsam als „Familienteam“ als auch individuell für ihre jeweiligen Mitglieder eine Sensibilität für ihre jeweils „gelebten“ Wirklichkeitskonstruktionen (ich lebe und sehe so und es ist interessant zu sehen, wie du das Gleiche anders siehst) zu entwickeln. Neue Möglichkeitskonstruktionen tragen zu einer anderen Sichtweise für mögliche Veränderungen und kommunikatives Verstehen bei.

Während der Familienberatung kann Fabian seine Rolle zunehmend „klären". Ein großes Blatt liegt auf dem Tisch, das benutzt werden kann, nicht muss. Für Fabian ist das nicht neu. Die Beraterin hat die Erlaubnis erhalten, die vorherigen Gespräche zusammenzufassen und der Familie seine Zeichnungen zu zeigen. In Anwesenheit aller beschreibt sie jedoch, wie sie Fabian erlebt, nämlich als einen mutigen Jugendlichen, der klar zum Ausdruck bringen kann, was ihn bewegt und was ihm wichtig ist. Denn wichtig sei ihm, dass seine Familie heute da ist und diese ihn dabei unterstützt, seinen Weg zu finden. „Also herzlich willkommen, schön dass Sie da sind und die Einladung als Familie angenommen haben. Das zeigt auch, wie wichtig Sie sich sind, denn sonst würden sie nicht hier sein." Die Mutter, eine sehr kräftige Frau nickt. „Sie nicken", sage ich, „auch Ihnen scheint es heute ein wichtiges Anliegen zu sein, dass die Familie an einem Tisch sitzt, einem sogenannten runden Tisch." Die Mutter nickt ein weiteres Mal. Es wird weiter zirkulär gefragt und schließlich ist es der Vater, auch ein sehr kräftiger Mann, der das Übergewichtsproblem seines Sohnes anspricht und damit auch sein eigenes einbindet. „Ja, dass Fabian unter seinem Übergewicht leidet und das er deshalb gemobbt wird, ist uns als Familie bekannt", sagt er und fügt hinzu „und wir sind ja auch gerade nicht entsprechende Vorbilder. Aber trotzdem darf es nicht sein, dass mein Sohn deshalb ausgegrenzt wird." Das Blatt erhält in der Mitte einen Kreis. „Das ist eine Kugel", sage ich „und mit der Erlaubnis Ihres Sohnes darf ich sagen, dass er sich als eine solche dargestellt hat."

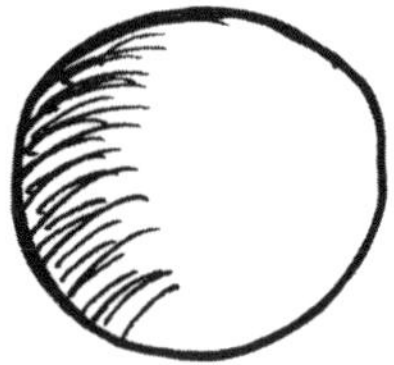

Fabians Zeichnungen liegen auf dem Tisch und er selbst macht auf sich als Kugel aufmerksam. Die Mutter weint und die „natürliche" Frage eines systemischen Beraters könnte zum Beispiel lauten, wie die Kugel es schafft, Frau Hagel zum Weinen zu bringen. Dann müsste Frau Hagel für sich selbst antworten. Interessanter wird es, da die komplette Familie anwesend ist, nach deren Eindrücken zu fragen und die Kugel zunächst nicht auf die Mutter zu fokussieren. Sie selbst ahnt, was die Kugel für sie bedeutet, mag es aber vielleicht in Gegenwart der Familie nicht aussprechen. Deshalb fragt die Beraterin: „Wenn ich Sie fragen darf, Herr Hagel, was glauben Sie, was Ihre Frau gerade bewegt, dass sie weinen muss?" Herr Hagel braucht ein wenig Zeit. Dann antwortet er: „Nun, ich denke mal, dass meine Frau sich selbst nicht wohl fühlt in ihrer Haut." Die Folgefrage: „Wie geht es Ihnen mit dem, was ihr Mann vermutet, was Sie traurig machen könnte?" Frau Hagel schluchzt. Ihre Tochter Bea antwortet selbstbewusst: „Weil sie selbst zu dick ist." Es entsteht eine Pause. Ich frage, „Frau Hagel, wie ist es in Ihrer Familie, wenn Sie miteinander reden und gerade wie hier in Anwesenheit aller über Sie gesprochen wird und sie noch gar nicht zu Wort gekommen sind?“ Anstatt eine Antwort der Mutter abzuwarten, sagt Fabian: „Das ist bei uns immer so. Papa schimpft und Mama weint.“ An Fabian, mit Blick auf die anderen Familienmitglieder, stelle ich die Frage, „Was müsste hier passieren, damit deine Mama, ohne von deiner Schwester oder dir unterbrochen zu werden, antworten könnte?“ Fabian räuspert sich. „Ich bin die Kugel“, sagt Frau Hagel in die Runde und verfällt ins Schluchzen. Währenddessen malt Fabian seine Schwester und sich als Strichmännchen unter die Kugel. Er vervollständigt die Kugel nicht mehr mit einem Kopf, Beinen und Armen als sich selbst. Die Kugel selbst ist zum Problemgegenstand geworden. Fabian gibt seinem Vater den Stift. Herr Hagel sagt zwar, er könne nicht malen, zeichnet aber trotzdem zwei Figuren als Eltern neben die Kugel, als Hüter sozusagen, die sich aber in die entgegengesetzte Richtung bewegen und aus dem Bild zu laufen scheinen.

Abbildung 55: Die Familienkugel 1 (C.F.)

„Eigentlich möchte niemand die Kugel haben“, sagt Bea in die Stille hinein und eröffnet damit das Thema, das die Familie beschäftigt. „Was meinen Sie, was Ihre Tochter damit ausdrücken möchte?“, frage ich den Vater. „Mir fällt der Begriff ‚Überbehüten‘ dazu ein“, sagt er und fügt nach einer Pause mit einer kräftigeren Stimme hinzu: „Überbehüten, Überangebot“, weitere Begriffe, die seinen Redefluss schneller werden lassen, der sich schließlich zu übereifern scheint, fallen ihm ein „Übergewicht, Überforderung – über, über, über …“. Den Blick auf die Mutter gerichtet frage ich, „Frau Hagel, was berührt Sie gerade, wenn Sie Ihren Mann hören? Sehen Sie das ähnlich?“ Sie antwortet mit einem leisen „Hm“ und noch leiser fügt sie hinzu, „Das ist der Ton meines Mannes in der Familie im Original und damit bin ich oft überfordert.“ Ich frage: „Sie benutzen grad das Wort ‚überfordern‘, ähnlich wie Ihr Mann. Ist eine Art

Übermaß vorhanden, ein Übermaß, was ein Fass zum Überlaufen bringt?" – „Genau das wollte ich sagen", antwortet der Vater. Er nimmt den grünen Stift und zeichnet ein Fass, das überläuft, neben die Kugel.

Abbildung 56: Die Familienkugel 2 (C. F.)

Das Fass scheint insofern ein interessantes Symbol zu sein, als es gerade in der Gastronomie, im Bierkeller einige davon geben wird. Auf die Frage, wer nach Ansicht der Familie das Fass am ehesten zum Überlaufen bringt, antwortet Bea, „Das war Fabian. Wenn er das Ganze hier nicht angezettelt hätte, würden wir alle nicht hier sein und es würde sich nichts verändern."

Das „Überbehüten" und „Nichtzutrauen" der Mutter und damit auch das „Überangebot" (an ungesunder Nahrung), führt schließlich die Mutter dazu, den ihr zugedachten Status als „Behüterin der Kugel" zu verändern. Sie nimmt einen roten Stift und streicht die Kugel durch.

Abbildung 57: Die Familienkugel 3 (C. F.)

Damit hat die Mutter ihren Platz eingenommen und eine klare Ansage gemacht: Die Kugel muss weg. „Sie kann ja kleiner werden", sagt Bea und malt eine kleine Kugel in die untere rechte Ecke des Bildes.

Abbildung 58: Die Familienkugel 4 (C.F.)

„Das ist meine Kegelkugel", stellt Fabian fest und wird von seiner Schwester darin unterstützt. „Ja", sagt sie. Es wird über das ÜBER und ZUVIEL gesprochen, Überforderung, Stresssituationen, die die Familie im Alltag belasten. Zunehmend findet auch Fabian in der Familie Anerkennung dafür, das Kegeln als (s)einen Sport zu verstehen und mehr und mehr das Bild einer „asozialen Tätigkeit ohne Sinn" (wie der Vater das Kegeln in seiner Gastronomie bezeichnet) im Vergleich zu „richtigen Sportarten" zu entzerren. Die Familie geht nach diesem ersten Beratungsgespräch mit vielen neuen Eindrücken und einem weiteren Termin nach Hause.

Abgegrenzt von der Körperfülle entwickelt Fabian sich zum Kegelspezialisten und „jongliert" mit der kleinsten Kugel. Die „Erlaubnis" und Akzeptanz seiner Familie bescheren Fabian nicht nur ein neues Selbstwertgefühl, er fühlt sich als „Kegelprofi" und begeistert damit auch seine Kumpels. Die eingangs gestellte Frage, ob das Mitmachen in der Gruppe gewichtsabhängig sei, beantwortet Fabian heute, drei Monate nach der Beratung damit, dass er sich (selbst-)sicherer fühle und sein „Hobby" nicht mehr verstecken und „verspotten" lassen müsse. Schließlich habe er sich auf die kleine Kugel spezialisiert und holt eine kleine Murmel aus seiner Hosentasche, die er mit sich trägt. Außerdem habe er den Eindruck, dass seine „Pfunde" wie von selbst purzeln, ohne dass er dafür etwas tue – doch – fügt er noch hinzu – seine Mutter koche jetzt für die Familie anders als für die „Kneipe" und die Kinder essen nicht mehr ständig in der Restaurantküche.

Das Gesamtbild, an dem die Familie mitgewirkt hat, zeigt folgenden Verlauf auf dem Blatt/den Blättern:

Abbildung 59: Die Familienkugel als Funktion (C.F.)

Die Restaurantküche wird von der Familienküche getrennt. Der Gasthof erhält einen neuen eigenen Status. Fabian malt seine Kegelbahn und lädt Freunde ein. Für die neue „Familienernährung" wird ein Zeitraum von vier Wochen vorgesehen und ein neuer Familientermin angesetzt, um während dieser Zeit das Vereinbarte auszuprobieren. Dann wird weitergesehen.

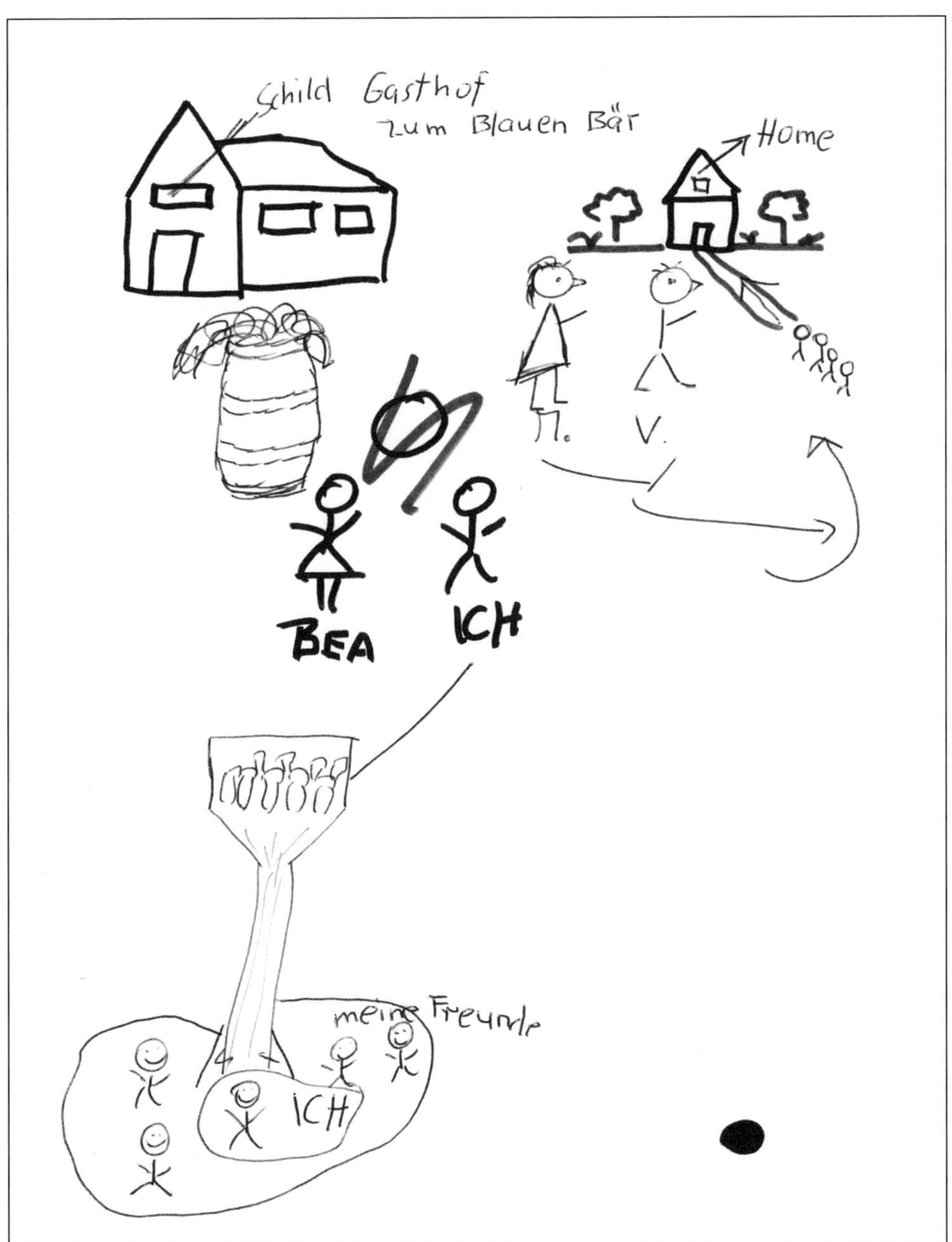

Abbildung 60: Originalzeichnung Fabian (anonymisiert)

9.3 Manches Problem benötigt nur ein Gespräch (Janina)

Janina sagt, sie habe nur ein altes Fahrrad und leide darunter, dass ihre Freundinnen mit coolen, farbigen „Kulträdern" eine „Kultfahrradclique" gegründet haben, in der jeder eine andere Farbe fährt, sie aber nicht dabei sein dürfe. Ihre Eltern können sich ein solches Fahrrad nicht leisten. Nach zwei Beratungsgesprächen, eins davon mit den Eltern, gelingt es Janina zunehmend, Verantwortung für „ihr Fahrrad" zu übernehmen. Sie fährt „ohne Farbe". Sie findet neue Freundinnen, mit „normalen" Fahrrädern und „normalen" Gedanken, wie sie sagt und es sei viel leichter, sich nicht immer mit dem beschäftigen zu müssen, unbedingt auch das haben zu wollen, was andere haben und von einem erwarten, wobei man eigentlich ganz klar wisse, dass das gar nicht gehe.

Eigentlich war Janina das vorher schon klar, sie suchte eine „Klärung" für ihr Empfinden. Das, was sie gefunden hat, sind Gespräche mit ihren Eltern. Hier wurde nicht weiter gezeichnet.

10. Aggressives Verhalten eines 16-Jährigen (Sven)

Häufiges aggressives Verhalten von Sven (16 Jahre) sowie Schulverweigerung waren Anlass von mehreren Lehrer-/Schüler-/Eltern- und Schulleitergesprächen, die schließlich zu einem einwöchigem Schulausschluss führten. Der Vater nimmt die Situation zum Anlass, systemische Beratungsgespräche in der Schule zunächst für sich in Anspruch zu nehmen und auf Einladung zu weiteren Gesprächen seinen Sohn mitzubringen. Für beide, Vater und Sohn, ist der Schulausschluss mit einer großen Sorge verbunden, was die Zukunft bringt.

Abbildung 61: Das Haus am See 1 (C.F.)

Eine Vater-Sohn-Zeichnung

Der untere Bereich des Turmes stellt einen Keller dar, hier als ein geschützter Familienrückzugsraum zu verstehen, in den sich jeder abschottet, vom jeweils anderen zurückzieht, während oben der Streit tobt, so der Vater. Scheidung der Eltern und familiäre Todesfälle bringen den Turm zum Schwanken und das Familienleben aus dem Konzept. Weitere Stressmomente zeigen sich in den Linien, die der Sohn als Irrwege bezeichnet und in den Turm hineinmalt. Der Vater stellt den Einfluss von außen als hohe Wellen dar, die auch seine Arbeitslosigkeit und die finanzielle Not der Familie symbolisieren. Sven kommt später auf die Idee, dass die hohen Wellen das Haus (Turm) entgegengesetzt erreichen und dieses nicht weiter umstürzen, sondern im Gegenteil, eher wieder festigen und in die Ausgangslage zurückbringen. Schließlich malt er Augen in die Wellen und sagt, dass dieses Delfine seien und keine Monster mehr. „Am liebsten würde ich das Haus jetzt graderücken", sagt der Vater und eine Tür hineinmalen.

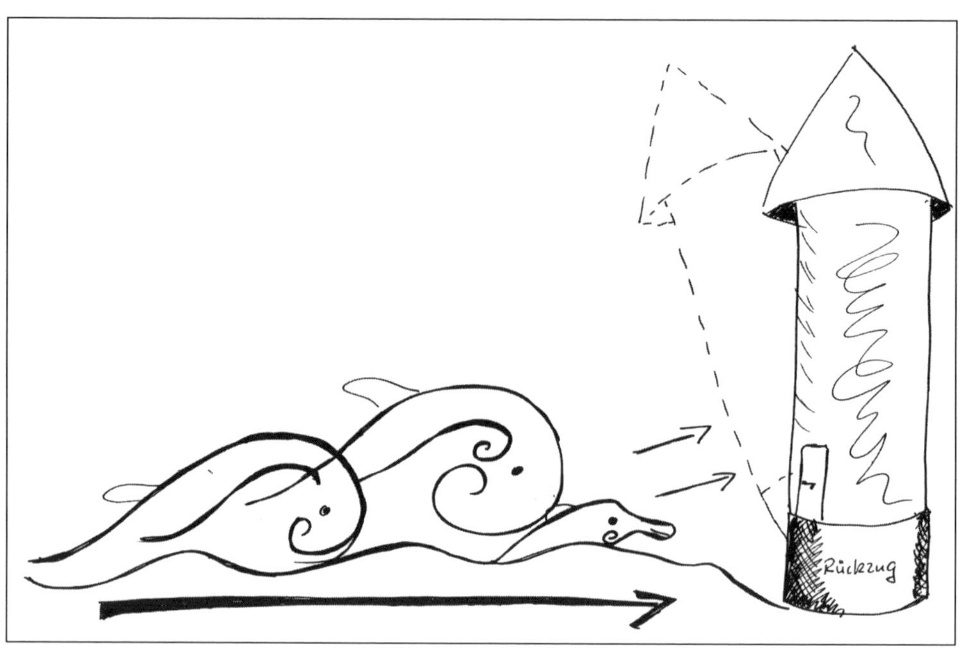

Abbildung 62: Das Haus am See 2 (C.F.)

Das gefällt dem Vater besser. Der Sohn ergänzt die vorherigen Monsterwellen in ein ruhiges Gewässer und lässt die Delfine friedlich schwimmen. Den Meeresgrund stattet er mit Pflanzen aus.

Abbildung 63: Das Haus am See 3 (C.F.)

Der Vater sieht plötzlich die Einwirkungen von außen weniger als Bedrohung, sondern zunehmend als Chance für eine berufliche Veränderung und fasst Mut. Er könnte sich vorstellen, mit einem Existenzgründungskredit eine eigene Autoreparaturwerkstatt einzurichten. Die Voraussetzung dafür sei ein sicheres Fundament. Im Keller seiner Gedanken, so der Vater, entstehe schon ein schlüssiges Konzept, das er vor einigen Monaten mit einem Freund und Kollegen entwickelt hat. Bis heute war ihm eine Verwendung nicht klar und eine Möglichkeit der Umsetzung nicht in Sicht. Nun scheint die Geschäftsidee an Boden zu gewinnen.

Interessant erscheinen die Begriffe ‚im Keller seiner Gedanken' und ‚Boden unter den Füßen'. Ohne, dass der Vater das Bild zum Anlass nimmt, Keller und Boden zu benennen, scheint die Skizze genau das hervorzubringen. Der „geschützte" Kellerraum (wenn oben der Streit tobt) erhält eine Tür und der Turm wird „geradegerückt". Vater und Sohn verstehen sich (sichtbar).

Abbildung 64: Das Haus am See (Originalzeichung, anonymisiert)

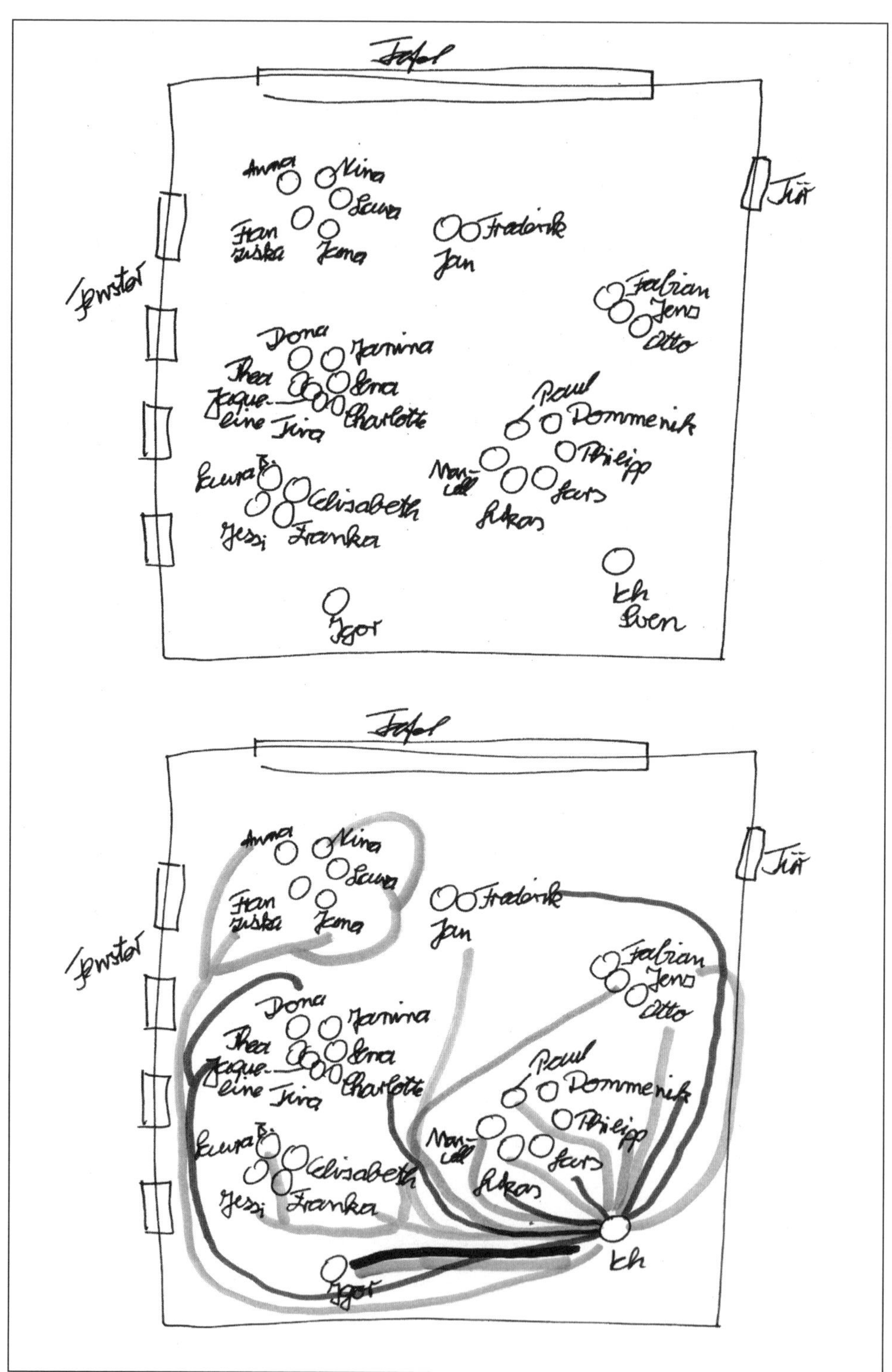

Abbildung 65: Svens Klassenbilder (Originalzeichnungen, anonymisiert)

Es folgen weitere Gespräche mit Sven allein. Zunehmend wird deutlich, dass er nicht nur unter seiner vergangenen und gegenwärtigen Familiensituation leidet, auch mit seinen Mitschülern hat er Streit und fühlt sich einsam. Um nicht ganz unterzugehen, so Sven, wehre er sich gegen die Attacken seiner Mitschüler. Aber das würden die Lehrer nicht sehen und schon gar nicht verstehen. Er falle einfach am ehesten auf und habe meist an allem Schuld. Schließlich führt die Beraterin in Absprache mit Sven ein Gespräch mit dem Klassenlehrer, Herrn Schulz. Dieser ist aufgrund der Situation des Schulausschlusses daran interessiert, eine ‚geeignete Wiedereingliederung' durchzuführen, für die Sven nicht mehr aggressiv reagieren dürfe. Er spricht von integrativen Maßnahmen nach der Zeit des Schulausschlusses. Im Beratungsgespräch mit dem Lehrer gelingt es jedoch, unabhängig von Maßnahmen, ihn als Klassenlehrer zu sensibilisieren, den Schüler Sven und dessen Situation zu sehen und ihn um Unterstützung zu bitten. In einem weiteren Gespräch mit Sven und Herrn Schulz wird deutlich, dass Sven seine „Ausgrenzung" zwar benennen kann, nämlich „Ausgrenzung eben", aber dem Lehrer ist das zu wenig. Auf einem Blatt mit vielen Strichmännchen wird dieser Begriff sichtbar. Ebenso stellt sich heraus, dass auch andere Jungen sich in einer ähnlichen Situation wie Sven befinden.

In Absprache mit Sven und dem Klassenlehrer wird ein neutrales Anti-Mobbing- und Kommunikationstraining (Just 2016, S. 129–161) durchgeführt.

Im letzten Gespräch mit Sven und seinem Vater berichtet der Sohn schließlich davon, dass er sich immer wieder an das Bild mit seinem Vater erinnere und besonders die leichten und sanften Wellen ihm ein Gefühl von Entspannung geben. Das Klassentraining hat ihm geholfen, sich nicht als Verlierer in der Klasse bestätigt zu sehen, sondern zu erkennen dass andere Jungen ebenso ihre eigene Geschichte haben. Der Vater kommt auf die Wellen zurück und kann bestätigen, dass es ihm ähnlich gehe und sein Sohn ihm die Augen geöffnet habe, als er die Pflanzen in die Zeichnung malte. Sie bedeuteten Wachstum für ihn (den Vater) und genauso fühle es sich derzeit für ihn an.

11. Vom Sinn der Selbsterfahrung (Maria)

In einer meiner Weiterbildungen zu den Grundlagen systemischer Beratung wurden die Teilnehmer gebeten, sich in die Situation ihrer Kindheit im Alter von 10 Jahren hineinzuversetzen mit der Aufgabenstellung: „Wie habe ich mir zur damaligen Zeit meine Schule vorgestellt?" Auf Flipchart-Blättern entstanden Zeichnungen mit Strichmännchen, Kreisen, geometrischen Figuren, Schulgebäuden mit Fenstern oder auch Klassenanordnungen mit einem Lehrer am Pult. Ebenso waren Farben zu entdecken, durch Stärke hervorgehobene Details sowie großzügige oder eher sparsame Flächenbenutzungen. Eine Teilnehmerin distanzierte sich bereits im Vorfeld von dieser Aufgabe mit der Begründung, sie könne nicht zeichnen und sie sei nicht bereit, sich zu blamieren. Die Erläuterung, sie müsse nicht zeichnen, sondern ihre Erinnerung andeuten, skizzieren oder anderweitig darstellen, wie sie es für angemessen halte, bewirkte, dass sie ein diagonal durchgestrichenes Blatt abgab.

Anschließend wurden die fünfzehn Bilder der TeilnehmerInnen im Raum als kleine Ausstellung aufgehängt. Zunächst wurde die Galerie betrachtet. Auch das Bild der Teilnehmerin des durchgestrichenen Blattes, nennen wir sie Maria, reihte sich ein. Es zog besondere Aufmerksamkeit auf sich. Während der Betrachtung jedes einzelnen Bildes fragten einige Teilnehmer, ob dieses ein Protest gegenüber der Aufgabenstellung sei. Maria stellte sich den Fragen. Schnell wurde erkannt, dass ihre Annahme, sie könne nicht zeichnen, auch für sie selbst nicht mehr tragbar schien. Denn auch andere Zeichnungen zeigten, dass es nicht um „zeichnen können" gehe, so eine Teilnehmerin. Auf die Frage einer Teilnehmerin, was Maria ausdrücken wollte, meinte eine andere, dass Maria den Versuch unternommen haben könnte, nichts ausdrücken zu wollen. Einen ‚Nicht-Ausdruck' würde das Bild ihres Erachtens jedoch nicht hergeben. Während eine weitere Teilnehmerin mit dem diagonalen Strich eine Mischung aus Hilflosigkeit und Entschlossenheit vermutete, eine weitere eine innere Leere darin sah und ein Teilnehmer von Geheimnis oder Tabu sprach, reagierte Maria mit Tränen. Schließlich sprach sie über ihren beruflichen Kontext, in dem sie Schwierigkeiten habe, von ihr erwartete Beratungsgespräche zu führen. Sie habe Formulierungsängste und wisse nicht, was sie in Gesprächen sagen solle. Eine andere Teilnehmerin bot an, ihr zu helfen und betonte, dass Maria doch etwas Wesentliches skizziert habe, nämlich einen diagonalen Strich auf dem Blatt. „Wofür steht der wirklich?", war ihre Frage. Maria antwortete: „Das ich nichts kann." Die anderen TeilnehmerInnen kannten Maria anders, als eine kluge und interessierte Teilnehmerin und nette Kollegin. Sie fragten weiter, „… und was kannst du?" Maria ließ sich darauf ein, nahm einen Stift und vervollständigte ihre Zeichnung mit weiteren Strichen, die sie als Tätigkeiten beschrieb, die sie gut könne und auf der oberen Ebene anordnete. Zwei untere Striche, die sie damit beschrieb, keine Gespräche führen zu können und verunsichert zu sein, wenn sie die anderen Teilnehmer bei deren Gesprächsübungen beobachte. Ein Teilnehmer äußerte, dass er es sehr mutig fände, „so etwas Persönliches zu sagen", um nach einer Weile hinzuzufügen „und auch so ehrlich zu sein …, ich wüsste nicht, ob ich mich das trauen würde." Maria lächelte.

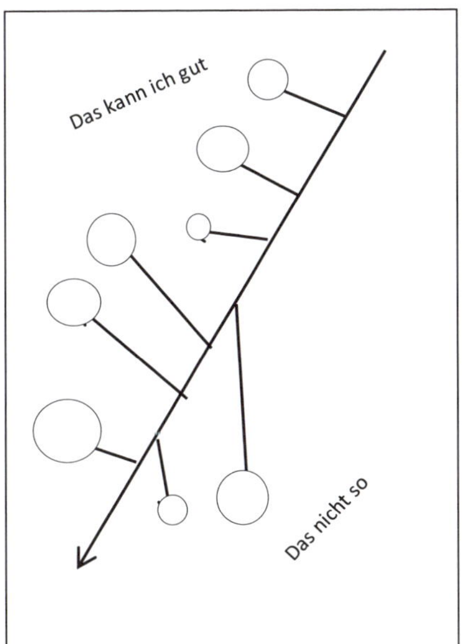

Abbildung 66: Das kann ich gut

Maria stellte ihre Fachkompetenz in Frage und befürchtete, sie könne sich durch eine „falsche" Zeichnung „verraten". Obwohl die Skizzen zu Ausbildungszwecken „nur" assoziiert, nicht interpretiert wurden, ließ Maria eine mögliche „Selbsterkenntnis/-erfahrung" nicht zu. Dennoch stieß ihre Zeichnung auf großes Interesse. Auch das vermeintliche Nichtstun ist ein Tun und es verfehlt nicht die Wirkung, die es bei den anderen Teilnehmern auslöst. Später ist Maria es selbst, die sich für Beratungsübungen immer häufiger zur Verfügung stellt und zum Schluss der Ausbildung teilt sie mit, dass dieses „Bild" sie nicht nur beschäftigt, begleitet und inspiriert habe, sondern ihr auch Mut gemacht habe, sich selbst anzunehmen und zu hinterfragen. Auch wenn sie befürchtet hatte, so Maria, etwas zu erkennen, was sie selbst schon länger vermutete. Sie wollte es nicht wahrhaben und hatte Angst davor, ihre Vermutung bestätigt zu finden, noch weniger wollte sie ihre Befürchtungen aussprechen. Diese Feigheit, wie sie es nannte, sei ihr erst mit dem Bild „auf wundersame Weise" klar geworden. Schließlich sei es ihr gelungen, ihr innerstes Problem anzusprechen und nicht davor wegzulaufen. „Es ist heute so, als wäre ich innerlich gewachsen."

12. Blackout vor Arbeiten (Elli)

12.1 Intellektuelles Wissen (Kopf- oder Herz-Wissen)

In Ellis Geschichte geht es darum, etwas wiederzufinden. Sie hat ihr intellektuelles Wissen verloren, wie sie sagt. Nicht immer, aber gerade dann, wenn sie es so dringend benötigt, ist es verschwunden.

„Immer wieder stelle ich mir die Frage nach dem „Kopfwissen", wie eine Schülerin in einem Gruppengespräch formulierte. Wie beeinflusse ich mein Kopfwissen, wenn ich plötzlich alles vergessen habe? Und wie beeinflusse ich mein Gehirn, dass es das, was es gestern gelernt hat, nicht wieder vergisst? Vor allem, wie schaffe ich es, nicht immer an den Streit mit meiner Freundin zu denken, wenn ich im Matheunterricht bin? Eine andere Schülerin sagte einmal, dass ihr intellektuelles Wissen nicht mehr funktioniere, weil ein anderes Wissen, sie nannte es das Bauch- oder Herzwissen, viel stärker sei und sie vom Lernen abhalte. Dabei sei ihr Herzwissen nicht mal angenehm, aber sie könne sich nicht dagegen wehren. Es stellte sich die Frage, wer in bestimmten Situationen stärker ist, der Wille oder das Gefühl?

Beides miteinander zu verbinden, um zu verstehen und verstanden zu werden, ist nicht immer leicht. Gerade in der Schule, in der Klasse, in der Peergroup kämpfen viele Jungen und Mädchen um Anerkennung: Wie soll man sein, damit man von anderen akzeptiert wird? Ein Schüler sagte einmal: „So wie du bist. Dafür sorgt dein gesunder Menschenverstand – das individuelle Wissen mit allem Drum und Dran." Dieses Wissen steht nicht in Büchern. Es ist verbunden mit der Haltung, die ich einnehme, dem Empfinden, das ich ausdrücke, der Natürlichkeit, mit der ich anderen begegne, der Sprache, die ich spreche, der Wertschätzung, die ich anderen und mir selbst entgegenbringe, der Achtsamkeit, die ich anderen gegenüber pflege, verbunden mit der (Selbst-)Sicherheit, die ich spüre, den Ängsten und Unsicherheiten, die mich prägen, und den Sorgen, die ich mitteile, soweit ich das möchte.

12.2 Trauer und Erinnerungen

Die Erinnerung an das Weihnachtsfest vor zwei Jahren, als die Großmutter noch lebte, zählt zu den letzten glücklichen Momenten in der Geschichte der 16-jährigen Elli. Der Anlass, die schulsozialpädagogische systemische Beratung in der Schule aufzusuchen, ist die Angst vor Klassenarbeiten. Elli vergesse einfach alles, ihr Kopf sei leer, wie sie sagt, so, als wäre alles Wissen plötzlich verschwunden. Sie könne sich nicht mehr konzentrieren. Sie habe mit Black-outs vor Klassenarbeiten zu kämpfen und schließlich gebe sie leere Seiten ab. Die Rückgabe der Arbeiten: sechs.

„Die Lehrer helfen mir und unterstützen mich", sagt Elli. Daran liege es nicht. „Ich gehe auch gern zur Schule. Auch das ist es nicht", ergänzt sie. Das leere Blatt, der Kopf, der vor den Arbeiten noch eine Fülle des Lernstoffs präsent hat, ist gerade dann, wenn es erforderlich ist, leer. „Leere" sagt Elli, „immer wieder Leere." Der Begriff ‚Luft' beantwortet nicht Ellis Gefühl. „Luft ist es nicht", sagt sie. „Luft wäre physikalisch messbar." Pause zum Nachdenken. „Nein, Luft ist es wirklich nicht, … es ist viel mehr als das …, nein", korrigiert sie sich. „Es ist vielmehr weniger als Luft …" Auf die Frage, wie das Weniger als Luft aussehe, sagt sie: „Wie gar nichts, wie etwas, was fehlt und nicht mehr da ist." Das Gespräch verläuft ruhig, langsam, fast sinnlich. „Eine leere Leere?", frage ich. „Ja", sagt Elli, „wie das Blatt."

Die Trauer um ihre Großmutter ist groß. Sie hat nach der Scheidung ihrer Eltern einen wichtigen Platz im Leben der Schülerin eingenommen. Die Erinnerungen an das letzte Weihnachtsfest kommen wieder. Eine Woche später ist die Großmutter nicht mehr da. Leere im Haus, in dem Elli mit ihrer Mutter wohnt, Leere in der Straße, wo die Großmutter wohnte, Leere im Herzen, wenn sie an die Tage denkt, an denen sie mit ihrer Großmutter shoppen ging. „Alles ist nicht mehr so, wie es war", sagt Elli.

Ein Stapel Din-A4-Blätter und Farbstifte liegt wie in jedem Beratungsgespräch auf dem Tisch bereit. Ich lege ein weiteres leeres Blatt vor Elli und sage: „Das ist auch leer …, leer wie die Leere bei den abgegebenen Arbeiten." „JA", sagt Elli. Es entsteht eine Pause. Elli blickt auf das weitere leere Blatt. Auf die Frage, was dieses Blatt im Moment „sagen" oder was sichtbar würde, wenn ihre Gedanken sich darauf abbilden ließen, sagt Elli nichts. „Vielleicht", so schließt die Beraterin daraus, „möchten sie auch lieber unsichtbar bleiben und nicht angesprochen werden. Hast du eine Idee dazu, was deine Gedanken gerade denken könnten, wenn sie das dürften?" Pause. Nach einer Weile nimmt Elli einen Stift und malt einen Weihnachtsbaum, langsam, mit vielen Details, Weihnachtskugeln, Geschenke… ein Klavier. Ein Blick auf das Blatt: „Klavier für die Weihnachtslieder", erklärt Elli. Daneben malt sie die Großmutter. Elli hätte auch eine der Figuren nehmen können, die in einem Regal stehen. Eine davon sieht wie eine Großmutter aus, graue Haare zu einem Knoten zusammengebunden, ein gepunktetes Kleid und eine Schürze.

Die Schülerin malt weitere Geschenke unter den Tannenbaum mit Schleifen, Kerzen in unterschiedlichen Größen. Das Bild scheint fertig zu sein und wir betrachten es eine Weile.

Abbildung 67: Weihnachten mit der Großmutter (Originalzeichnung Elli, anonymisiert)

„Was ist in dem gestreiften Geschenkpaket?", frage ich. „Eine Tasche", sagt Elli. Sie macht eine Pause. „Und in dem?" Dabei zeige ich auf ein längliches Paket. „Stiefel", sagt Elli. Die habe sie vor Weihnachten mit ihrer Großmutter ausgesucht. Pause. Elli lächelt und malt noch Schnallen an die Stiefel, die sie gerade „ausgepackt" hat. Das Bild füllt den Raum mit Erinnerungen. „Wenn du so wie jetzt an deine Großmutter denkst, was ist dir besonders in Erinnerung geblieben?", frage ich. „Meine Oma ist herzlich gewesen, einfach und unheimlich lieb", sagt sie. Eine Träne läuft über ihre Wange. Ich nehme ein vor mir liegendes Blatt und schreibe ‚Erinnerung' darauf, daneben schreibe ich ‚herzlich'. Elli nimmt das Blatt und malt ein Herz in Rosa mit Tränen dran. „Ein tränendes Herz", sage ich. „Hm …, stimmt", sagt Elli. – „Es gibt eine Blumenstaude, die so heißt, eine beliebte Zierpflanze." Ich frage Elli, ob ich einen Zweig an das tränende Herz malen darf. Ich darf. Sie malt weitere Zweige, nimmt unterschiedliche Farben, malt kleine Blätter und dazwischen viele tränende Herzen. „So", sagt sie. Ich nicke und bitte sie, das kleine Kunstwerk anzuschauen. (Abb. 68)

„Es sind viele Herzen da", sagt Elli. – „Was bedeuten sie?" Elli überlegt nicht lange: „Liebe", sagt sie. – „Liebe ist eine gute Ausgangsposition." Elli nickt. „Angenommen, jedes tränende Herzchen würde im Zusammenhang mit deiner Oma eine Bedeutung haben. Wofür würden die einzelnen Herzen stehen?", frage ich. „Für Herzlichkeit", sagt sie. Nach einer Weile fügt sie hinzu: „Und das für nett!" Dann fallen ihr weitere Wörter ein wie lustig, spontan, charmant, hilfsbereit und gute Köchin, sie schreibt sie an die Herzen. Auf die Frage, was ihre Großmutter dazu sagen würde, wenn sie dieses Bild sehen könnte, überlegt Elli eine Weile und sagt, dass sie sich freuen würde. „Worüber würde sie sich am meisten freuen?", frage ich weiter. „Ich glaube darüber, dass ich so schöne Erinnerungen an sie habe ... hm... und dass sie mir viele Erinnerungen hinterlassen hat." Pause. Elli ist sehr klar. Die Gedanken, die ihr Leben mitgestalten, die das Verhältnis zu ihren Eltern prägen, zu ihrem kulturellen Umfeld, vielleicht auch die Zeiten von Grundschule oder Schule beleben, werden zwar nicht aktiv ausgesprochen, wirken aber als Kommunikationsimpulse in den jetzigen Augenblick hinein und schwirren über dem Geschehen wie unausgesprochene Teilchen. Auch die Beraterin kann das nur erahnen – sie weiß ja von der Black Box, in der Teilchen schwimmen, die zu finden möglich sind. Anstatt zu fragen, woran Elli jetzt denkt, bleibt die Beraterin beim Angebot, das ihr die Schülerin bereithält, und fragt in die Stille hinein: „Angenommen, deine Großmutter würde sagen, ja, ich habe dir etwas hinterlassen, viele kleine Herzen für meine Elli." Pause. „Nehmen wir weiter an, du würdest ihr antworten und ihr noch etwas sagen können, was würde das sein?" Elli ändert ihre Sitzposition. Sie richtet ihren Oberkörper nach vorn und setzt sich aufrechter hin. „Ich würde danke sagen, dass sie mir so schöne Sachen hinterlassen hat." Ich frage: „Wenn wir uns diese schönen Sachen nun näher anschauen ...?" Elli taucht in das vor ihr liegende Bild ein. „Das könnten auch Geschenke sein ..." – „Hm..." Pause. „Ja", sagt Elli und hinter jedes Herz malen wir kleine Geschenke mit roten Schleifen.

Der Blick auf das Blatt: „Ihre Herzlichkeit fehlt mir am meisten", fügt Elli nach einer Pause und erneuten Betrachtung hinzu. Auf die Frage, woran sie das am deutlichsten feststelle, sagt sie, dass ihre Großmutter ihr fehle und ihre Mutter das nicht verstehen würde. Damit geht Elli von sich aus einen Schritt weiter in das Familienleben. Ähnlich wie in anderen Beispielen wird die familiäre Situation von der Schülerin selbst benannt. Die Beraterin kann daran anschließen. Auf die Frage, wo ihre Mutter auf dem Bild zu sehen sei, sagt Elli „hier" und malt eine kleine Figur an den rechten unteren Rand des Bildes.

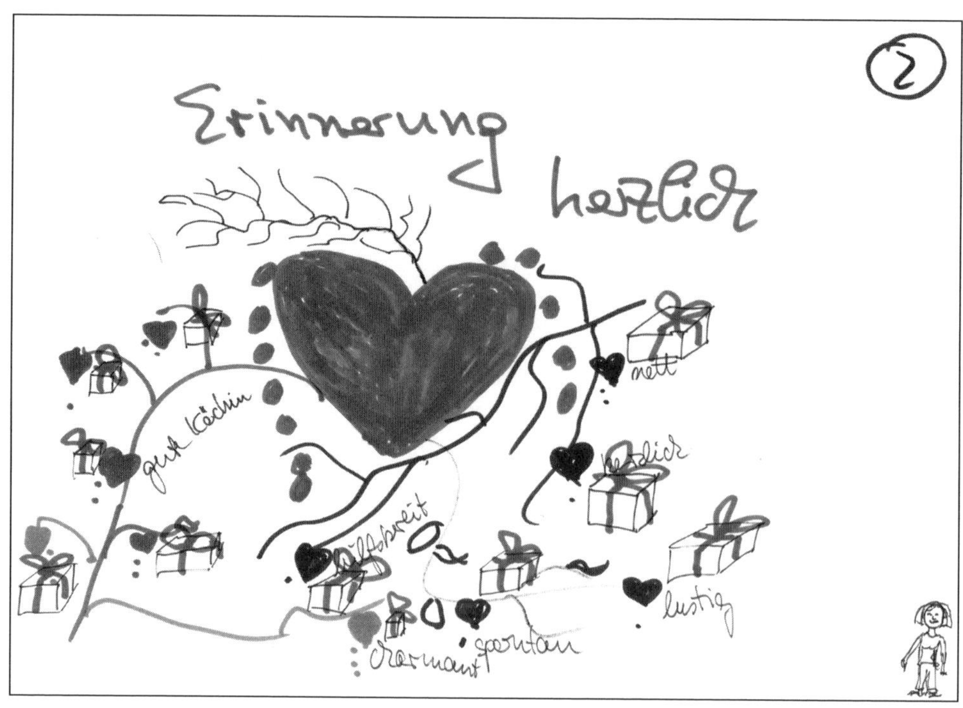

Abbildung 68: Tränendes Herz (Originalzeichnung Elli, anonymisiert)

Ihre Mutter würde immer weinen und sagen, dass der Tod der Großmutter für sie besonders schmerzhaft wäre, da sie schließlich ihre Mutter gewesen sei. Als ob das einen Unterschied zwischen ihnen ausmache würde, so die Schülerin. Das zirkuläre Fragen und die Wunderfrage ergänzen das Malen. Auf die Frage, wenn morgen alles in Ordnung wäre, was wäre dann anders, antwortet Elli, dass ihre Mutter sie in den Arm nehmen, mit ihr etwas unternehmen und sie einfach trösten würde. Trost und Liebe scheint die Mutter ihrer Tochter nicht geben zu können. Es scheint um Unterschiede und Vergleiche von Trauerbefindlichkeiten zu gehen. Darum, welche Trauer größer oder berechtigter ist. Wer trauriger ist und auf welche Weise seine Trauer zeigen muss, um vom jeweils anderen gehört und wahrgenommen zu werden. Wer kann wen trösten und wer hat welche Rolle? Wenn die Trauer ein Theaterstück wäre, wer würde die Hauptrolle spielen? Zwischen Mutter und Tochter scheint ein Trauerkampf stattzufinden – eine Art Trauerwettbewerb. Wem gehört die Trauer am meisten? Welche dunklen Seiten wirft sie auf? Wie schafft es die Trauer, dass nicht geredet wird? Wer fühlt sich von wem allein gelassen? Wo ist der Vater? Wie geht es ihm mit der Trauer seiner Tochter und seiner eigenen? Wo gibt es sonst noch Trauer in der Familie? An wen kann die Mutter sich wenden? Wie unterstützen sich die Eltern gegenseitig oder wie gemeinsam ihre Tochter? Wen oder was vermisst die Tochter noch? Oder wo kann sie Unterstützung finden und was würde ihr helfen?

Elli malt ihre Familie, in der die Großmutter fehlt, auf ein neues Blatt.

Abbildung 69: Ellis Familie – Distanz (Originalzeichnung Elli, anonymisiert)

Beim Betrachten fällt Elli die Weite auf, wie sie sagt. „Es sieht aus, als würde meine Familie in der Wüste leben, kein Baum, keine Blume, kein Stein, nichts – nur Weite." Elli schüttelt den Kopf und stützt ihn dann auf ihre Hände. „Wo ist die Nähe geblieben?", fragt die Beraterin. „Die ist auch verlorengegangen", sagt Elli.

Inzwischen haben mehrere Gespräche stattgefunden. Auch die Eltern werden eingeladen und Elli zeigt ihnen ihre Bilder. Gern wären auch sie auf den Weihnachtsbildern zu sehen gewesen. Dass dieses nicht der Fall ist, berührt die Eltern sehr. Vielmehr berührt sie jedoch die Wüste, wie Elli in Gegenwart ihrer Eltern ihr Familienbild beschreibt. So wird das Thema Elternpräsenz zum Beratungsgegenstand der Familie. Eine Familienaufstellung verdeutlicht die gegenseitige Sehnsucht nach Nähe, die unter den Familienmitgliedern besteht und die Tochter kann formulieren, wie sehr ihr die Herzenswärme und Zuneigung ihrer Eltern fehlt.

In einer der letzten von acht Sitzungen kommen wir auf das Weihnachtsbild zurück, auf dem neben vielen anderen weiteren Blättern der Weihnachtsbaum, die Großmutter und die Geschenke zu sehen sind. Schließlich malt die Schülerin sich selbst noch hinzu. Nach kurzer Überlegung malt sie noch ein Geschenk hinzu und sagt: „Das ist meine Trauer."

Abbildung 70: Weihnachten mit der Großmutter 2 (Originalzeichnung Elli, anonymisiert)

„Ja“, sage ich und frage, ob sie mir sagen mag, was sich in dem Trauergeschenkpaket befindet.“ Mit einem Schmunzeln um die Mundwinkel sagt Elli, „Meine Trauer mit all den Herzen. Sie ist jetzt leichter und nicht mehr so schwer.“ – „Möchtest du das Geschenk öffnen?“, frage ich. Elli schaut mich an und nickt. Ich nehme einen Stift und male einen Würfel (einen Kubus mit geöffnetem Deckel, besser kann ich es nicht) auf ein neues Blatt, „das ist der geöffnete Geschenkkarton“. Darauf sagt Elli, „Der würde auf dem Tisch stehen“, und malt einen Tisch dazu und Herzen hinein.

Abbildung 71: Das Trauergeschenk (Originalzeichnung Elli, anonymisiert)

Ein Betrachter von außen würde in dem Bild weniger einen Trauerprozess vermuten, eher könnte es ein Liebesgeschenk mit Herzen sein – ist es in gewisser Weise auch. Ellis Trauer ist zu einem persönlichen Geschenk geworden. Sie wirkt entspannt.

Ich komme auf die Leere zu sprechen, die Elli zu Beginn der Beratungszeit formulierte. Auf dem zweiten Blatt hat die Leere sich mit tränenden Herzen gefüllt. Auf dem letzten Blatt ist die Trauerwolke zu sehen, die auf die Familie herunterregnet und vor der sich jeder einen Schutz suchen muss. Auch wird die Nähe anders als in der Wüste dargestellt.

Abbildung 72: Ellis Familie – Nähe (Originalzeichnung Elli, anonymisiert)

Elli hat Schutz unter dem Regenschirm ihres Vaters gefunden und ihre Mutter kann ihren Schirm jetzt allein halten. Sie hat keinen schwarzen mehr, sondern einen bunten. Die Leere hat sich gefüllt. Auch die Blätter sind nicht leer geblieben. Der leere Geschenkkarton hat sich mit Erinnerungsherzen gefüllt. Auf die abschließende Frage „Angenommen, deine Oma hätte an diesem Weihnachtsfest gewusst, dass es das letzte sein würde, was glaubst du, hätte sie dir als das wichtigste Geschenk für dich unter den Weihnachtsbaum gelegt?" antwortet Elli, „Ein Trauergeschenk mit vielen Liebesherzen."

Insgesamt haben acht Sitzungen im Wochenrhythmus stattgefunden, davon eine mit der Familie und zwei mit der Mutter. Viele Gedanken, Wertvorstellungen und Erfahrungen belebten den Raum, andere Empfindungen schwirrten als stille Teilhaber über das Geschehen. Die wesentlichen (prozess- und entwicklungsrelevanten) Gefühle haben auf den Blättern Platz finden können und zu einer Lösung in Form von Erkennen und Verstehen beigetragen. Die Schülerin gab später keine leeren Blätter bei den Klassenarbeiten mehr ab. Sie fühlte sich sicher und mitunter spürte sie eine neue Kraft, so als würde ihre Großmutter hinter ihr stehen. Sie hatte viel mehr („Geschenke") bekommen, als unter dem Weihnachtsbaum lag, und heute denkt sie gern an ihre Großmutter zurück. Auch ihre Mutter hat verstanden, dass Trauer auch Nähe bedeutet, und Mutter und Tochter schafften es, sich neu zu orientieren und sich im Gedenken an die Großmutter gegenseitig anzunehmen.

12.3 Zufriedenheitswaage für Eltern

Eltern sein heißt, an Wunder zu glauben, die Wunder der Elternliebe zu beschreiben, Potenziale zu fördern und im Dienste des Lebens zu handeln. Mit einem unvorstellbaren Besitz an bereits vorhandenen wertvollen, auch besonderen und ausgefallenen oder auswählbaren Potenzialen wird das Kind seiner Eltern geboren. Es ist als ein Wunder zu begreifen. Das Nicht-Wissen-Können eines Wunders, das in diesem neuen Wesen schlummert. Es wartet darauf, sich entfalten zu dürfen. In der Verantwortung ihrer Rolle dürfen Eltern dieses Wunder leben. Sie dürfen sich wundern, staunen, sehen, annehmen, lieben. Sie dürfen neugierig und gespannt sein, sich freuen und vertrauen darauf, wie sich das Kind unter liebevoller Zuwendung aus eigener Kraft und Zuversicht an Entdeckung und Verstehen entwickeln wird. Jedoch sind die Chancen und Möglichkeiten unterschiedlich angelegt.

Was brauchen Eltern? Was möchten Eltern wissen? Worüber möchten sie sich informieren? Womit vergleichen sie sich? Können Eltern ihr Kind so annehmen, wie es ist? Können sie mit dem Herzen sehen? Welche Unterschiede suchen sie? Und wie machen sie schließlich alles richtig? Denn das wollen alle Eltern, weil es in der Natur der Sache liegt.

Nun machen wir uns das Leben oft schwer. Unzählige Werbeveranstalter entdecken werdende Eltern, wenden konsumsteigernde Strategien an und ebenso unzählige Elternratgeber tummeln sich in den Bücherregalen der Geschäfte. Zum Teil sind Informationen nach Alter der Kinder geordnet, von der Schwangerschaft bis zur Geburt, von der Zeit danach und später, bis zur Pubertät. Die Information von außen reißt nicht ab. Geht man noch einen Schritt weiter und davon aus, dass heute jeder über das Internet verfügen kann, erscheinen mehr als 13 Millionen Ergebnisse, wenn man über Google die Begriffe *Erziehung* und *erziehen* eingibt.

Wonach suchen Eltern unter diesen Begriffen? Was soll ich tun, wenn mein Kind nicht zur Schule gehen möchte, wenn es Bauchschmerzen hat, wenn es auffällig wird und Lehrer zurückmelden, ihr Kind ‚funktioniert' nicht? Was soll ich tun, wenn mein Kind keine oder nicht die ‚richtigen' Freunde findet? Wenn ich mir Sorgen mache, dass es einsam ist, gefährliche Risiken eingeht oder in eine ‚Suchtfalle' gerät? Was ist, wenn ich als Mutter oder Vater, wenn wir als Eltern nicht funktionieren, wenn wir unsere eigenen Probleme haben, der Streit, die Scheidung, der Job oder finanzielle Hindernisse? Und schließlich bin ich auch noch da, als Mutter und Frau, als Vater und Mann, als Elternteil, allein oder gemeinsam als Paar mit Freunden und eigenen Interessen.

Zur weiteren Unvollständigkeit oder Übervollständigkeit werden wir den Begriff Erziehung nicht unnötig strapazieren. Es geht nicht um Definitionen oder wissenschaftliche Erklärungen. Zu umfangreich wäre das Repertoire an Ansichten, Erkenntnissen und Wissensbeständen, als dass Eltern im Alltag unmittelbar klar werden könnte, was sie tun müssten, wenn ihr Kind nicht zur Schule gehen will.

Gehen wir zu den obigen Kapiteln zurück und betrachten „Luhmanns Markt der Möglichkeiten". Eltern erfahren, dass sie mehr als 13 Millionen Eintragungen über Erziehung erhalten, eben eine Vielzahl an Möglichkeiten, eine Komplexität sozusagen. Die bisherigen Beispiele zeigen, dem inneren Kommunikationsprozess zu vertrauen, das heißt, die Informationen zu filtern, auf die Lebenslage hin zu überprüfen, zu differenzieren und Entscheidungen zu treffen, die so oder anders sein können. Das heißt, zu wissen, dass ein Prozess entstehen muss, um Selbstsicherheit zu erlangen. Denn im Rahmen des Überangebotes an Möglichkeiten entscheidet der gesunde Menschenverstand, was am besten zur derzeitigen Lebenslage passt. Kein Erwachsener würde sich bewusst zu seines Kindes Nachteil entscheiden oder ihm Schaden zufügen wollen. Also kann die Entscheidung zunächst nur diejenige sein, die „mein eigenes Sinnsystem" für angemessen hält und formulieren kann. Erst im Nachhinein wird sich zeigen, ob diese Entscheidung die richtige war. Sollte das nicht der Fall sein, kann ein neuer Weg ausprobiert werden. Es gibt viele Möglichkeiten und Wege. Zu suchen ist der Weg der „Nicht-Schuld" – der Weg der klaren Haltung – ich tue das Richtige, weil ich mit meiner Entscheidung zufrieden bin.

Plädoyer für und von Eltern (Gibran, 2015, 20)

„Eure Kinder sind nicht eure Kinder.
Sie sind die Söhne und Töchter der Sehnsucht des Lebens nach sich selber.
Sie kommen durch euch, aber nicht von euch,
Und obwohl sie mit euch sind, gehören sie euch doch nicht.
Ihr dürft ihnen eure Liebe geben, aber nicht eure Gedanken,
Denn sie haben ihre eigenen Gedanken.
Ihr dürft ihren Körpern ein Haus geben, aber nicht ihren Seelen,
Denn ihre Seelen wohnen im Haus von morgen, das ihr nicht besuchen könnt, nicht einmal in euren Träumen.
Ihr dürft euch bemühen, wie sie zu sein, aber versucht nicht, sie euch ähnlich zu machen.
Denn das Leben läuft nicht rückwärts, noch verweilt es im Gestern.
Ihr seid die Bogen, von denen eure Kinder als lebende Pfeile ausgeschickt werden.
Der Schütze sieht das Ziel auf dem Pfad der Unendlichkeit,
und Er spannt euch mit Seiner Macht, damit seine Pfeile schnell und weit fliegen.
Laßt euren Bogen von der Hand des Schützen auf Freude gerichtet sein;
Denn so wie Er den Pfeil liebt, der fliegt, so liebt er auch den Bogen, der fest ist."

Schließlich ist die Frage zu stellen, was Eltern zufrieden macht. Darauf soll der Fokus gerichtet und mit folgenden Bildern (Abb. 73–79) die Selbstfindung zur Zufriedenheit gebildet werden.

Wir bauen eine Zufriedenheitswaage (Abb. 80).

In die eine Waagschale legen wir zum Oberbegriff Zufriedenheit „Erwartung und Enttäuschung" – in die andere Waagschale „Nicht-Erwartung und Erfüllung". (Nicht-

Erwartung wird hier nicht als grenzenlos oder ‚laissez faire' verstanden, sondern als verantwortungsbewusstes, Regeln- und Grenzen gebendes Vertrauen im Sinne kindlicher Entwicklung.)

Um die Zufriedenheitswaage eltern- und kindgerecht handhaben und verstehen zu können, geht es zunächst um die Vorstellung (Erwartung), die Eltern oft von ihren Kindern haben, wie diese sein sollen oder nicht sein sollen. Dieses hängt mit ihrer eigenen Lebensgeschichte zusammen. Mehr noch, eine Elternvorstellung ist gepaart mit der Vatervorstellung und der Muttervorstellung. Mit der Schnittmenge beider Elternteile wird das Kind aufwachsen. Diese Schnittmenge ist jedoch asymmetrisch, mal wiegt das eine mehr, mal das andere. Ein Kind oder Jugendlicher erkennt die Schnittmengen differenziert aus seiner Sicht. Es/er befindet sich in einem Abhängigkeitsverhältnis gegenüber seinen Eltern und ist mit einer Art siebten Sinn in der Lage, Stimmungsschwankungen und Veränderungen wahrzunehmen. Kinder und Jugendliche spüren Disharmonien meist eher, als diese ausgesprochen werden, und nicht selten übernehmen sie bereits im Vorfeld, notfalls mit „auffälligem Verhalten", die Verantwortung, das Familienleben aufrechtzuerhalten (Beispiel Felix). Das wird an Trennungssituationen oft besonders deutlich, gilt aber für andere Problemlagen des Familienlebens ebenso.

Abbildung 73: Familiäre Schnittmengen

In einer kalifornischen Langzeitstudie von Wallerstein et al. (2002) wurden Trennungs- und Scheidungsfamilien untersucht, in der „weder Eltern noch Kinder wegen irgendwelcher behandlungs- oder beratungsbedürftiger Probleme aufgefallen waren" (2002, 13). Bei einer Studie über einen Zeitraum von ca. 30 Jahren, so die Autorinnen, konnte jedoch wenig über das emotionale Innenleben der Eltern und insbesondere über die Gefühle, Fantasien und Bewältigungsmechanismen der betroffenen Kinder ausgesagt werden (ebd., 12). Gehen wir von der Sensibilität und dem Bedürfnis nach sicherer Geborgenheit von Kindern und Jugendlichen aus, stellt sich auch die Frage nach der „Erwartungs-Erwartung" der Eltern, der Mütter und der Väter. Welche kleinen und großen Vorstellungen und Wünsche haben sie, wie und was ihre Kinder einmal sein sollen? Nicht-Erwartungen scheinen leichter zu wiegen als Erwartungen und erfüllte Erwartungen leichter als nicht erfüllte, nur für wen?

Abbildung 74: Erfüllte Nicht-Erwartungen (C. F.)

Die persönlichen Veränderungen, die sich in den fortlaufenden Lebensabschnitten des einen oder anderen Elternteiles ergeben, spiegeln sich auch immer in deren gemeinsamer Schnittmenge wider. So ist das Kind darauf bedacht, aber nicht immer in der Lage, unausgesprochene Erwartungen zu erfüllen. Denn jedes Kind möchte von seinen Eltern so, wie es ist, anerkannt werden, es möchte seine Eltern nicht enttäuschen. Und manchmal spürt es genau, dass es eigentlich anders sein soll, als es ist.

In den folgenden Abbildungen (75–78) wird das ganz Normale dargestellt:

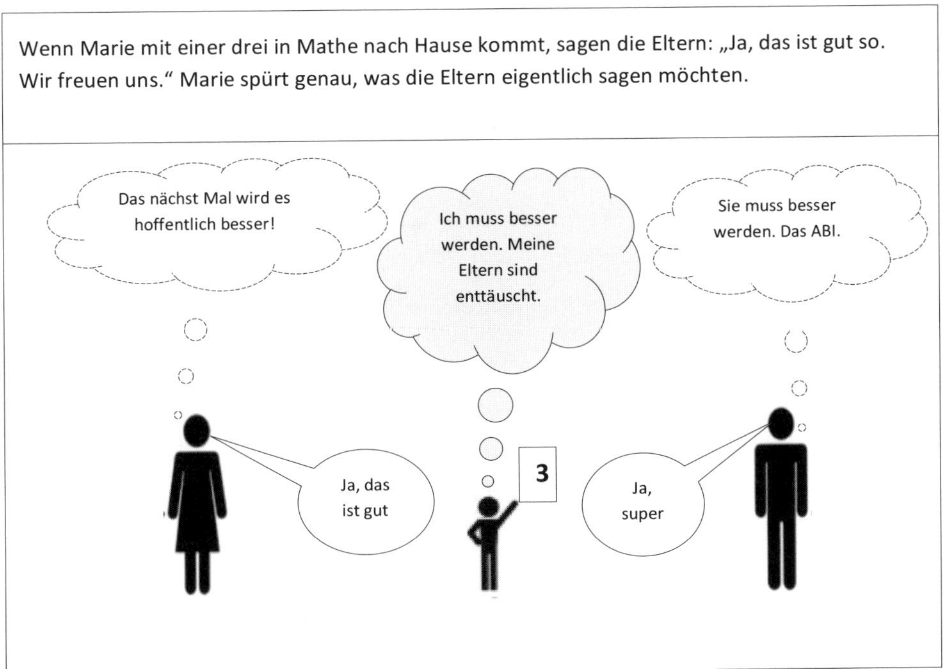

Abbildung 75: Wenn Marie nach Hause kommt.

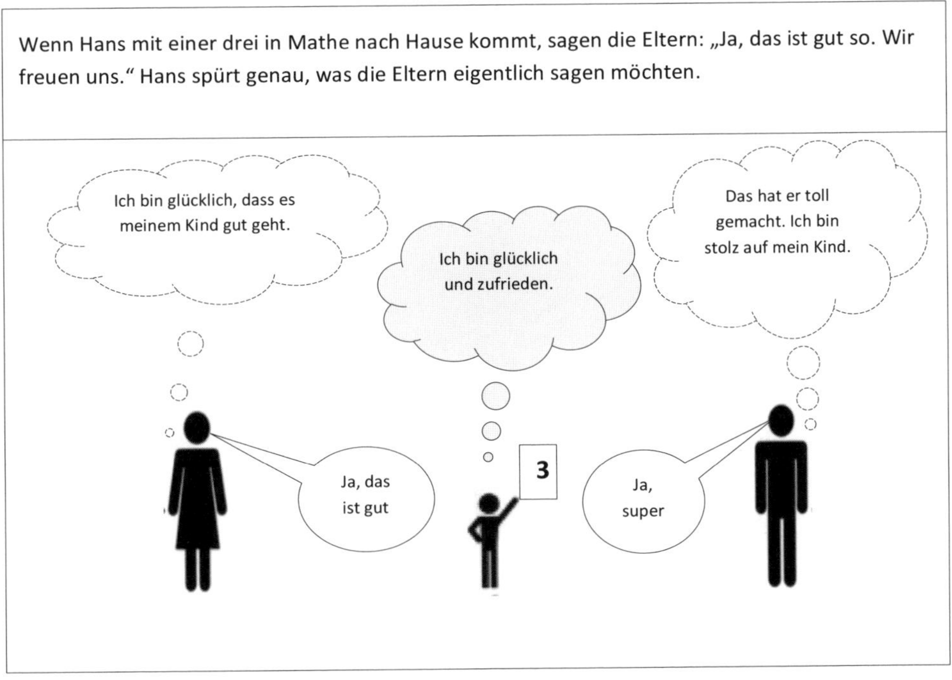

Abbildung 76: Wenn Hans nach Hause kommt.

Wenn Lena mit einer drei in Mathe nach Hause kommt, sagen die Eltern: „Ja, das ist gut so. Wir freuen uns.“ Lena spürt genau, was die Eltern eigentlich sagen möchten.

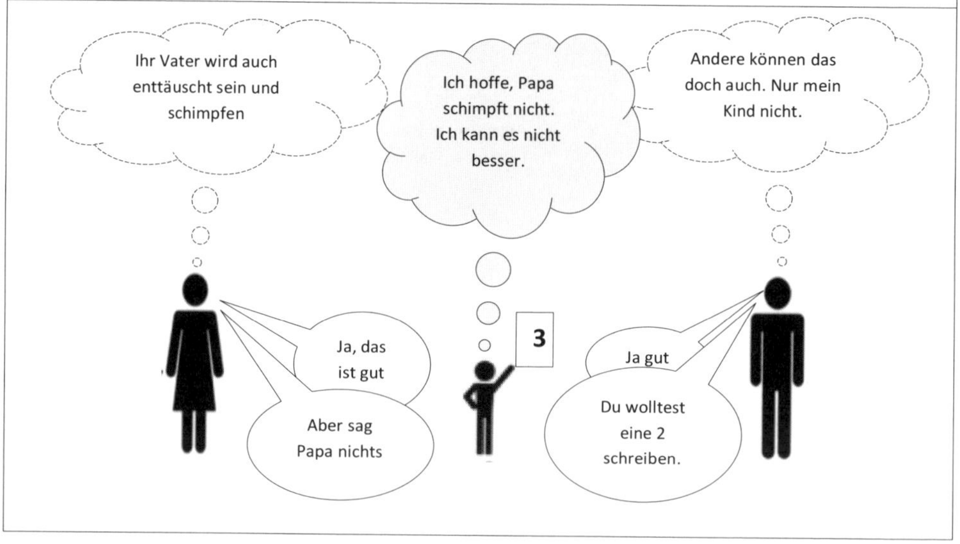

Ihr Vater wird auch enttäuscht sein und schimpfen
Ich hoffe, Papa schimpft nicht. Ich kann es nicht besser.
Andere können das doch auch. Nur mein Kind nicht.
Ja, das ist gut
Aber sag Papa nichts
3
Ja gut
Du wolltest eine 2 schreiben.

Abbildung 77: Wenn Lena nach Hause kommt.

Wenn Jens mit einer drei in Mathe nach Hause kommt, sind keine Eltern da, die sagen würden: „Ja, das ist gut so. Wir freuen uns.“ Jens fühlt sich allein.

Ist eigentlich keiner da??
3

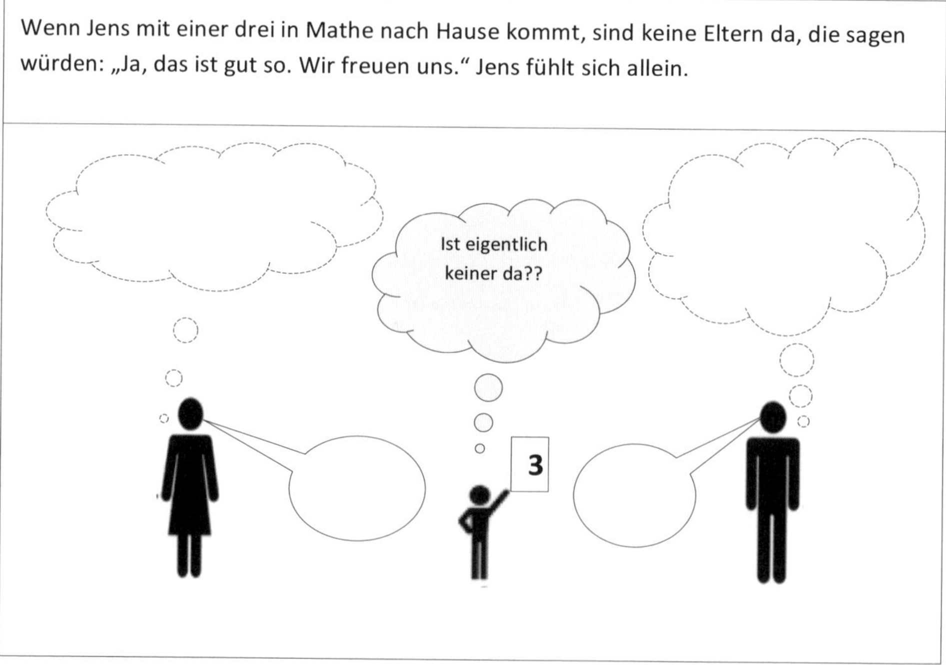

Abbildung 78: Wenn Jens nach Hause kommt.

Zu jeder Zeit gilt: Kinder leben mit der Schnittmenge ihrer Eltern.

Abbildung 79: Schnittmengen von Eltern und Kindern

Zufriedenheitswaage für Eltern: Muss ich nun meine Erwartung „verringern", um die Waage auszugleichen?

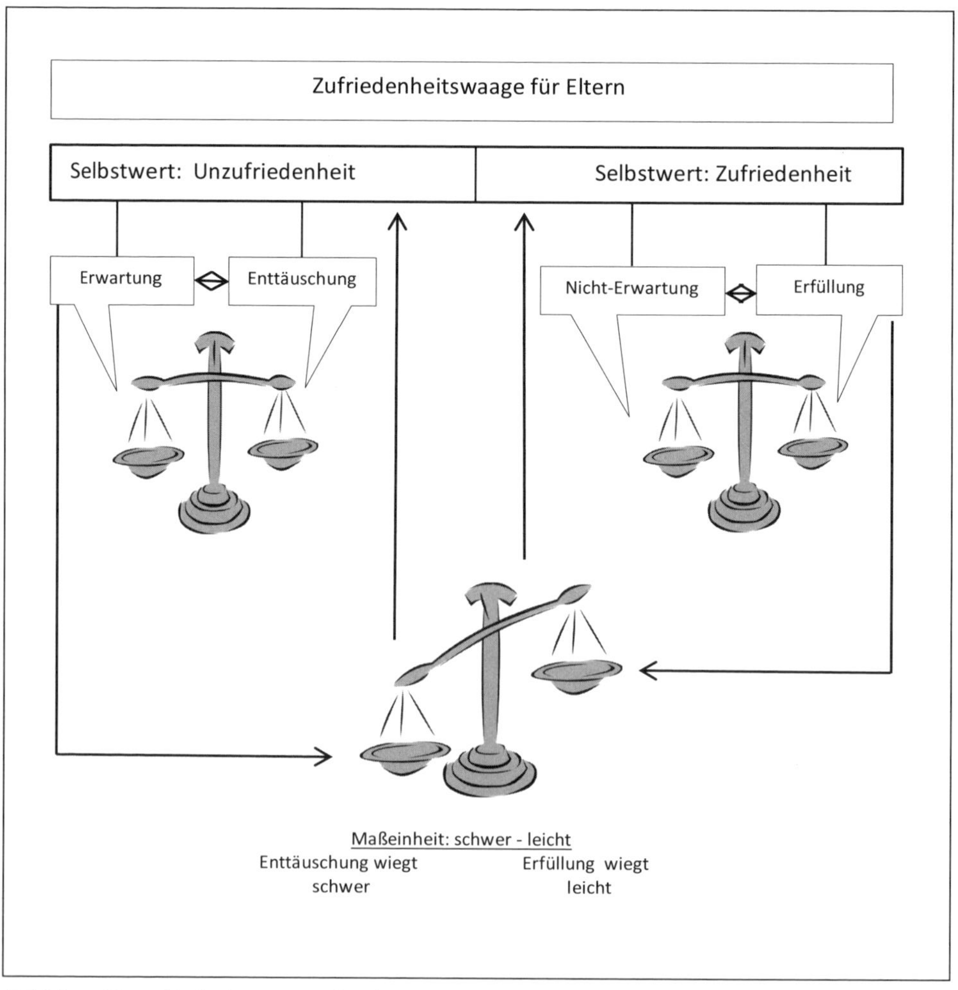

Abbildung 80: Zufriedenheitswaage für Eltern

Eine Vorstellung von etwas zu haben, kann ein Wunsch sein oder eine Erwartung. Sie kann formuliert, verbalisiert oder gedacht sein. Sie kann eine nicht verarbeitete Information oder eine aus eigenen Mustern entstandene Wirklichkeitskonstruktion sein. Sie kann mich selbst oder jemand anderen betreffen. Die Vorstellung bzw. Erwartung in Verbindung mit Enttäuschung oder Erfüllung/Anerkennung macht sie zu einem Leicht- oder Schwergewicht. Ein Beispiel: Ich kann die Vorstellung entwickeln, dass mein Kind ein berühmter Star, Politiker oder Wissenschaftler wird. Je nachdem, wie schwer oder leicht die Vorstellung mein Leben prägt, kann sie zur Erwartung oder Nicht-Erwartung werden. Ich kann die Verhaltensweisen meines Kindes als Enttäuschung erleben, weil meine Erwartungen nicht erfüllt werden. Ich kann die Verhaltensweisen meines Kindes als Erfüllung erleben, weil sie meiner Nicht-Erwartung entsprechen. Meine Wahrnehmung und meine innere Haltung bestimmen meine Kommunikation und mein Handeln.

Dasjenige Kind, das die Enttäuschung seiner Eltern spürt, trägt einen schwereren Rucksack von Belastung mit sich und daraus resultierender Selbst(ent)täuschung, sozusagen als Übertragung. Dasjenige Kind, das die Anerkennung seiner Eltern spürt, trägt einen Rucksack von Leichtigkeit mit sich und daraus resultierender Selbstsicherheit, sozusagen als Übertragung.

Kinder sind abhängig von der Authentizität ihrer Eltern. Das heißt, sich als Eltern die Frage zu stellen: „Bin ich mit mir selbst im Reinen? – Ja, ich erkenne meine Black Box und beginne, sie zu lieben."

13. Suchtverhalten eines 16-jährigen Schülers (Steffen)

13.1 Der innere Prozess

Ein Bild und insbesondere das eigene erreicht den ganzen Menschen mit seinen Gefühlen, Impulsen, Sorgen, Motiven, mit seinen inneren und äußeren Problemen. Ein entstehendes Bild kann Lösungen vorbereiten, besonders, wenn sie eher sichtbar als denkbar werden. Ein Bild ist schneller als unser komplizierter Kommunikationsapparat. Allein die vielen Piktogramme, die über das Smart-Phone gesendet werden, lassen Jugendliche täglich Gefühle über Bilder ausdrücken.

Die innere Bilderzeugung erfolgt also vor dem eigentlichen Bewusstwerden und dem Aussprechen von Wörtern. Denn erst durch die (Rück-)Koppelung unserer inneren Systeme erfolgt Kommunikation – ein ziemlicher langer Weg.

Stellen wir uns den langen Weg unserer Kommunikation so vor, als würde sie unterwegs eine Art Verschnaufpause in einem Zwischenlager einlegen. Stellen wir uns dieses in einer Beratung oder Therapie vor, in der es möglich ist, ohne Erwartungs-Erwartungen bei mir selbst anzukommen – zeichnen, skizzieren und fantasieren dürfen, was wirklich in mir sprechen möchte, auch wenn ich es am liebsten nicht erlauben würde.

Externe und interne Wahrnehmungen, Gefühle, Deutungen und Entscheidungen erfolgen also vor der eigentlichen Kommunikation. Sie sind die sogenannte vorläufig letztinstanzliche Konstruktionsleistung unserer Systeme, bevor es nach draußen geht.

Gehen wir, wie in den Beispielen von Felix bis Elli deutlich wurde, von der Kommunikation als ein Gerüst von *Information, Mitteilung und Verstehen* aus, von Anschlusskommunikation, verbalen und nonverbalen Äußerungen, von Input und Output, von dem, was wir uns trauen zu sagen, und dem, was wir uns nicht trauen zu sagen, dann ist allen gemeinsam: Wir sehen nicht und wissen nicht, was wir nicht sehen und wissen können – das Dazwischenliegende – das verlorene Wort.

Nehmen wir nun Folgendes an: Das verlorene Wort befindet sich sozusagen in einem Zwischenlager mit unsichtbaren Teilchen und ist nur auf bestimmte Weise zugänglich. Wo genau das ist, wissen wir nicht. Aber wir wissen, dass wir nicht wissen können (weil verborgen) und dass wir nicht sehen können (weil unsichtbar), aber wissen können, weil vorhanden (z. B. eine in uns tief verwurzelte Eifersucht).

Das Zwischenlager kann überall sein. Nehmen wir obiges Beispiel der Systemtheorie aus Kapitel 8.1 zu Hilfe und fügen ein Zwischenlager ein:

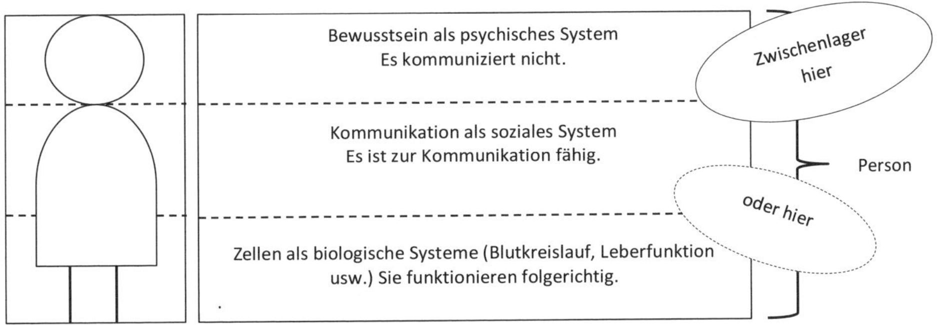

Angenommen, wir würden unsere innere Vorstellung/Fantasie visualisieren. Vielleicht sähe sie wie eine Prinzessin aus. Sie hätte einen besonderen Zugang zu unserem innersten Gedankenraum (Zwischenlager). Ihre Besonderheit besteht darin, dass sie weder sehen noch hören kann. Sie spürt. Sie spürt das Unentdeckte, das Geheimnisvolle, das Unbegreifbare, sobald es sich bemerkbar macht. Irgendetwas ist da. Das wissen wir. Denken wir an die Black Box, an die verlorenen, noch nicht gefundenen Wörter. Und manchmal machen sich auch die Systeme unseres Körpers bemerkbar: das Herz, wenn es schneller schlägt, die Lunge, wenn sie schneller atmet, die Füße, Knie, Hände, wenn sie zittern oder schwitzen oder der Bauch, wenn er sich mit Bauchschmerzen meldet.

Das Spüren ist das Haus, das innere Gebäude der Visualisierung. Der Spür-Sinn ist ihr Antrieb. Hier ist auch die Black Box zu Hause. Sobald man ihr (der Visualisierung) den Zugang zu diesem „Allerheiligsten des Menschen", zu seiner inneren Biografie ermöglicht und ihr freien Lauf lässt, findet sie ihren Weg. Wir trauen uns. Wir müssen nicht nach Worten suchen, sondern wir skizzieren, irgendetwas, was uns einfällt. Der Weg führt direkt durch die Hand auf das Blatt.

Auf dem Weg dorthin stehen Schilder, keine Verbots-, sondern Einladungs- und Erlaubnisschilder.

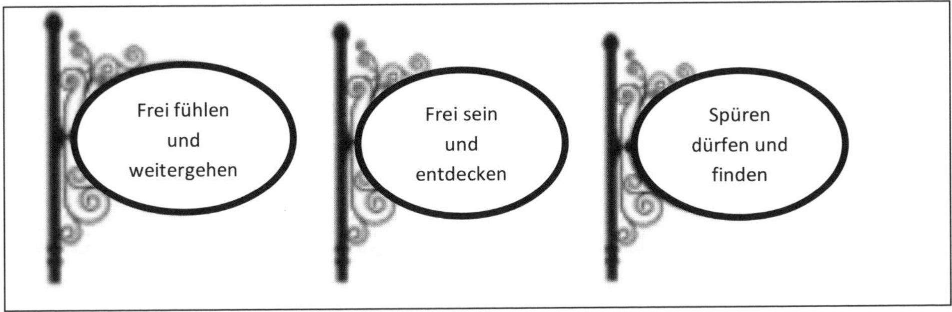

Wir (das heißt, die Protagonisten im Beratungsgespräch) könnten das innere Bild, das innere Haus ebenso in ein Schloss oder etwas anderes verwandeln und den Eingang finden, um die „geheimen Schätze“ unserer inneren Biografie zu entdecken (s. Beispiel Maria, Kap. 11).

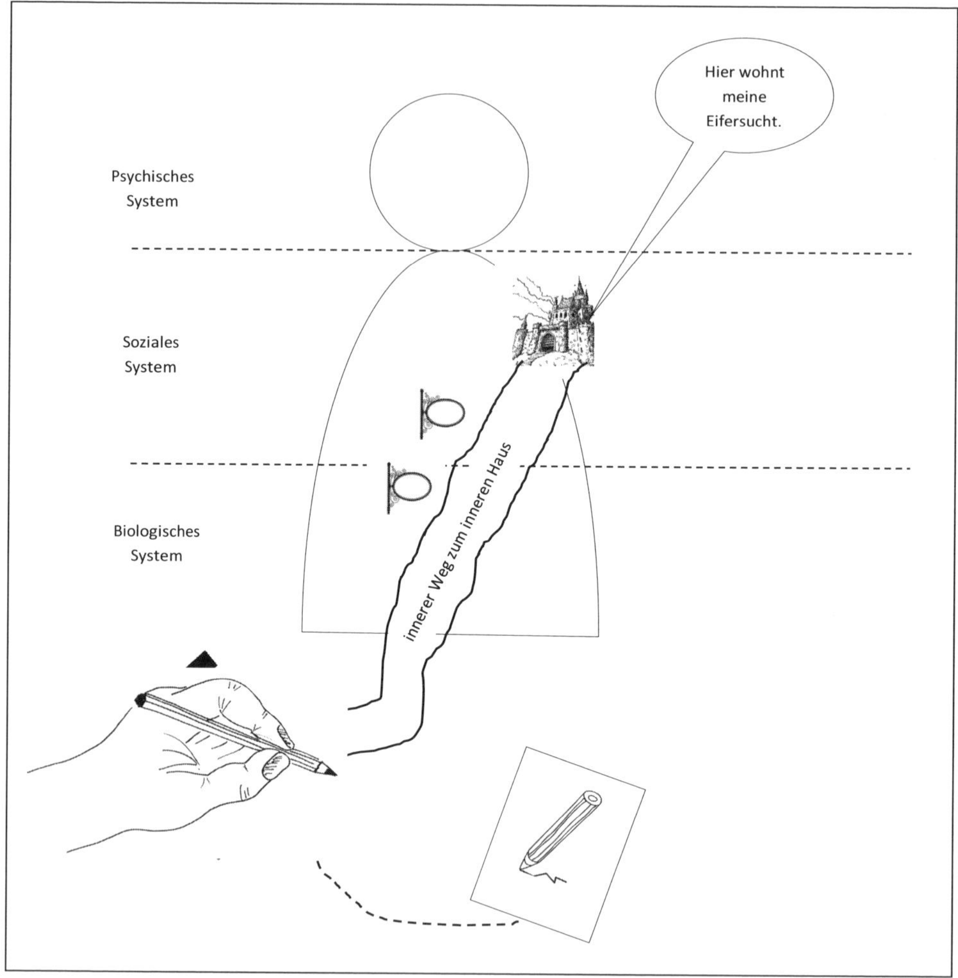

Abbildung 81: Der Weg der Visualisierung

Das innere Haus wird hier (von einem Schüler) als ein Schloss visualisiert. Ein Schloss respektive eine Burg stehen für (innere) Reichtümer/Erfahrungen, aber auch für verschlungene oder geheime Räume oder Wege, ein Schloss steht auch für Schlüssel und Türenöffnen, je nach Symbol auf dem Blatt wird das innere Verborgene so oder so aussehen. Sollte im Verborgenen des Schlosses ein Geheimnis vermutet werden, dann möchte der Maler dieses eigentlich dort belassen und sich nicht von seinem Gewissen stören lassen. Dann muss er sich nicht auseinandersetzen. Das hält er schon seit vielen Jahren aus. Der Maler aber, der sich entscheidet, sich und sein Problem zu hinterfragen, könnte zum Beispiel die Eifersucht finden, auch wenn er sie bisher nicht wahrgenommen hat. Die Eifersucht mitzunehmen und in Sprache zu verwandeln, wenn sie mithilfe der Hand auf dem Blatt sichtbar, aussprechbar und kommunizierbar wird, ist nicht leicht. Dann hätte sie sozusagen einen Namen, der aussprechbar ist.

13.2 Versöhnung mit sich und anderen

Diese Annahme soll am Beispiel eines Schülers (16 Jahre) deutlich werden. (Die Originalzeichnung befindet sich anonymisiert am Ende des Kapitels).

Steffen kommt mit dem Anliegen, dass er es zu Hause nicht mehr aushalte. Deshalb würde er häufig bei einem Freund übernachten und auch manchmal zu viel Alkohol trinken. Seine Eltern sind gegen diese Freundschaft. Sie bezeichnen den Freund als asozial, da er häufig die Schule schwänze und Steffen sich von ihm beeinflussen lasse. Steffen möchte sein Leben wieder in den Griff bekommen und weniger Alkohol trinken. Vorausgreifend sei angemerkt, dass es im folgenden Verlauf der Beratung nicht um eine Alkoholsucht, sondern um Schuld und Versöhnung geht.

Nach dem dritten Beratungsgespräch entsteht in zwei bis drei Sitzungen die folgende Zeichnung.

Abbildung 82: Steffens Schuld (C. F.)

Steffen spricht zum ersten Mal von seinem jüngeren Bruder (13 Jahre) und darüber, dass er sich mit ihm gestritten habe. Vor Wut, wie er sagt, weil seine Eltern ihn wegen seiner besseren Noten und überhaupt „immer“ bevorzugten. An einem Sonntagmorgen sei er ausgerastet und habe seinen Bruder mit einem Bleistift am Ohr schwer verletzt. Auf das Blatt malt Steffen ein Ohr.

Abbildung 83: Das Ohr (C.F.)

Das Ohr ist das erste Symbol, das Steffen auf das Papier skizziert. Mithilfe dieser Skizze, die er fortwährend mit dem Stift umkreist, richtet er den Blick auf das ansonsten leere Blatt. Nach einer längeren Pause und der Frage, was weiter mit dem Ohr passiere, ist Steffen in der Lage, sein Problem anzusprechen. „Aber ich wollte nicht, dass es so schlimm wird.“ Seine Stimme klingt brüchig und eine gewisse Unruhe macht sich bemerkbar. Seine Hände werden unruhig und zittern. „Das ist jetzt zwei Jahre her“, sagt er. Sein Bruder Danny trägt heute ein Hörgerät und wird deshalb in der Schule gehänselt. Danny hatte ihm „heilig – beim Leben seiner Mutter“ versprechen müssen, dass er sagt, dass es ein Unfall war. Steffen komme damit aber überhaupt nicht mehr klar, er habe ein schlechtes Gewissen und außerdem Angst davor, dass sein Bruder ihn verraten oder sich verplappern könnte. Er könne ihn auch nicht mehr ansehen. Manchmal hasst er ihn sogar. Schlimmer noch, er mag seinem Bruder nicht mehr begegnen und geht ihm aus dem Weg. Manchmal beschimpfe er ihn sogar, wenn Danny sich an ihn wende, wenn Danny ihm sagt, dass er mit dem Alkohol aufhören soll, dass er nicht kiffen soll, wenn er ihm sagt, dass er nicht abhauen soll. Aber das Allerschlimmste sei, wenn Danny ihm damit drohe, seinen Eltern zu sagen, was wirklich passiert sei.

Steffen sagt: „Ich weiß, dass ich zu viel Alkohol trinke und in Spielhallen unterwegs bin, nicht zur Schule gehe und auch keinen Bock dazu habe. Ich habe ein schlechtes Gewissen und der Gedanke daran, Schuld zu haben, dass Danny ein Hörgerät tragen muss, macht mich manchmal wahnsinnig und aggressiv. Aber würden meine Eltern und mein Bruder mich nicht ständig bedrängen, wegen der Schule und so und wegen meiner Freunde, würde ich auch nicht so häufig abhauen. Ich halte das nicht mehr aus." Steffen hadert über einen langen Zeitraum mit einer Schuld, die er noch nicht formulieren kann. Das heißt, er mag den Anlass seiner Schuld beschreiben, jedoch ist er noch nicht in der Lage, sein schlechtes Gewissen zu formulieren.

Die Schuld dafür zu tragen, dass sein Bruder ein Hörgerät benötigt, hält Steffen nicht aus. Eigentlich tut es ihm leid, denn das wollte er seinem Bruder nicht antun und tief im Inneren liebt er ihn. Aber das kann Steffen im Moment noch nicht sehen. Er leidet sehr. Nicht nur das. Er leidet „doppelt". Um dieses doppelte Leid, das schlechte Gewissen und die gefühlte Ablehnung der Eltern irgendwie in den Griff zu bekommen, lenkt Steffen sich durch ein selbstgefährdendes Verhalten ab und will mit seinem Bruder nichts mehr zu tun haben. Der Bruder scheint der Schuldige zu sein, auch wenn er das Opfer ist, und manchmal fühlt Steffen sich als das eigentliche Opfer, wenn er alles falsch macht. Mit diesem Umkehrschluss muss Steffen sich schützen.

In der Gestalttherapie spricht man von einer sogenannten Retroflexion. Damit ist eine Art innerer Widerstand gemeint, der „einerseits eine Schutzfunktion, andererseits eine Konfliktquelle" beinhaltet (Kriz, 2007, 193). Man spricht von sogenannten Abwehrmechanismen, wenn es zum Beispiel um bestimmte Kontaktunterbrechungen geht. Das heißt: Es gehen bestimmte Impulse (Aggressivität), die eigentlich auf ein Objekt gerichtet sind, nicht nach außen, sondern kehren sich nach innen um, so dass sie sich gegen den Verursacher (zurück)richten.

Im Fall Steffen ist die eigentliche Wut gegen eine gefühlte (durch die Eltern personifizierte) Ablehnung gerichtet, die hier als ein Objekt der Wahrnehmung gesehen werden kann. Obwohl er seinen Bruder nicht verletzen will, fühlt er sich schuldig. Diese Schuld findet in einer fortschreitenden Ablenkung durch Alkohol- und Spielsucht eine Form, die er gegen sich selbst richtet (Ablenkung durch Selbstgefährdung). Sucht führt zu einem weiteren Problem. Er spürt zudem sein schlechtes Gewissen. Retroflexionen sind oft die Hauptursache für psychosomatische Erkrankungen wie Kopfschmerzen, Bauchschmerzen, Spannungen oder für das Gefühl, jemanden anzuschreien oder fest anfassen zu wollen. „Auch Schuldgefühle resultieren aus Retroflexionen", so Kriz (ebd.). Nun hat Steffen seine Wut in einem ersten Schritt zwar gegen den Bruder gerichtet, das eigentliche Objekt ist jedoch die Ablehnung und Nicht-Anerkennung, die er durch seine Eltern erfährt und durch die er sich im Inneren verletzt fühlt. Auch davon lenkt er mit auffälligem Verhalten ab. Die eigentliche Tat kann als eine Art Zwischenbewältigung gesehen werden, da das eigentliche Objekt seiner inneren Aggression die gefühlte Ablehnung ist, die er fortwährend spürt. Steffens Verhalten geht schließlich soweit, dass er sich durch übermäßigen Alkoholkonsum selbst gefährdet und einer Art Spielsucht verfällt. Jede Form von Sucht richtet sich im gesundheitlichen Sinn immer gegen sich selbst. Ebenso klagt er über wiederkehrende Kopfschmerzen. Steffen ist also doppelt angespannt. Einmal muss er seine Tat vor sich verteidigen und davon ablenken, indem er den Kontakt zu seinem Bruder abbricht, aber gleichzeitig leidet er darunter. Zum anderen muss er von seinen Gefühlen, die durch die Ablehnung seiner Eltern hervorgerufen werden, ablenken. Noch kann er die ganze Situation nicht erfassen, aber er spürt, dass etwas nicht mehr stimmt.

Als er seiner Mutter Geld für die Spielhalle aus dem Portemonnaie geklaut hat, so Steffen, habe es bei ihm Klick gemacht. Er weint, als er sich das Bild anschaut. Durch die Visualisierung wird deutlich, dass er seine Gefühle zunächst ohne Sprache auf dem Blatt skizzieren kann. Bisher ist ihm nicht klar, dass er auf seinen Bruder eifersüchtig ist. Seine Tat zuzugeben beziehungsweise auszusprechen ist für ihn bisher ebenfalls unvorstellbar und ein Gefühl von Eifersucht oder Neid zu erkennen, nicht möglich gewesen. Der Begriff Eifersucht impliziert zwei Nomen, die hier folgende Bedeutung haben können: Eifer = im Eifer des Gefechts (bedeutet hier: Streit mit dem Bruder) und Sucht = Ablenkung von etwas (bedeutet hier: das schlechte Gewissen).

Steffen stellt sich schließlich selbst infrage, da er sich im Gegensatz zu seinem Bruder „nicht geliebt“ fühlt. Der Verlauf der Visualisierung zeigt seine aktuelle Situation. Seine Geschichte oder einzelne Facetten daraus lassen ihn nicht los. Er sucht Hilfe. Nach dem dritten Beratungsgespräch kann er sein Ziel konkreter formulieren: Es geht nicht um ein Alkoholproblem, vielmehr möchte er wieder in Einklang mit seinem Bruder sein. Der Weg dorthin ist die Frage nach dem „Wie?“ Dieses Wort schreibt er auf seine Zeichnung. In den nächsten Beratungsstunden wird diese Frage näher betrachtet und mit weiteren Visualisierungen nach Lösungen gesucht. Später findet ein Beratungsgespräch mit dem Bruder, dann auch mit den Eltern und ihrer Geschichte statt.

Oftmals lassen uns unsere Geschichten nicht los, jedoch gehen wir auch nicht gern in die Katakomben unseres eigenen Ichs, ins innere Haus unseres Körpers hinein. Manchmal fängt unser Herz an schneller zu schlagen, unsere Hände fangen an zu zittern oder wir verspüren Bauchschmerzen. Bei Steffen sind es Magenschmerzen, mal mehr, mal weniger, wie er sagt. Es könnte ja auch mit dem Alkohol zusammenhängen. Hier verbirgt sich oft das, was unsere innere Biografie verschweigen will, nicht wahrhaben und nicht zulassen möchte, dass wir das, was wir befürchten zu finden, möglicherweise auch entdecken. All das zurückzuhalten kann anstrengend sein. Dabei ist unser inneres Haus oder Schloss nicht unzugänglich. Im Gegenteil, eingebettet in uns selbst wartet es nur darauf, gesehen, gehört, gefunden und angenommen zu werden.

Steffen muss sein Handeln nicht mehr verteidigen. Im Gegenteil: Er ist bereit, Verantwortung zu übernehmen. Seine Geschichte hat ihn berührt und aus der Metaperspektive erkennt er die Tragweite seines Handelns, so dass er nach seiner „Wirklichkeit" sucht. Steffen fühlt sich leichter, als er geht, es sei, wie er sagt, als würde ein schwerer Stein von seiner Seele fallen, den er immer im Magen gespürt habe.

Steffen war über viele Jahre nicht in der Lage, seine innere Belastung zu beschreiben. Meist waren Magenschmerzen für ihn Erklärung genug. Wenn ein Arzt nach eingehender Untersuchung keine Diagnose stellen konnte, dann hat Steffen eben eine noch nicht erkannte Krankheit. Mit dieser Vorstellung war es über lange Zeit leichter, sich selbst als Opfer zu fühlen. Dabei geht es nicht nur um die Tat an sich (die wiegt schon schwer), vielmehr geht es um eine Sehnsucht, von seinen Eltern wie sein Bruder gesehen zu werden. Es geht um den ungehörten Wunsch nach Anerkennung, der sich schließlich in selbstzerstörerischen Handlungsmustern zeigt.

Erst nach der Erkenntnis in der Visualisierung, als sein Bild auf die Kiste mit Alkohol fällt, sagt er „Das ist nicht gut, ich sollte verantwortlicher mit Alkohol umgehen." In der fünften Beratungsstunde zeigen sich für Steffen neue Wirklichkeitskonstruktionen, die er mit Verantwortung beschreibt. Die Beraterin schreibt den Begriff auf ein neues Blatt. „Fällt dir ein Weg dazu ein, das Haus der Verantwortung zu erreichen?", fragt sie. Steffen malt einen Weg aus zwei parallelen Linien. (Abb. 85) „Erst mal der Weg". „Wo führt er hin?", ist die nächste Frage. „Weiß ich noch nicht", sagt Steffen. Wenn die Beraterin fragen würde, ob das Haus der Verantwortung am Weg stehen könnte, würde sie damit etwas vorwegnehmen, was Steffen noch nicht erreicht hat. An den Weg malt er drei Quadrate und schreibt die Wörter ‚Hass, Neid und Eifersucht' hinein. „Das ist mein alter innerer Weg", sagt er. Auf die Quadrate zeichnet er Dreiecke, so dass sie wie Häuser aussehen. Die Beraterin bittet ihn, auf den Stuhl zu steigen und sein Bild mit dem Weg und den Häusern aus der Metaperspektive zu betrachten. Steffen lässt sich Zeit. Dann sagt er „Ich muss umziehen." Auf die Frage, was genau er damit meint, sagt er: „Ich brauche einen neuen inneren Weg." Er zeichnet einen neuen Weg und neue Häuser. Diesen gibt er neue Namen ‚nicht mehr Hass; nicht mehr Neid, und nicht mehr Eifersucht-Haus'. Er malt Haustüren hinzu und verbindet sie mit Wegen für gegenseitige Besuche. Auf die Frage, ob die Häuser auch eine neue Bezeichnung erhalten, malt er einen neuen Weg und neue Häuser mit neuen Namen ‚Haus der Wahrheit, Haus der Freude und Haus der Liebe zu Danny'. Oben rechts ins Bild malt er einen Umzugswagen. „Der hat ganz schön viel zu tun", sagt die Beraterin. „Ja, aber jetzt ist er angekommen", sagt Steffen und steigt von sich aus auf den Stuhl, „auf der Straße der Wahrheit, Freude und Liebe."

Im letzten Beratungsgespräch, nachdem Gespräche mit seinen Eltern und schließlich mit seinem Bruder stattgefunden hatten, entsteht ein gemeinsames Bild, das von den Brüdern als Tischtennisspiel symbolisiert und „formuliert" wird: Versöhnung.

Abbildung 84: Versöhnung (C. F.)

Zum Ende hat Steffen eine Lösung für das Wie gefunden. Er sieht einen neuen Weg für sich. Von Alkohol und Spielautomaten wird er Abstand nehmen und stattdessen mit seinem Bruder Sport treiben. Die Eltern unterstützten ihn. Die Schule und seine Leistung stehen nun im Mittelpunkt.

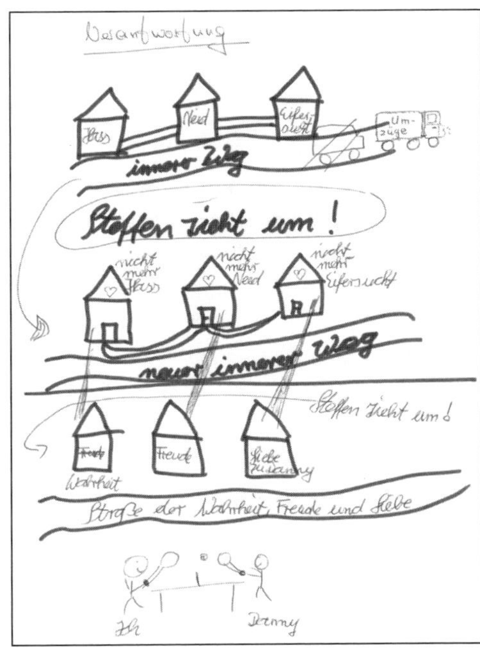

Abbildung 85: Originalzeichnungen Steffen (anonymisiert)

14. Wer bin ich? Fragen einer 14-jährigen Schülerin (Felicitas)

14.1 Erwartungshaltung einer Mutter

Die 14-jährige Schülerin Felicitas, genannt Feli, kam mit dem Anliegen in die Beratung, dass sie in ihrer Klasse keinen Kontakt zu anderen habe. Sie werde ausgegrenzt, sagt sie. Eine Erklärung dafür hat sie gleich vorrätig. Sie wisse, dass sie etwas Besonderes sei, was auch ihre Mutter sage und aufgrund ihrer besonderen Interessen (Segelfliegen), über die sie nicht spreche, werde sie von den Mitschülern gemieden. Auch mache sie die allseits getragene und favorisierte Mode nicht mit und sie habe keine Lust, sich über Mode und Marken zu definieren. Auf die Frage, was sie erreichen möchte oder was anders werden soll, wünscht sie sich, dass die anderen sie so akzeptieren, wie sie ist. Auf die Anschlussfrage, was wir in der Beratung dafür tun könnten, dass die anderen sich so verhalten, wie sie sich das vorstelle beziehungsweise was sich verändern müsse, dass sie sich akzeptiert fühle wie sie sei, zuckt Feli mit den Schultern. Nach einer kurzen Pause sagt sie: „Vielleicht den anderen das mal deutlich zu sagen." Auf die Frage, ob es ihr besser gehen würde, wenn die anderen sich verändern, sagt Feli nichts. Nach weiteren Fragen hinsichtlich der Auftragsklärung erkennt sie, dass das Verändern der anderen kaum möglich sei. Ihr anfangs „selbstklares" Auftreten, wobei die Vermutung nahe liegt, dass auch die Haltung der Mutter, eine Segelfliegerin, einen Teil zu Felis Lage beiträgt, wird nun eher zu einer persönlichen Überlegung, die Feli sich selbst stellt. Diese entschlüsselt sich zunehmend, sie traue sich nicht, in der Klasse etwas zu sagen und habe das Gefühl, das Segelfliegen als ihr Geheimnis hüten zu müssen, da dieses keiner ihrer Mitschüler respektiere, wie auch ihre Mutter meine. Mutter und Tochter sind nach Felis Aussage der Ansicht, dass einige Mitschülerinnen ‚asozial' seien, alle anderen sich nur für Mode oder Fußball interessierten und niemand Felis Interessen verstehen könne. Feli sagt jedoch, dass ihre Mitschüler sich eher lustig über sie machten oder die Nase rümpften. Das Verschweigen des Segelfliegens als ein behütetes Geheimnis mit ihrer Mutter könnte als „das Besondere", als eine Art „Krönung" gesehen werden und zu diesem „Reich der Krone" haben andere aufgrund ihrer Herkunft, wie es scheint, keinen Zugang. Deshalb sei es besser, zu schweigen. Der Nutzen des (Ver-)Schweigens wird an dieser Stelle (noch) nicht klar. Segelflugzeuge schweben, von dort aus kann man auf etwas herunter-/herabblicken, sich aber auch in einer vollkommenen Ruhe, innerlich wie äußerlich, befinden. Felis Mutter möchte anscheinend, dass ihre Tochter als eben dieses Besondere behandelt wird. Aber Feli kann dem nicht entsprechen.

Feli sagt, dass sie immer freundlich sei und auch lächle, aber die anderen würden sie meist nicht beachten. Auch vor Gruppenarbeiten habe sie Angst und sie weigere sich, mitzumachen oder ein Referat zu halten, was natürlich bei den Mitschülern nicht gut ankäme. Aber in Gruppen wolle sie eben nicht arbeiten, da sie die Blicke der anderen nicht aushalte und ihre Mutter könne das verstehen. Nicht selten habe ihre Mutter auch schon Kontakt zum Klassenlehrer aufgenommen, der Felis Situation in der Klasse ansprechen sollte. Andererseits möchte Feli sich nicht mehr so gehemmt fühlen, wie sie sagt und manchmal wisse sie nicht, ob oder wann sie lächeln solle.

In weiteren Gesprächen schafft Feli es zunehmend, von sich zu sprechen und neben anderen Sorgen zu äußern, dass es ihren Eltern wichtig gewesen wäre, ein Gymnasium wie ihre Schwester und nicht eine Sekundarschule zu besuchen. So erzählt Feli mehr und mehr ihre Geschichte. Mit ihrer Erlaubnis, das, was ich verstanden habe, skizzieren zu dürfen, stelle ich in einfachen Skizzen eine Schule mit Schülerinnen und Schülern als Strichmännchen dar und dann male ich, so gut ich kann, ein Segelflugzeug.

Abbildung 86: Das Segelflugzeug (Originalzeichnung)

„Kann ich mir das so vorstellen?", frage ich. Feli schaut das Bild an und sagt „Nein, so ist das nicht. Das sieht ja so aus, als würde ich über der Schule kreisen." Feli reagiert eher fassungslos auf das, was sie sieht. Ohne dass es ihr ganz bewusst zu sein scheint, möchte sie sich von ihrer vorhin angedeuteten Haltung, etwas Besonderes zu sein, distanzieren. Das, was sie sieht, möchte sie so nicht sehen. Die Wahrnehmung, die das Bild in ihr auslöst, soll so nicht sein. Einerseits möchte sie sich nicht als das Besondere sehen, das in Form eines Segelflugzeuges über etwas zu kreisen scheint, wie sie sagt. Andererseits scheint es ihre Fantasie erst zu ermöglichen, dass sie sich als das wahrnimmt, was sie nicht sehen möchte.

Felis Reaktion mag mit der Erwartungshaltung der Mutter, sie sei etwas „Besonderes", korrelieren. Die Skizze der Beraterin kommt bei Feli nicht an. Sie lehnt ab, ist entrüstet und erlebt die Zeichnung als unpassend. Anders als die Beraterin sieht Feli die Aspekte ‚Schule, Schüler, Segelflugzeug' nicht als unabhängig voneinander skizzierte Dinge, sondern als einen Teil ihrer Geschichte, der sie in dieser Form nicht folgen möchte. Eine Anschlussvisualisierung kann nicht hergestellt werden. Die Beraterin hält sich in ihren weiteren Visualisierungen zurück. Das „Besondere", wie Feli dieses zwar sagt, ist innerlich nicht präsent. Dennoch löst die Skizze bei Feli etwas aus. Es entsteht eine Visualisierung auf einer anderen Ebene, auf ihrer Wirklichkeitsebene. Auf dieser Ebene sieht sie sich anders. Nun nimmt sie selbst den Stift. „Ich bin eher eine Maus, die sich in einer Ecke in der Schule versteckt und nicht gesehen werden möchte ..., so vielleicht."

Abbildung 87: Segelflugzeug Maus (Originalzeichnung)

Die Maus ist Felis Wahrnehmung, das kreisende Flugzeug eher die Wahrnehmung der Mutter, die Feli absorbiert. Sie scheint beides bedienen zu wollen. Dieser Versuch bringt sie in einen Konflikt mit sich selbst. Deshalb weiß sie meist nicht, wie sie sich verhalten soll – ob sie lächeln soll oder nicht, ob sie mitmachen soll oder nicht. Nur scheinbar verlangt es ihr ‚Status', sich nicht über Mode zu identifizieren, nicht an Gruppenarbeiten und Klassenfahrten teilzunehmen und das Segelfliegen ‚bewusst' zu verschweigen, um „das Besondere" zu unterstreichen. Ein anderer Teil von Feli wünscht sich, eingebunden zu sein, unkompliziert mitreden zu können und sich dazugehörig zu fühlen wie ein ganz normales Mädchen. Feli scheint eine Erfüllungshaltung der Erwartung ihrer Mutter eingenommen zu haben, die gleichzeitig in ihrer eigenen Wahrnehmung mehr und mehr zu einer inneren Divergenz eines Verhaltens zwischen ‚Segelfliegerin versus Maus' führt.

14.2 ‚Ritzen' – hilft das wirklich?

In der dritten Beratungsstunde nimmt Feli wieder selbst den Stift in die Hand und malt einen Osterhasen, der in einem dicht besiedelten Wald viele bunte Ostereiernester versteckt. (Abb. 93) In den unterirdischen Gängen malt sie einen auf der Lauer liegenden Fuchs, der es auf die „schönsten" Ostereier abgesehen hat. Die „Gier" des Fuchses, wie Feli sagt, an die Ostereier zu gelangen, verbindet sie mit Linien, die aus dem „Hinterhalt" zu kommen scheinen und manchmal auch außerhalb des Blattes führen, so dass wir weitere Blätter ankleben.

Abbildung 88: Osterhase und Fuchs (C. F.)

Als Erkenntnis daraus formuliert Feli ihr inneres Gefühl, der Familie als eine Art Sklavin zu dienen, um allen Familienmitgliedern alles recht zu machen und dafür zu sorgen, dass alle zufrieden seien, besonders ihre Mutter, denn sie liebe ihre Mutter sehr.

Die Frage, wie sie es schaffe, eine solch große Verantwortung zu bewältigen, beantwortet Feli mit einer langen Pause. Schließlich stellt sie eine Gegenfrage „Darf ich Ihnen etwas zeigen?" … Pulloverärmel schützen ihr (weiteres) behütetes Geheimnis. Die Spuren des Ritzens sind nicht zu übersehen. „Das weiß keiner", sagt Feli „und bitte sagen sie das nicht meinen Eltern." Feli hat ihren Hilferuf nicht nur geritzt, sie hat ihn formuliert und erstmalig ausgesprochen.

„Manchmal fühle ich mich wie ein kleines Tierchen, das sich zusammenrollt."

Abbildung 89: Igel ohne Stacheln

Pause. „Ein Igel ohne Stacheln", sagt sie noch. „Wo sind die Stacheln geblieben?", frage ich. „Die hat er verloren", sagt Feli. – „Angenommen, das kleine Tier würde seine Stacheln wiederfinden und wieder vollständig sein, wer würde das zuerst merken?" „Meine Mutter", antwortet Feli. Ich frage, „Woran würde sie das merken?" – „Daran, dass ich nicht mehr alles tun würde, was meine Mutter sagt."

Die Bezeichnung, Sklavin der Familie zu sein, übermalt Feli mit dem Bild eines Osterhasen, der mit seinem „Verstecken" die angenehmen Dinge für die Familie vorbereitet, der aber auch schnell ist und hakenschlagend weglaufen kann. Andererseits fühlt sie sich wie ein Igel ohne Stacheln, der in einem solchen Zustand äußerst verwundbar ist.

Feli ist nicht nur verwundbar, sie ist auch verwundet. Sie malt keinen Arm, der Ritzspuren aufzeigt, auch keine sonstigen in Anlehnung an dieses Tun skizzierten Symbole. „Ritzen" kann sie aussprechen. Was sie nicht aussprechen kann, ist ihre Verwundbarkeit, ihr Gefühl, im Zwiespalt mit sich selbst zu sein. Schließlich legt sie den Stift zur Seite und sagt, „Es tut mir richtig gut, dass ich ihnen das gesagt habe." Allerdings scheint es für Feli in diesem Moment noch nicht möglich zu sein, das Thema fortzuführen. Mit der Ablage des Stiftes und dem hörbaren Atemausstoß wendet sie sich wieder dem Osterhasenbild zu. Für das Vertrauen, das sie mir entgegenbringt, bedanke ich mich und teile ihr mit, dass das Thema „Selbstverletzung" eines weiteren Gespräches bedarf und dass wir uns darum kümmern werden, beim nächsten Mal. „Ja", stimmt Feli zu.

Die Anregung, sich ihr Bild von oben anzuschauen, kommt von ihr selbst. Wir legen die Blätter auf den Boden und stellen rundherum Stühle, auf die sie abwechselnd steigt. „Was fällt dir auf?", frage ich. Nach längerem Ausprobieren verschiedener Positionen fällt ihr das „Hinterlistige" besonders auf. „Das Hinterlistige und Linke irritiert mich", sagt sie. „Irgendwie hat das auch ein bisschen mit mir zu tun." Ich frage, was sie damit meint. „Ja, irgendwie tue ich ja so, als wäre ich etwas Besonderes, was ich in Wirklichkeit gar nicht bin. Ich tue so, als ob alles gut wäre … und das stimmt ja nicht." Pause. Feli macht viele Beratungsangebote, die aufgegriffen werden könnten. „Und ", frage ich, „was genau könnte das Besondere an dir sein?"

In anderen Beratungen mit Schülern behaupte ich, dass es niemanden auf der Welt gäbe, der nicht mindestens zehn Dinge an sich hätte, die ihn besonders auszeichneten. Auch wenn manche Schüler sagen, dass es an ihnen nichts Tolles gäbe, lassen sie sich in der Regel gern darauf ein, wenn wir danach suchen. Zuallererst ist ganz sicher der Mut zu nennen und das Verantwortungsbewusstsein, als Jugendliche in die Beratung zu kommen.

„Was bedeutet das für dich, wenn ich behaupte, du seist mutig?", frage ich. Nach einer Pause sagt Feli „Ja, ich glaube schon, stimmt schon ein bisschen." Pause. „Aber sonst gibt es wirklich nichts Außergewöhnliches an mir", sagt sie. Auf die Frage, woran sie das am ehesten festmache, unterbricht Feli mich. „Hm, vielleicht gibt es doch noch etwas …, dass ich immer für andere da bin." „Das ist eine besondere Gabe", sage ich. „Und Verantwortung", sagt Feli noch. „Ja", unterstütze ich sie, indem ich hinzufüge, dass ich Mut und Verantwortung auch darin sehe, dass sie die Beratungsstunden für sich in Anspruch nimmt, „denn sonst wärest du nicht hier." Es ist für Feli in Ordnung, wenn wir Hilfsbereitschaft, Mut und Verantwortung als ihre individuellen Gaben bezeichnen, die es in dieser Form und Art und Weise kein weiteres Mal auf der Welt gibt. Mit Felis Unterstützung malen wir Geschenke.

Abbildung 90: Mut und andere Dinge (Originalzeichnung)

10 Dinge, die ich an mir so richtig tolle finde!

Abbildung 91: 10 Dinge (Originalzeichnung)

Das „Geschenkemalen“ findet in vielen Beratungsgesprächen statt und meine Erfahrung zeigt, dass Schüler mir häufig nach Jahren noch sagen, dass sie ihre Geschenke täglich bei sich tragen oder eingerahmt an die Wand hängen. Mit einem Geschenkeblatt können Schüler selbst weiterarbeiten. Die Aufgabe besteht darin, das Blatt mit nach Hause zu nehmen, sich fünf Minuten ganz allein ohne jegliche Störungen von außen Zeit für sich zu nehmen, es sich gemütlich zu machen (meist im eigenen Zimmer) vielleicht mit Saft, Keksen und Musik (wie jeder möchte), sich vor den Spiegel zu stellen und sich nur anzuschauen, mehr nicht. Ich erkläre, „All das, was dir an tollen (nicht negativen) Dingen zu dir einfällt, schreibst du auf dein Geschenkeblatt.“ Meist füge ich noch hinzu: „Es geht nicht um richtig oder falsch, das gibt es hier nicht. Es ist ebenso okay, solltest du nichts finden. Das wäre ein Anlass dafür, dass wir gemeinsam danach suchen. Dabei unterstütze ich dich.“ Echte persönliche Geschenke helfen oft, das Fundament des Selbstwerts zu stabilisieren. In Felis Geschenkpäckchen Mut und Verantwortung zu sehen und Ereignisse in ihrem Leben zu entdecken, in denen sie diese Begabungen gebraucht oder genutzt hat, ist gerade für sie im Hinblick auf ihre jetzige Situation ein wichtiges Erkennen.

„Es ist mindestens ebenso wichtig, für dich selbst da zu sein, auf dich selbst zu achten und das sehe ich, indem du dir Hilfe holst, wenn du erkennst, dass du Hilfe brauchst.“ Mit dem Blick auf das Bild halte ich mich mit weiteren Äußerungen zurück, um nicht den Fluss ihrer Entdeckungen zu gefährden, der mit meiner Sichtweise eine andere Richtung nehmen könnte, die vielleicht gar nicht Felis ist. Deshalb gehe ich nicht darauf ein, ob das „Hinterlistige“, das Feli sieht, eventuell mit ihrem bewusst gehüteten offenen „Geheimnis“ des Segelfliegens oder ihrem neuesten „Geheimnis“ zu tun haben könnte. Darauf kommt sie selbst.

Es liegt nahe zu vermuten, dass Mutter und Tochter darin übereinstimmen, die „Besonderheit Segelfliegen“ bewusst zu verschweigen, aber gleichzeitig darin zu schwelgen. Diese Haltung stellt Feli zunehmend in Frage, wobei ihr die starke Präsenz der Mutter deutlich wird. Innerlich scheint Feli sich bereits von ihr zu distanzieren, indem sie sich in „ihrer Haut“ nicht wohlfühlt und sich „selbstverletzend verhält“ auf der Suche nach Liebe und Geborgenheit. Immer für andere da sein zu wollen, wie Feli sich versteht, korrespondiert nicht mit der Erwartungs-Erwartung aus ihrer Familiengeschichte. Dieses scheint eine Art Betroffenheit bei Feli auszulösen, so dass Feli dieses als ‚ich fühle mich als Sklavin der Familie‘ beschreibt. Eine Sklavin ist nie freiwillig eine Sklavin. Mit der Frage, die eigentlich keine Frage, sondern eine Wahrnehmung des Gesagten ist, „Du fühlst dich nicht wohl in deiner Haut, richtig?“, antwortet Feli zunächst nichts, schaut stattdessen auf ihren Arm, schaut mich an und zuckt ein klein wenig mit den Schultern. „Nein“, sagt sie „ich fühle mich nicht wohl.“ Mehr kann sie gerade nicht sagen. Das ist in Ordnung, denn sie setzt sich bereits mit „ihrem Thema“ auseinander.

14.3 Die Familie im Boot

Bei der weiteren Betrachtung der Bilder, die immer noch auf dem Boden liegen, sagt Feli spontan, „Alle suchen ja irgendwie die Ostereier, die ich verstecke." „Was bedeutet das für dich", frage ich. „Ich tue alles Mögliche für die Familie, ich helfe wo ich kann und bemühe mich in der Schule, aber niemand merkt wirklich, wie anstrengend das ist." Ihr Blick streift die Ostereiersuche erneut und die Zeichnungen führen dazu, dass sie feststellt. „... und ich bekomme keine." – „Du bekommst keine ...", sage ich in ihre Betroffenheit hinein. Der Situation angemessen frage ich langsam weiter: „Angenommen du würdest morgen ein Osternest bekommen – was sollte da für dich Besonderes drin sein?" Feli überlegt, „Liebe und dass ich nicht mehr so abhängig von meiner Mutter bin ... und dass ich eine eigene Meinung habe." Feli weint. Trotzdem nimmt sie einen Stift und malt ein Osternest mit drei Geschenken, ihren Geschenken.

Abbildung 92: Felis eigene Geschenke (Originalzeichnung Feli)

„Ich habe ja schon eins", sagt sie noch ein wenig schluchzend. „Ja", sage ich, „das Osternest hast du für dich gefunden."

Schließlich sieht Feli, dass alle Familienmitglieder an der Suche beteiligt sind und dass es vielleicht möglich wäre, die komplette Familie zu einem gemeinsamen „Suchen" einzuladen. Ihr wird erst nach einer Denkpause die Tragweite ihrer Äußerung bewusst, denn sie hat bisher nicht in Erwägung gezogen, ihre Familie ins Boot zu holen. Obwohl Feli selbst den Impuls eines Familientreffens setzt, auch wenn sie sich zunächst nicht vorstellen kann, ihre Eltern einzubinden, nimmt sie den Stift in die Hand und malt einige weitere Häschen hinzu, Vater, Mutter und ihre Schwester Daniela. (Abb. 93)

Sich plötzlich in einer Familienberatung zu sehen, fällt Feli schwer, dennoch bittet sie mich, ihre Familie zu einem Gespräch einzuladen. Damit ist Feli nicht mehr allein. Das System Familie gehört dazu. Das Erfreuliche daran: Feli ist die Initiatorin, nicht die Sklavin.

Telefongespräch mit der Mutter:

Frau Schmitt weiß, dass ihre Tochter in der Beratung ist und dass sich in der Klasse etwas verändern soll. Sie ist nach eigenen Angaben eine vielbeschäftigte Frau und Trainerin auf dem Flugplatz. Herr Schmitt ist als Geschäftsführer viel im Ausland unterwegs.

Beraterin: Hier spricht Frau Just. Guten Tag Frau Schmitt.

Frau Schmitt: Guten Tag Frau Just.

Beraterin: Frau Schmitt, ich melde mich bei Ihnen, um in Absprache mit Ihrer Tochter und auf ihren Wunsch über die Entwicklung der Beratung mit Ihnen zu sprechen. Haben Sie einen Moment Zeit?

Frau Schmitt: Ja, worum geht es. Meine Tochter hat mich informiert, dass Sie anrufen, aber ich bin eine viel beschäftigte Frau und habe nicht so viel Zeit. Sonst müssten wir einen Termin vereinbaren, vielleicht in zwei Wochen.

Beraterin: Das wird nicht nötig sein. Ich möchte Sie und Ihre Familie zu einem gemeinsamen Gespräch einladen.

Frau Schmitt: (spricht schnell) Wozu die ganze Familie? Das wird kaum möglich sein, mein Mann ist sehr viel unterwegs (sie spricht ununterbrochen weiter). Meine Tochter geht gern zu Ihnen und es tut ihr auch gut. Aber es geht einzig und allein darum, dass sie in der Klasse integriert wird. Deshalb haben wir ja die schulsozialpädagogische Beratung aufgesucht, damit in der Klasse etwas dafür getan wird. Meiner Tochter geht es ja auch schon etwas besser, in der letzten Deutscharbeit hat sie eine zwei geschrieben. Trotzdem muss dringend mit den Mitschülerinnen und Mitschülern und auch mit den Lehrern gesprochen werden, sonst müssen wir unsere Tochter wegen Mobbing von der Schule nehmen.

Beraterin: Ich kann Sie gut verstehen. Das fühlt sich gerade für Sie nicht gut an. Es geht aber zunächst auch um eine andere Sache, die ihre Tochter betrifft, die ebenso wichtig ist. In diesem Zusammenhang bitte ich Ihre Familie um Hilfe und lade Sie auch als ganze Familie ein, eine Situation gemeinsam zu klären.

Frau Schmitt: Was hat denn die Familie damit zu tun? Es geht um Felis Mitschülerinnen und um Mobbing.

Beraterin: Frau Schmitt, es kann nur ein Angebot sein. Mit Ihrer Tochter hatte ich vereinbart, Sie einzuladen und ein Problem, das ihre Tochter im Moment sehr beschäftigt, gemeinsam mit der Familie zu klären. Damit würden Sie Ihre Tochter sehr unterstützen.

Frau Schmitt: Ich weiß wirklich nicht, was die Familie dabei soll. Sie können gern mit mir einen Termin ausmachen. Dann können Sie mich gern informieren. Aber Sie können noch so viel Probleme suchen, in unserer Familie werden Sie keine finden.

Beraterin: Frau Schmitt, es geht nicht darum, nach Problemen zu suchen, es geht einfach nur um Ihre Tochter. Sie braucht Ihre Unterstützung. Ich könnte mir vorstellen, dass Sie meine Einladung noch einige Zeit überdenken und mich dann gern in den nächsten Tagen anrufen. Dann können wir weitersehen. Aber zunächst bedanke ich mich herzlich für das Gespräch. Ich warte auf Ihren Anruf.

Frau Schmitt: Ja, das können wir dann so machen.

Am nächsten Tag wird die Familienberatung aus Zeitgründen abgesagt. Jedoch sucht Feli die Beratung weiterhin in der Schule auf. Sie sucht Unterstützung in ihrem Alleinsein. In Absprache mit ihr und der situativen Verantwortung schreibe ich eine Empfehlung an die Eltern, unbedingt einen Facharzt oder eine Klinik aufzusuchen. Erst danach entschließen sich die Eltern zu einem ersten Elterngespräch, dem weitere folgten. Eine spätere Aufstellung bringt eine grundlegende Veränderung, die durch Felis Schwester eine neue Form annimmt.

Felis Originalbild (anonymisiert) sieht wie folgt aus:

Abbildung 93: Originalzeichnung Felicitas (anonymisiert)

Zusammenfassend kann festgehalten werden:

Der Anlass für die Beratung war der Wunsch nach einem Platz in der Klasse, ohne ausgegrenzt zu werden. Zu Felis Suche gehört auch, einen Platz in der Familie zu finden. Zu lange ist sie Suchende und zuletzt findet sie sich wieder in einer Suche nach Entlastung in Form einer (Verhaltens-)Abhängigkeit (Sucht). Sie ritzt. Auch im Telefongespräch mit der Mutter kommen die Begriffe Suche und Finden vor: *‚Sie können noch so viel Probleme suchen, in unserer Familie werden Sie keine finden*'. Während Feli auf mehreren Ebenen Suchende ist, scheint es der Mutter darum zu gehen, nicht suchen zu wollen, um auch nichts zu finden. Vielleicht mag sie deshalb ihre Tochter nicht unterstützen und sucht lieber nach ‚Schuldigen' in der Schule.

Der visualisierte Osterhase (Osterhäsin) sorgt dafür, dass die anderen die vorbereiteten Eier (Geschenke) finden, was Feli Hilfsbereitschaft nennt. Sie „versorgt" ihre Familie. Gleichzeitig hat sie auf den Fuchs zu achten, der hinterhältig agiert. Feli erzählt, dass die Eltern ihre Kinder jeweils durch finanzielle Zuwendung manipulieren (eine Art Bestechung). Das heißt, beide Elternteile versuchen unabhängig voneinander, ihre Kinder zu „beeinflussen", zum einen oder anderen Elternteil zu halten, um bestimmte Vorstellungen als „gemeinsame Familienentscheidungen" durchzusetzen. Feli beschreibt hinterhältig als eine Art Beeinflussung und Abhängigkeit. Sie hat den Wunsch, die anderen (Mitschüler) so zu verändern (beeinflussen), damit es ihr besser geht. Dieses Muster scheint sich in der Familie wiederzufinden und so wird auch der Faden der Hinterhältigkeit aufgegriffen, die Feli benennt. Diese Annahme kommt in der Visualisierung zum Ausdruck, indem die Ostereier (Geschenke) als liebevolles Angebot um Anerkennung zu betrachten sind und indem Feli um Freundlichkeit bemüht ist, sowohl in der Schule wie auch in der Familie. Sie spürt jedoch, dass diese Art von Entgegenkommen nicht ausreicht, um Freunde zu finden.

Der Ausdruck „bevor der Fuchs sie klaut", kann ebenfalls mit Hinterlist verbunden sein. Als Hinterlist scheint Feli die Manipulation ihrer Mutter zu verstehen, wogegen sie sich wehren möchte, jedoch lässt das Bindungsverhalten zwischen Mutter und Tochter eine Eigenständigkeit der Tochter nicht zu. Was Feli schließlich tut, „um ein gutes Kind zu sein", könnte ein Sinnbild dafür sein, dass sie sich wie eine Sklavin der Familie sieht und fühlt. Auch wenn nach außen alles scheinbar funktioniert, keine finanziellen Sorgen, ein Haus, ein Flugzeug, eine intakte Familie und schließlich das Besondere (Segelfliegen, Rudern usw.), ist gerade die Pflege des „Verschweigens" und gleichzeitigen „Verkündens" dieses Besonderen nicht außer Acht zu lassen. Feli gerät in einen Rollenkonflikt. Sie ist mit der Doppelrolle, vielfach auch Drei- bis Vierfachrolle von „Geheimnissen" und „so tun als ob" überfordert. Sie verkleidet sich als Osterhase. Feli erkennt, dass andere es leichter haben als sie, natürlicher und unbeschwerter sein dürfen. Sie möchte ein „Osterhasenkind" sein, das frech und unbeschwert über die Wiese hoppeln darf. So findet Feli selbst als „Osterhäsin" nicht die Rolle, Kind ohne Bürde sein zu dürfen und beginnt, wütend auf und enttäuscht über sich selbst zu sein. Wenn sie zu wütend auf sich wird, wütend, weil sie nicht funktioniert, muss sie sich „bestrafen" und die innere Wut, das Gefühl, im eigenen Körper gefangen zu sein, bekämpfen. Wenn sie zu enttäuscht ist, so enttäuscht, dass sie sich selbst in Frage stellt, muss es ihre Schuld sein, ihr nicht mehr vorhandenes Selbstwertgefühl, das dazu führt, sich dieses auch selbst zu zeigen, indem sie sich verletzt.

Feli hat eine andere Familiengeschichte als Steffen (Kap. 13), aber auch sie muss sich „entladen", indem sie in ihre Haut schneidet, so dass der innere Frust nach außen kann. So richtet sie einen Teil ihrer Energie, ihre innere Aggressivität in Form von Vorwürfen und Schuldgefühlen gegen sich selbst. Im ersten Moment tut es gut, sagt Feli, „aber dann muss ich mich verstecken (wie Osterhasen das ja tun) und dann geht es mir wieder nicht gut, weil ich ja weiß, dass Ritzen nicht in Ordnung ist."

Schließlich dauert das Ritzen fast ein Jahr. Die Eltern suchen mit ihrer Tochter keine Fachklinik auf, obwohl dieses von der Beraterin dringend empfohlen wurde. Schließlich entscheiden die Eltern sich für eine systemische Familienberatung. Hier wird Feli von ihrer Schwester unterstützt, die ein gutes Gespür für Felis Rolle entwickelt und dieses Verstehen zur familiären Aussprache bringt. Beide Kinder und auch der Vater kommen sich in einer Familienaufstellung näher. In dieser wird die Mutter als distanzierte Persönlichkeit ‚erfahren', was durch den aufgestellten Abstand im Hinblick auf Distanz/Nähe für die Beteiligten sichtbar und erlebbar wird. Ebenso spielt die Sehnsucht nach Liebe und körperlicher Nähe eine große Rolle, wie sich in der Aufstellung zeigt. Die Suche nach Unbeschwertheit und Echtheit wird zum gemeinsamen Ziel der Familie, an dem alle mitwirken wollen. Schließlich trifft die

Familie eine weitere Entscheidung: Nicht Feli geht in eine Klinik für Kinder- und Jugendpsychiatrie/-therapie, obwohl dieses durchaus in der nächsten Zeit eine Möglichkeit bleibt, sondern die Mutter sieht es als hilfreich an, sich in eine Fachberatung zu begeben.

VI. Visualisierung – interdisziplinäre Aspekte

15. Wie andere das sehen

Visualisierung ist interdisziplinär und wird in unterschiedlichen wissenschaftlichen Fachbereichen als Kommunikations-, Darstellungs- und Interpretationsinstrument eingesetzt.

In der Philosophie und der Erkenntnistheorie gehen Experten davon aus, dass komplizierte Texte sich besser verstehen lassen, wenn sie anschaulich dargestellt werden. Visuelle Gestaltungselemente ermöglichen Verbindungen, Vorstellungen und Eindrücke. Vorhandene oder entstehende Bilder können zueinander in Bezug gesetzt werden. Das Bild wird zur Bedeutung – der wahre Gegenstand zu Ideen, die in den Bereich des Denkbaren rücken und weitere Abbildungen oder Ergänzungen führen dazu, den Bereich des Wahrnehmbaren zu bereichern. Nehmen wir beispielsweise das aus der Philosophie bekannte Höhlengleichnis von Platon als ein Bild, das bis heute Gegenstand unerschöpflicher Interpretationen ist. Gar nicht so unbegreiflich weit davon entfernt sind unsere eigene selbst erlebte Welt und die daraus entstehenden Wirklichkeitskonstruktionen. Das ist unsere Herkunft, unsere Familie mit all ihren Generationstraditionen. Natürlich können wir über den Tellerrand hinausblicken, wir sind ja nicht „angekettet". Aber manchmal scheint es, als seien wir „angebunden" und kennten nur unseren Erfahrungshintergrund und die daraus resultierende konstruierte Wirklichkeit unserer eigenen „Schattenbilder". Zum Glück haben wir andere Möglichkeiten. Hier soll es auch nicht um Platons Deutung weltlicher Phänomene gehen, sondern darum, aus unterschiedlichen Sichtweisen und neuen „Bildern" den „Standort der Höhle" zu verlassen, andere Blickwinkel und Vorstellungen einzunehmen und diese, wenn man will, intuitiv zu skizzieren, um neue „Bilder" zu entdecken und nicht „alte Schatten" zu aktivieren oder zu archivieren.

Systemtheoretisch gesehen geht es nicht um gradlinige Ursache-Wirkungs-Beziehungen, sondern um zirkuläre Rückkopplungsprozesse, die aus der Beobachterperspektive die Interaktionen rückmelden. Die Visualisierung einer Wirklichkeitskonstruktion kann den Weg zu einer Möglichkeits- und Lösungskonstruktion bahnen und von einer zunächst „unsichtbaren" zu einer „sichtbaren" und schließlich „erzählenden und kommunikativen" Geschichte werden. Daran wirkt der Berater und Therapeut mit, denn auch eine solche Erkenntnis ist, wie Luhmann (1988) sagt, eine Konstruktion. So wie nach Simon (1997) die Kybernetik eine Theorie der Veränderung bietet, so ermöglicht sie auch eine Form der Komplexitätsreduktion, die Rolle der Kybernetik zweiter Ordnung. Beobachtungskonstrukte veranschaulichen durch Eingabe und Ausgabe (Kap. 1) neue Erkenntnisse nach der Black-Box-Methode, so dass die „inneren Strukturen der untersuchten schwarzen Kisten" (Simon, 1997, S. 11) sekundär und in Kapitel 6.6 als vorhandene unsichtbare Kommunikationsteilchen bezeichnet werden. So geht die „Beschreibung der Wirklichkeit weitgehend von der Perspektive der Beobachtung" aus, so Simon und werde auch von Familienmitgliedern dergestalt beschrieben (hier visualisiert), *„weil sie von ihnen so und nicht anders beschrieben wird.*" (ebd. S. 12, kursiv im Original). Die Visualisierung ist somit als ein systemischer Ansatz zu denken. Sie räumt Kindern und Jugendlichen leichter die Möglichkeit einer Selbstbeobachtung und -reflexion ein, ihr Problem zunächst zu skizzieren/malen, um es später konkreter verstehen und kommunizieren zu können.

Psychotherapeutisch gesehen, so Bauer (Eckoldt, 2005a), werde durch das Visualisieren ein Prozess gefördert, der das eigene Kompetenzerleben sichtbar macht, so dass bildhafte Vorstellungen zu einer heilsamen Entwicklung beitragen können.

Auch andere Wissenschaftsbereiche wie zum Beispiel Mathematik, Physik oder Biologie, um nur einige zu nennen, widmen sich der Visualisierung in ihren jeweils eigenen Forschungsformen von Wahrscheinlichkeitstheorie, Optimalsteuerung, biologischen oder dynamischen Systemen. Natürlich gehören derartige Fachspezifika nicht zum hier beschriebenen Anliegen, jedoch soll der Visualisierung ein interdisziplinärer Raum gegeben werden, der genau das widerspiegelt, was die systemische Therapie ausmacht und in der Systemtheorie (zum Beispiel mit von Foerster und Wiener, siehe Kap. 2) interdisziplinär untermauert wird.

In diesem Zusammenhang ist dem Lehrstuhl für Geometrie und Visualisierung der Technischen Universität München auf seiner Startseite (http://www.ma.tum.de/Mathematik/Forschung?chair=10) zu entnehmen, dass „gerade in unserer Zeit, in der Computervisualisierungen allgegenwärtig geworden sind", und auch die Geometrie gefordert sei, ihre Konzepte in visueller Form zu vermitteln. Bestimmte Berechnungen erforderten häufig eine angepasste Visualisierung und Bewegungssimulation, so Bär (2009), um Kollisionsprobleme bequem zu erkennen. Ausschlaggebend sei nicht allein das Präsentationsbild, so Beyer (2009), erst durch den „Zusammenklang zwischen Dargestelltem und Darstellung" entfalte sich die Kraft der Visualisierung. Kollision, Zusammenhang und Erkenntnis können in den obigen Beispielen nicht nur als Konflikt, Problem oder Auseinandersetzung verstanden werden, sondern die „Kraft" der Visualisierung führt gerade am Beispiel Felix zu einem Bewegungsablauf des Alltags, von der „Schulverweigerung bis zur Lokomotivführerkonferenz".

Interessant ist die Rolle der Systemtheorie in der visuellen Wahrnehmung. Auch hier geht es, wie die Systemtheorie insgesamt zeigt, um die „unglaubliche" Komplexität, aber auch um nichtlineare Funktionen neuronaler Netzwerke. In ihrer Grenzleistung, Beziehung, strukturellen Ordnung und der Beschäftigung mit vorverarbeiteten Signalen, die sich, ebenso wie bei der Codierung der Sprache, erst in einen Code umwandeln muss, geht es um die Voraussetzung zur weiteren Verarbeitung des Sehvorganges (hier: Kommunikation). So sagt Hauske: „die Funktion des Gesamtsystems kann nur im Zusammenwirken peripherer und zentraler Verarbeitung […] für die Funktion der gesamten visuellen Wahrnehmung" verstanden werden (2003, S. 2, 4).

16. Visuelle Wahrnehmung – Aspekte aus der Hirnforschung

Wissenschaftshistorisch macht Eckoldt (2005) auf eine Publikation von Hans Berger (1924/29) durch die Entdeckung des EEG (Elektroenzephalogramm) zur Messung der Gehirnstromkurven, ihrer Schwankungen und ihrer Wellen erster und zweiter Ordnung mit folgendem Zitat aufmerksam: „Bis zur Entzifferung schien es nur noch ein kleiner Schritt zu sein. Der wesentlich größere scheint bereits getan: Die Visualisierung der Wahrnehmung." So beschreibt Berger die damalige Entdeckung des EEGs und fügt hinzu, dass die Stimmen derer, „die behaupteten, dass sich das Hirn [...] gar nicht erkennen lasse", zum genannten Zeitpunkt niemand hören wollte. Das hätte auf das Gehirn bezogen bedeutet, „dass zur vollständigen Erkenntnis des Gehirns eine Struktur nötig wäre, die komplexer als das Gehirn selbst sein müsse [...], sich selbst zu erkennen." Und dieses gelte bis heute, so Eckoldt.

Neben Bateson u.a. gehörte auch der Mathematiker Norbert Wiener zu einer Gruppe von Wissenschaftlern, die die Systemtheorie mit dem Ansatz der „Regelung und Nachrichtenübertragung im Lebewesen und der Maschine" (Definition nach Wiener, 1992) voranbrachte. Wiener gilt als Begründer der Kybernetik. Mithilfe der Analyse des EEG versuchte er, die kybernetischen Steuer- und Regelungsmechanismen der Maschinen (Computer) auf das menschliche Gehirn zu übertragen, da beide eine zentrale Taktung (Taktfrequenz) zeigten, aber ebenso eindeutige Grenzen. Als spannend kann hier hervorgehoben werden, wie Eckoldt dieses beschreibt: „Nicht trivial ist eine Maschine, wenn sie innere Zustände hat und somit zu einem bestimmen Eingangswert verschiedene Ausgangswerte erzeugt" (Eckoldt, 2005). Damit sei auf Heinz von Foerster zurückzuführen, der Wesentliches zur Visualisierung der Wahrnehmung des Menschen beigetragen habe. Von Foerster spricht von Trivialität und Nicht-Trivialität und benutzt die Black Box als eine Metapher sogenannter Zwischenzustände (s. Kap. 1, 6.3). Eckoldt beschreibt diese als Teile oder Gegenstände, die sich im übertragenen Sinn in einer schwarzen Schachtel befinden und der Beobachter sich lediglich auf die Ein- und Ausgangswerte konzentrieren könne. Damit sind wir wieder bei den Teilchen, die in Beratungs- und Therapiegesprächen in unterschiedlicher Form mitschwingen, sich in der schwarzen Kiste oder eben einem nicht einsehbaren (Gedanken-)Raum befinden (Kap. 6.2, Abb. 14, Kap. 6.6, Abb. 33, 34). Die Messungen eines EEG seien nichts anderes als elektrische Impulse auf einen Reiz. Es geht also um den Reiz, nicht um dessen Inhalt. Das bedeute, um mit von Foerster zu argumentieren, dass unsere Wahrnehmung nicht mit einer Bild-Entsprechung am EEG-Monitor erklärt werden könne, sondern dass wir den Reichtum unseres Erlebens, Empfindens und Vermutens selbst erzeugen (Eckoldt, 2005).

Genau an dieser Stelle spielt die individuelle Biografie eine nicht zu unterschätzende Rolle. Gerade dieser nicht messbare „Inhalt" an Gedanken, Vorstellungen und unseren manchmal sogar „unbekannten" Ereignissen aus der Vergangenheit können sich als vorhandene nur subjektiv erfassbare „Teilchen" in der Visualisierung wiederspiegeln, wenn aus der Geist-Hand-Koordination der Stift geführt wird – und an von Foerster angelehnt – eine Wahrnehmung oder individuelle Geschichte konstruiert wird. Damit geht es nicht um einen Reiz (von außen), der zu einer Reaktion führt (Behaviorismus), sondern die gesamte Verantwortung für die Reaktion liegt beim Subjekt selbst und seiner daraus entwickelten Konstruktion. So ist nach von Foerster davon auszugehen, dass unser Hirn „ein sich selbst organisierendes System“ ist, das es in Zusammenarbeit mit seiner Umwelt (andere Nervensysteme) versteht, „seine inneren Zustände nach außen zu projizieren“ (Eckoldt, 2005).

Mit der hier beschriebenen „Methode“ des vom Geist-Hand-Fließens in die Geist-Hand-Koordination, die einen inneren Zustand zum Bild, zum Ausdruck und schließlich zur formulierten Sprache werden lässt, kommen auch die erst vor kurzem entdeckten Spiegelneuronen zu Wort. In seinem Buch „Intuitive Kommunikation und das Geheimnis der Spiegelneurone“ beschreibt Bauer (2016) Resonanzphänomene des Alltags, die mit der Entdeckung der Spiegelnervenzellen nicht nur in der Medizin oder Neurobiologie ein neues Verständnis für Heilungsprozesse herleiten, gerade in der Psychotherapie spielten sie eine wesentliche Basis für den therapeutischen Prozess. Im Unterschied zu anderen Nervenzellen zeichneten sich die Spiegelneuronen mit einer zusätzlichen Eigenschaft aus, „nämlich nicht nur das zu steuern, was in uns selbst als Erleben und Handlung abläuft, sondern die zugleich auch reagieren, wenn wir zuschauen und miterleben, wie jemand anderes die betreffenden Handlungen vollzieht“ (Eckoldt, 2005). Wissenschaftlich erwiesen sei, so Bauer, dass Blicke von anderen Personen einen großen Teil der Aufmerksamkeit einnehmen und ohne jedes Nachdenken entsprechende emotionale Mitreaktionen auslösen, dass verschiedene Formen der Körpersprache, Mimik oder Schmerz unbewusst nachvollzogen und reproduziert werden, dass – um es auf den Punkt zu bringen – Lächeln ansteckt. Spontane Resonanzphänomene sind auf die Spiegelneuronen zurückzuführen und unbewusst lösen sie die intuitive Übertragung von Gefühlen oder körperlichen Gesten reproduzierend aus. Ohne Spiegelnervenzellen, so Bauer, „gäbe es keine Intuition und keine Empathie. Spontanes Verstehen zwischen Menschen wäre unmöglich und das, was wir Vertrauen nennen, undenkbar“ (2016, 12).

Um zurückzulächeln, denken wir nicht erst darüber nach, ob wir zurücklächeln wollen oder nicht, wir tun es einfach oder auch nicht. Der sogenannte Spiegelneuroneneffekt dient, wie oben schon gesagt, als wesentliche Basis für den therapeutischen Prozess und damit auch für den Visualisierungsprozess. Das heißt: die Spiegelneuronen, die zwischen Berater und Klient eine Art intuitiven emotionalen Spürsinn oder eine Art Nachrichtendienst, auslösen, können Mitreaktionen hervorrufen und reproduzieren, Stimmungsänderungen herbeiführen oder Wertschätzung signalisieren (Eckoldt, 2005). Deshalb ist auch der Berater oder Therapeut in der Lage, am Skizzenzeichnen des Klienten mitzuwirken oder Ergänzungen und Impulse auf dem Papier zum Ausdruck zu bringen, die in deren Verlauf „hineinpassen“. Aber ebenso kann ein „vielsagender“ Blick je nach Befindlichkeit oder emotionaler Beeinträchtigung (Störung) auch Verunsicherung schaffen, man spricht auch davon, dass die „Chemie“ stimmen muss. Es wird deutlich, „dass wir eigentlich in der Art, wie wir uns erleben, wie wir fühlen und wie wir vorhaben zu handeln, in hohem Maße beeinflussbar sind“ (ebd.). So geht Bauer davon aus, dass durch Beobachtungen, die wir bei anderen Menschen machen, „ein permanentes Einfließen von Signalen in unser eigenes Gehirn stattfindet" (ebd.).

So finden Visualisierungsbeobachtungen und ebensolche Anschlussvisualisierungen statt, indem wir uns von uns selbst beeinflussen lassen und diese Selbstbeeinflussung unsere Visualisierungswahrnehmung beflügelt und zum Eintauchen in uns selbst anspornt.

Schließlich geht Bauer (Eckoldt, 2005) davon aus, dass beispielsweise unsere Fähigkeit, Empathie zu empfinden, darauf basiert, dass unsere eigenen neuronalen Systeme in der Lage sind, Gefühle, die uns von anderen entgegengebracht werden, spontan und unwillkürlich zu rekonstruieren. Denn, so der Autor, bestehe aller Grund zu der Annahme, „dass kein Apparat und keine biochemische Methode den emotionalen Zustand eines anderen Menschen jemals so erfassen und beeinflussen kann, wie es durch den Menschen selbst möglich ist" (2016, S. 55). Gerade diese Fähigkeit kann durch das Visualisieren transparent werden.

Versuche haben ergeben, so Eckoldt (2005), dass das eigentliche „bewusste Handeln", das wir als unseren „Willen oder Verstand" bezeichnen, bereits weit vor diesem „Bewusstseinszustand" als Prozesse auf hirnphysiologischer Ebene „vorentschieden" wird (Weg der Visualisierung, Abb. 81). Im Grunde könnten wir von einem sogenannten „unteren Bewusstsein" sprechen, das über einen neuronalen Prozess ins sogenannte obere Bewusstsein transformiert wird. Das heißt, bevor wir wahrnehmen, dass wir anfangen zu denken, ist dieses bereits schon passiert, sozusagen vorgedacht und entschieden worden. Das lässt sich im Folgenden mit der Systemtheorie gut veranschaulichen.

17. Das Stufenmodell

Das Phänomen der „Umweltsignale" wird in der Systemtheorie mit Komplexität und Kontingenz beschrieben, mit Komplexitätsreduktion, System-Umwelt-Differenz und Kommunikation. Das gilt auch für die Visualisierung als eine Art Gefühlskomplexitätsreduktion:

- Komplexität beinhaltet stets mehr Möglichkeiten, als wahrgenommen werden können (Luhmann, 1991).
- Kontingenz beinhaltet nur die wahrgenommenen Möglichkeiten, die auch jederzeit andere sein können (Luhmann, 1991).
- Komplexitätsreduktion ist ein Prozess von Reduktion (vorhandener Überfülle) und Strukturbildung (selbstreferenzieller Systeme) für einen bestimmten Sinnzusammenhang des Systems (Luhmann, 1991).
- System-Umwelt-Differenz ist die Unterscheidung/Wahrnehmung von anderem und die Entscheidung im Kontext von Beobachtung, Selbstbeobachtung, Reflexion, Reproduktion als sinngebende Funktion (Luhmann, 1991).
- Kommunikation ist schließlich die Auswahl eines mehrteiligen Selektionsprozesses (Kap. 3) und die Grundlage jeder Beratung und Therapie.
- Visualisierung kann diesen Prozess sichtbar machen und veranschaulichen.

Bevor das entstehende Wort als Sprache formuliert und ausgedrückt wird, hat bereits ein stufenförmiger Prozess stattgefunden und die Visualisierung ist dem entstehenden Wort um einige Stufen vorausgeeilt.

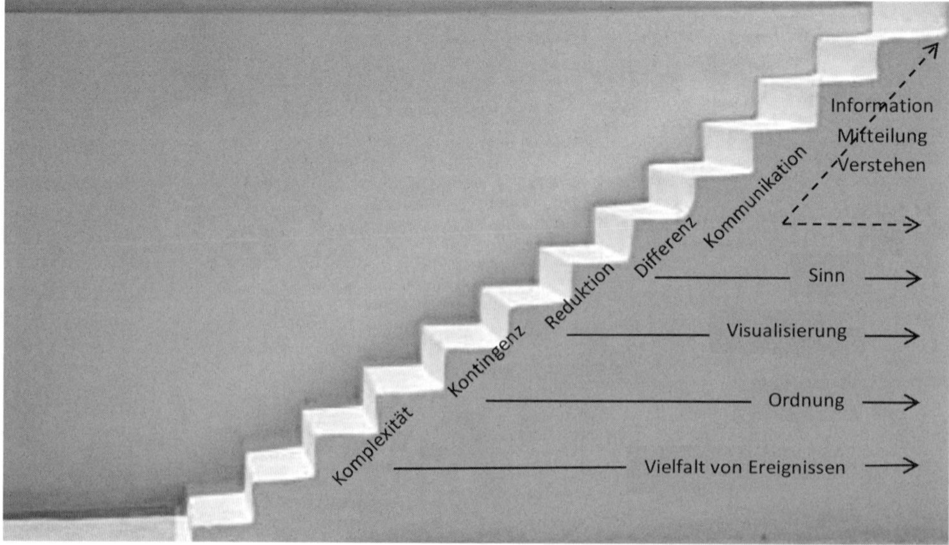

Abbildung 94: Stufenmodell der Sprachfindung

Die Visualisierung nimmt häufig in der Mitte des stufenförmigen Prozesses einen Platz ein, der genutzt werden kann, wenn Kommunikation noch nicht formulierbar ist. Wenn innere Bilder lesbar und aussprechbar werden und aus der Vielfalt und Komplexität von Eindrücken eine Struktur, eine selbstreferenzielle Ordnung möglich wird, ist bereits aufgrund von Vorstellungen und Bildern deren Visualisierung möglich. Differenzierter entstehen Sinn und Erkenntnis, die einen Kommunikationsprozess zum Dialog werden lassen. Dazu kann die Visualisierung einen wichtigen Beitrag leisten, eine Art Vor-Kommunikation.

18. Urheberrechte und Fremdinterpretationen

Auf die Frage, ob Schüler ihre Bilder mitnehmen dürfen, ist ein klares freundliches Nein möglich. Der Nachsatz, dass die Zeichnungen aus Gründen der Vertraulichkeit und zum Schutz persönlicher Daten, die in den Skizzen deutlich werden, und der Schweigepflicht, nicht ausgehändigt werden, reicht aus, um das Nein zu akzeptieren und von Seiten des Beraters auch zu verantworten.

Aufgrund der Gefahr möglicher Fremdinterpretationen sollten den Schülern die Zeichnungen weder mitgegeben noch anderen Beteiligten oder sonstigen Personen ausgehändigt werden.

Wie jedes Gesprächsprotokoll nach einem Beratungs- oder Therapiegespräch zu treuen Händen beim Berater oder Therapeuten verbleibt, werden auch die Zeichnungen nicht aus der Hand gegeben. Damit stellt sich die Frage: Wem gehören eigentlich die Skizzen und Zeichnungen?

Allein die Frage führt dazu, als Berater oder Therapeut die Sachlage zu hinterfragen. Anders als persönliche Notizen oder im Gespräch festgehaltene Inhalte auf Flipcharts oder dem eigenen Schreibblock, die während oder nach einem Beratungsgespräch vom Berater oder Therapeuten protokolliert oder dokumentiert werden und selbstverständlich unter die gesetzliche Schweigepflicht fallen, werden die Zeichnungen von den Klienten selbst erstellt. Grundsätzlich gilt: „Was in diesem Raum geschieht, bleibt hier." Die Erfahrung zeigt, dass ein Verständnis dafür vorhanden ist.

Sowohl im Sozialgesetzbuch (SGB I § 36; SGB V; SGB X §§ 67ff) als auch im Strafgesetzbuch (StGB § 203) sind das Sozialgeheimnis, die Bestimmungen zum Datenschutz und zur beruflichen Schweigepflicht allgemein geregelt und gelten für alle Leistungserbringer im Bereich medizinischer, psychotherapeutischer und psychosozialer Institutionen. Insbesondere bei der Arbeit mit Kindern und Jugendlichen ist zu berücksichtigen, dass Minderjährige durchaus rechtserhebliche Erklärungen abgeben dürfen, soweit sie über die erforderliche Einsichts- und Urteilsfähigkeit verfügen, spätestens jedoch, wenn sie das 15. Lebensjahr vollendet haben (§§ 36, 1 i. V. m. 33a SGB I; Gerlach, 2004 b, 328). Im Fallbeispiel Nina (Kap. 5) konnte darauf zurückgegriffen werden, die Eltern nicht zu informieren, da Nina eine glaubwürdige Einsichts-, Entscheidungs- und Urteilsfähigkeit zeigte.

Auch das Psychotherapeutengesetz[1] bietet hier einen wichtigen Bezugspunkt zur Schweigepflicht und Schweigepflichtsentbindung bei der Behandlung von Kindern und Jugendlichen.

---

1 Schweigepflicht, Datenschutz und Diskretion – in medizinischen, psychotherapeutischen und psychosozialen Institutionen – Schweigepflicht und Datenschutz im Bereich der Tätigkeit ärztlicher und psychologischer PsychotherapeutInnen und Kinder- und Jugendlichenpsychotherapeutlnnen http://www.schweigepflicht-online.de/index.htm (letzter Zugriff: 18.01.15); siehe auch: Bundesministerium für Justiz und Verbraucherschutz. Gesetz über die Berufe des Psychologischen Psychotherapeuten und des Kinder- und Jugendlichenpsychotherapeuten: http://www.gesetze-im-internet.de/psychthg/BJNR131110998.html (ebd.)

Dieses beantwortet jedoch noch nicht die eingangs gestellte Frage, ob Zeichnungen persönliches Gut sind und für eigene Zwecke ausgehändigt werden dürfen (müssen), um sich später (als Klient) an einen Ablauf erinnern zu können, der als reiner Gesprächsinhalt ansonsten eher nicht erinnerbar wäre. Wem gehören die Skizzen? Welche „persönlichen" Informationen würden freigegeben? Welche Vermutungen über „Mitmenschen", die auf den Zeichnungen erscheinen, werden geäußert? Es geht also gar nicht allein darum, die Schweigepflicht gegenüber Dritten (auch Eltern) zu verletzen, da beschreibt die Gesetzeslage eine eindeutige Haltung, „wenn es im Interesse des Kindes geboten sein sollte, dass der Berater auch den Eltern gegenüber schweigt"[2]. Vielmehr geht es darum, persönliche „intime" Zeichnungen, insbesondere wenn Personen subjektiv Dinge zugeschrieben werden, die ansonsten der Schweigepflicht unterliegen, hier aber skizziert werden, vor Fremdeinwirkung zu schützen. Hier spricht das "Herz" des Beraters und Therapeuten, mögliche Interpretationen von Nicht-Beteiligten zum Schutz des Minderjährigen oder Dritter auszuschließen.

Zu einer solchen Fremdinterpretation sollte es nicht kommen, denn das aus dem eigenen Urvertrauen entstandene Symbol spiegelt sich im Beratungskontext zwischen Klient und Berater wider und ist ein wichtiger Schritt zur Lösungsfindung. Eine Ablenkung von außen ist in der Regel nicht vorgesehen. Es ist absolut dem Alter eines Schülers geschuldet, inwieweit ein Kind oder Jugendlicher mit Interpretationen oder Assoziationen umzugehen vermag. Gut nachvollziehbar ist dieses Betrachten an den vielen Beispielen. Felix (Kap. 6.2) lenkt seinen inneren Blick auf die Uhr. Während aus diesem Blickwinkel Felix' Geschichte entsteht, wird sein morgendlicher Stressmoment erst durch die Lokomotivführerkonferenz inhaltlich erschlossen. Die Symbole korrespondieren nicht mit dem Inhalt. Sie sind nur im Kontext des Beratungsgeschehens verstehbar. Alles andere, was die Beraterin oder andere Personen an dieser Stelle sagen würden, würde das, was sich durch die Wahrnehmung oder die Erkenntnis des Schülers entwickelt, nur stören.

---

2 Zwar besteht eine aus dem Erziehungsrecht der Eltern (vgl. Art 6 Grundgesetz, §§ 1626, 1631 Bürgerliches Gesetzbuch) abgeleitete Offenbarungspflicht der schweigepflichtigen Personen im Hinblick auf die ihnen von Minderjährigen anvertrauten Informationen, diese ist jedoch durch das Selbstbestimmungsrecht des Kindes – welches ab dem 14. Lebensjahr einsetzt – begrenzt (vgl. Pulverich 1996, S. 273; BverfG 1982, S. 387 ff). Da die hierfür notwendige Einsichts- und Urteilsfähigkeit in diesem Alter in der Regel vorliegt, ist die Weitergabe von Informationen und Geheimnissen an Eltern oder dritte Personen nur mit ihrer ausdrücklichen oder konkludenten Einwilligung zulässig. Der verfassungsrechtlich geschützte Informationsanspruch der Eltern (abgeleitet aus Art. 6 Abs. 2 Satz 12 Grundgesetz) tritt hier mit der zunehmenden Fähigkeit des Kindes über die es betreffenden Angelegenheiten selbständig zu bestimmen zurück. In Ausnahmefällen wird man dies auch für jüngere Kinder annehmen können, wenn durch die Information der Eltern oder eines Elternteils das Kindeswohl gefährdet ist. Dann „(.) kann es im Interesse des Kindes geboten sein, dass der Berater auch den Eltern gegenüber schweigt, um den Heilerfolg nicht zu gefährden und das Vertrauensverhältnis zwischen ihm und dem Kinde nicht in Frage zu stellen" (BverfG 1982, S. 384) [2]. Wie grundlegend die Frage der Einwilligungsfähigkeit ist, macht ein (juristischer) Aufsatz aus dem Jahr 1999 deutlich (Rothärmel et al., 1999), der die Benachteiligung Minderjähriger durch das Informed-Consent-Konzept und die daraus resultierende Missachtung ihres Persönlichkeitsschutzes problematisiert. http://www.schweigepflicht-online.de/Seite_Psychotherapie.htm (letzter Zugriff: 22.01.2015)

Im Fallbeispiel Nils (Kap. 8.2) könnte einem außenstehenden Betrachter das „rote Kreuz“ auffallen, jedoch ist es für Nils gerade das Polizei-Signal, das in seinen Ohren nachhallt, verbunden mit seiner „Flucht“ vor der Situation. Durch eine Interpretation von außen würde Nils Wahrnehmung beeinflussbar, könnte ihn in eine andere Richtung lenken, denn sein innerer Stress, sein inneres (Un-)Gleichgewicht, die seine Zeichnung ausdrückt, wird nicht „erkannt“. Das aus seinem Urvertrauen entstandene Symbol spiegelt sich im Beratungskontext zwischen Klient und Berater wider und ist ein wichtiger Schritt zur Lösungsfindung.

Am Beispiel einer Zeichnung eines 10-jährigen Schülers (Klasse 5, Gymnasium) soll diese Haltung untermauert werden:

Abbildung 95: Eine nicht zu veröffentlichende Zeichnung (C.F.)

Zeichnungen können durch eine Fremdinterpretation einen nicht vorhersehbaren Schaden anrichten, der sich (hier) bis zum sexuellen Missbrauch aufseiten des Herrn Meiers (Nachbar) ausweiten könnte. Der Sinn der Zeichnung entstand jedoch aus einem völlig anderen Zusammenhang, nämlich der „freundlichen“ Verwandlung des Herrn Meier, der vorher „doof“ war. Herr Meier hat also keinen Stock in der Hand, sondern einen Zauberstab. Heute gibt Herr Meier, wenn die Eltern des Schülers berufstätig sind, erst Mathenachhilfe, was zunehmend Erfolge zeigt und dann spielt er stundenlang „Galgenmännchen“ und „Schiffe versenken“ mit ihm. Das Spiel „Galgenmännchen“ kommt in der Zeichnung nicht zum Ausdruck. Es zeigt sich eine insofern auf Missbrauch vermutende Fremdinterpretation, die aus der Zeichnung ‚gelesen‘ werden könnte. Je nach Beziehungsgestaltung würde sie ein Signal aussenden, das erstens zu keiner Zeit vorhanden war und zweitens verheerende Folgen anrichten könnte.

Bezug nehmend auf ‚Winnicott', der als Pionier des „Kritzel- oder Schnörkelspiels" in der therapeutischen Arbeit mit Kindern die Technik des „Vervollständigen von vorgegebenen, erfundenen Schnörkeln oder Kritzeln" einführte, muss bedacht werden, dass Klienten oft „außerstande sind, einen Sinn für ihr Selbst zu entwickeln, weil ein Therapeut eine Schlange als Penissymbol interpretiert hat" (2006, 18). Ergänzend dazu sagt der Autor: „eine Interpretation, die nicht wirkt, bedeutet immer, daß ich im falschen Augenblick oder auf falsche Art und Weise interpretiert habe [...]. Eine dogmatische Interpretation läßt dem Kind nur zwei Möglichkeiten: [...] zu akzeptieren, oder die Deutung und mich selbst und die gesamte Situation abzulehnen. [...] Ich behaupte, es ist eine Tatsache, daß diese Gespräche von dem Kind und nicht von mir beherrscht werden" (ebd., 17f.).

Das „Nicht-Interpretieren" liegt der hier vorgestellten Methode zuvorderst zu Grunde. Gerade deshalb stellt sich die Frage nach der Herausgabe der Zeichnungen umso nachhaltiger.

Ein Aufsatz von Allert et al. (2000) über ethische Aspekte von Tonbandaufnahmen wird dazu als ein adäquates Beispiel genommen. Zwar geht es dort um anonymisierte Aufnahmen und Transkriptionen von Gesprächen und deren wissenschaftlichen Analyse von Qualität dyadischer Beziehungen zwischen Klient und Therapeut, um Aus- und Weiterbildung, um Forschung und Lehre, dennoch ist interessant, auch wenn es um einen anderen Bedeutungszusammenhang geht, dass zum Ende des Aufsatzes die Frage gestellt wird: „Wer verfügt über die Ton- bzw. Videobänder, und wem gehören sie?" (S. 71). Deutlich wird jedenfalls, dass ein Berater oder Therapeut „gut gewappnet" sein sollte, sich eines möglichen „Kunstfehlers" zu erwehren, sollte der Patient seinen eigenen Tonträger mitbringen und auch mitnehmen. Zweifelsohne könne das erneute Befassen mit dem therapeutischen Dialog für den Klienten nützlich sein, jedoch sei dieses Interesse besonders ernst zu nehmen, so die Autoren. Die Frage, wem nun Gesprächsaufzeichnungen gehören, wird abschließend auch hier nicht beantwortet. In der Tat scheint dieses eine schwierige Frage zu sein, wie auch andere Experten eine gewisse Unklarheit bestätigen. So wird zum Beispiel in Fachkliniken allgemein so verfahren, dass im Falle eines Anspruches auf das getätigte Werk bzw. hier auf die erstellten Zeichnungen von Seiten des Klienten der Therapeut sich im Sinne einer juristischen Erklärung absichern sollte.

Im Rahmen dieser Arbeit kann also nur eine Empfehlung vorgenommen werden, dass der Berater oder Therapeut bei der Arbeit mit Kindern und Jugendlichen zunächst so verfahren sollte, die Zeichnungen, wie oben beschrieben, zunächst aus Datenschutzgründen nicht auszuhändigen, ein entsprechendes Einfordern der Zeichnungen jedoch mit einer Vereinbarung abzusichern. Zusammengefasst könnten wesentliche Punkte wie folgt beschrieben werden:

Empfehlungen zum Umgang mit „persönlichen“ Zeichnungen

1. Es gilt selbstverständlich die Schweigepflicht.
2. Zeichnungen und Skizzen gelten einerseits als eine eigene Leistungserbringung des Klienten (Eigentum), andererseits handelt es sich, wie in den hier vorgestellten Beispielen nicht um ein „künstlerisches Werk“, sondern um eine therapeutische Methode. Das gilt es zu unterscheiden.
3. Die Zeichnungen, wie sie hier als Prozess beschrieben werden, stellen nicht selten einen „intimen“ Prozessverlauf dar, der von Unbeteiligten (Fremdeinwirkung) weder interpretiert noch assoziiert werden soll. Unterschiedliche Sichtweisen würden den dargestellten Zusammenhang für das Kind oder den Jugendlichen verzerren und verfremden.
4. Eine Herausgabe der Zeichnungen an Kinder und Jugendliche würde den weiteren Verbleib der Skizzen nicht sicherstellen und auch den Therapeuten und Berater in berufliche Bedrängnis bringen können.
5. Eine nach der Beratung private/persönliche Beschäftigung kann einerseits zwar durchaus förderlich für den Klienten sein, andererseits eben auch enormen Schaden anrichten.
6. Zur Vermeidung von Fremdeinflüssen oder unangemessener Verwendung sollten die Zeichnungen und Skizzen in der sicheren Verwahrung des Therapeuten oder Beraters verbleiben (und als Dokumentation des Gesprächsinhaltes verstanden werden).
7. Sollte ein Kind oder Jugendlicher oder dessen Eltern auf Mitnahme der Zeichnungen bestehen, ist die Volljährigkeit (Einsichts-, Entscheidungs- und Urteilsfähigkeit, s. o.) zu beachten und eine juristisch haltbare Erklärung zu unterzeichnen, die den Therapeuten oder Berater aus der Verantwortung entlässt.
8. Diese Haltung ist dem Klienten vorher zur Kenntnis zu geben.
9. Ein Schüler könnte seine Zeichnungen auch immer aus der Erinnerung rekonstruieren und dann für sich nutzen. Dieses ist ihm zu jeder Zeit möglich.

VII. Am Ende kurz zusammengefasst

Zum Schluss sollen die bisherigen Beschreibungen zusammengefasst und für die Praxis übersichtlich dargestellt werden.

Der Berater weiß: jeder Strich hat seine Bedeutung

- Skizzieren, zeichnen oder malen führt zu Komplexitätsreduktion.
- Das Erkennen, Fühlen und Annehmen der inneren Biografie führt zu kreativen Lösungsschritten.
- Innere Befindlichkeiten werden sichtbar und formulierbar.
- Das Verborgene wird lebendig und das verlorene Wort auffindbar.
- Der Fokus des Problems wird transparent und das Verstehen leichter.
- Formulierungen werden konkreter.

Jeder kann visualisieren

- Visualisieren (wie hier vorgestellt) ist leicht zu erlernen.
- Der Aufwand des Visualisierens kann als gering eingestuft werden. Es sollten je nach Engagement des Beraters Blätter und Stifte bereitliegen.
- Punkte, Striche, Kreise oder Figuren ergeben einen Zusammenhang.
- Das Malen aus dem Bauch heraus ist häufig auch mit Spaß verbunden.
- Durch das Skizzieren erhält der Klient ein neues Kommunikationsmedium, das ihm hilft, seine Mitteilungswünsche zu verbalisieren.
- Sobald der erste Schritt des Visualisierens getan ist, ist diese Form auch in anderen späteren Situationen einsetzbar.

.... sich selbst finden

- Die Erfahrung mit Kindern und Jugendlichen (Schülerinnen und Schülern) zeigt, dass der Visualisierungsansatz zur gern genutzten Kommunikation führt.
- Das kreative Tun lenkt vom „kognitiven Denken" ab und trifft den Kern des Problems effektiver.
- Es entsteht eine ruhige, kreative und angenehme Atmosphäre.

- Es entstehen Neugier und Interesse, das Leben zu erkennen und bisher nicht beachtete Dinge zu erfahren.
- Der Beratungskontext erlaubt das „Ver-rückt-sein-dürfen“, ohne dass etwas falsch sein könnte.
- Innere Vermutungen oder Befürchtungen erscheinen auf dem Blatt nicht mehr so gefährlich und undurchsichtig.
- Das Unbewusste wird zum Aha-Erlebnis und führt zu „was ich immer schon gedacht habe, aber nicht aussprechen konnte“ oder „was ich immer schon mal sagen wollte“.
- Unterschiedliche Angstformen oder Unsicherheiten können sichtbar und aussprechbar werden.
- Körperliche Symptome werden häufig weniger oder verschwinden ganz, weil sie auf dem Blatt landen.

… sich selbst anerkennen

- Es entsteht neuer Mut und eine wohltuende Bereitschaft, sich selbst anzunehmen (annehmen zu dürfen).
- Der Visualisierungsprozess lädt nicht nur dazu ein, in sich selbst hineinzumalen, er entfacht gleichzeitig ein Selbstvertrauen, aus sich selbst herauszumalen.
- Die Erkenntnis, „mein Inneres“ ist „*mein* Inneres“, so „komisch oder unfertig“ es auch aussehen mag, ist *mein* Alleinstellungsmerkmal. Ich kann entscheiden, ob ich damit zufrieden bin.
- Wenn ich mich aus der Metaperspektive sehe, kann ich mich auch betrachten, kann mich selbst „manipulieren“, wenn ich möchte. Wenn ich das tue, heißt das „Veränderung“. Und genau das will ich. (Ich möchte einfach nicht mehr lügen.)

Beziehung zwischen Berater und Klient

- Die Beziehung zwischen Klient (Schüler, Lehrer, Eltern, einzeln oder in Gruppen) und Berater braucht eine vertrauensvolle Grundlage. Die Haltung des Beraters ist eine systemische, seine Intervention fußt auf systemischen Methoden und Ansätzen.
- Der Beratungs- und Visualisierungsprozess wird zur gegenseitigen Entdeckungsreise zwischen Klient und Berater.
- Der systemische Berater und Therapeut ist aufmerksam und neugierig. Er ist ein lebendes Geschichten- und Bilderbuch, das nicht öffentlich wird.

Worauf sollte der Berater achten?

- Der systemische Berater und Therapeut ist ein Beobachter, nicht interpretierender Bildbetrachter.
- Die Visualisierung ergänzt das systemische Repertoire.
- In den Skizzen werden Beziehungsdynamiken innerhalb des Familienlebens oft deutlich. Auch wenn sie bildlich wiederbelebt und erlebt werden, so ersetzen sie auf keinen Fall andere systemische Interventionen.
- Systemische Methoden wie das zirkuläre Fragen oder Aufstellungen ergänzen die Visualisierung und umgekehrt.
- Oft entstehen auch negative Zeichnungen, manchmal verbunden mit hartnäckigen und bizarren Figuren aus Computeranimationen, wenn sie aus einem „Inneren“ als Bedrohung skizziert werden. Es spricht für die Sensibilität des Beraters und Therapeuten, Input und Output nicht aus den Augen zu verlieren und gegebenenfalls in die zirkulären Fragen nach Wirklichkeits- und Möglichkeitskonstruktionen zu wechseln.
- Nicht selten erhält die Skizze einen „Vermittlerstatus“ und es könnte auch um die Frage gehen „wenn das Bild jetzt sprechen könnte, was würde es dir sagen?“
- Die Zeichnung kann auch dazu anregen, den Schüler aufzufordern, sich diese als ein berühmtes Ausstellungsstück im Museum anzusehen und das Werk aus der Position des Betrachters zu erschließen. Das sollte nicht der Berater tun, er würde etwas in die Zeichnung hineinsehen, was vielleicht nicht da ist oder hineingehört.
- Der Beratungs- und Visualisierungsprozess ist ein nachhaltiger Prozess: Schülerinnen und Schüler, Lehrerinnen und Lehrer, Eltern und Familien teilen häufig noch nach Jahren mit, dass sie ihre „Bilder“ nicht vergessen und sie im Alltag eine gedankliche Stütze seien.

VIII. Fazit in wenigen Zeilen

Eine 15-jährige Schülerin sagte einmal bei einer zufälligen Begegnung, „Vor drei Jahren habe ich meine Klasse gemalt und allen Kindern aus meiner Sicht einen Platz zugeordnet. Sie haben gesagt, dass der Klassenraum völlig leer sei und ich einfach die Schüler und Schülerinnen, das waren damals 31 in meiner Klasse, irgendwo hinmalen könnte. Damals stand ich am Rand des Bildes. Ich erinnere mich noch genau an die bunten Linien und besonders an die rote, die mir gezeigt hat, wohin ich gehen wollte. Wenn ich heute daran zurückdenke und noch einmal ein Bild von meiner Klasse malen würde, wäre ich mittendrin. Danke nochmal, das Bild habe ich in Gedanken immer bei mir."

Das sind die Freuden eines Beraters und Therapeuten in der Arbeit mit Kindern und Jugendlichen und Familien.

In der Schulsozialarbeit ist das umfassende systemische Wissen förderlich, denn hier geht es vordergründig um Beratung für Schüler, Lehrkräfte und Eltern in ihren Systemen. Alle Probleme und Konfliktsituationen, die in kommunalen Erziehungsberatungsstellen auftreten, kommen auch in der Schulsozialarbeit zum Tragen (Just, 2004, 375ff). Ihr muss man professionell begegnen – das sind wir Kindern, Jugendlichen, ihren Eltern und Lehrern schuldig.

Erfahrungen in der Praxis der Schulsozialarbeit gehen mit der systemischen Familienberatung einher und an dieser Stelle soll betont werden, dass der Weg zur systemisch orientierten Schulsozialarbeit dauerhaft ein Qualitätsmerkmal sein kann, um den Beteiligten in der Funktion von Beratung gerecht werden zu können (Just, 2017). Es ist an der Zeit, eine „systemische Schulsozialarbeit" zu etablieren. Im schulsozialpädagogischen „Safe" liegen hunderte von Bildern, die ihre Geschichte haben, und viele davon haben ein Happy End. Um diese Erfahrungen nicht ungenutzt zu lassen, wurde dieses Buch geschrieben, das jedoch nur einen geringen Teil dessen wiedergeben kann, was in fünfzehn Jahren „gesammelt" wurde.

Literatur

Allert, Gebhard/Dahlbender, Reiner/Thomä, Helmut/Kächele, Horst (2000): Behandlungstechnische und ethische Aspekte von Tonbandaufnahmen in der Psychotherapie. Psychotherapie-Wissenschaft, Heft 2, S. 65-72.

Baecker, Dirk (1999): Organisation als System. Suhrkamp Verlag Frankfurt.

Ballmann, Bernd (2007): Ein Vexierbild in New York: Kafkas Freiheitsgöttin mit Schwert. In: Harbusch, Ute/Wittkop, Gregor (Hrsg.), Kurzer Aufenthalt. Streifzüge durch literarische Orte. Wallstein-Verlag Göttingen. S. 271-277.

Bär, Gert (2009): 5. Tagung der DGfGG (Deutsche Gesellschaft für Geometrie und Grafik) „Geometrie und Visualisierung" vom 26.-27.02.2009 in München: http://www-m10.ma.tum.de/bin/view/Lehrstuhl/DGfGG (letzter Zugriff: 04.04.2015).

Bateson, Gregory (1990): Ökologie des Geistes. 3. Auflage. Suhrkamp Verlag Frankfurt.

Bateson, Gregory (1995): Geist und Natur. Eine notwendige Einheit. 4. Auflage. Suhrkamp Verlag Frankfurt.

Bauer, Joachim (2016): Warum ich fühle, was du fühlst. Intuitive Kommunikation und das Geheimnis der Spiegelneurone. 23. Auflage. Wilhelm-Heine-Verlag München.

Bertalanffy von, Ludwig (1970): … aber vom Menschen wissen wir nichts. Econ-Verlag Düsseldorf.

Bertalanffy von, Ludwig (1972): The History and Status of General Systems Theory. In: Klir, George (Hrsg.): Trends in General Systems Theory. New York.

Beyer, Udo (2009): Visualisierungsstrategien im architektonischen Entwurfsprozess. In Proceedings zur 5. Tagung der Deutschen Gesellschaft für Geometrie und Grafik vom 26.-27.02.2009 in München. Verfügbar unter: http://www-m10.ma.tum.de/bin/view/Lehrstuhl/DGfGG (letzter Zugriff: 18.02.2016).

Cube von, Felix (1965): Kybernetische Grundlagen des Lernens und Lehrens. Ernst Klett-Verlag Stuttgart.

De Shazer, Steve/Dolan, Yvonne (2013): Mehr als ein Wunder. Lösungsfokussierte Kurztherapie heute. 3. unveränderte Auflage. Carl-Auer-Systeme Verlag Heidelberg.

Dörner, Dietrich (1989): Die Logik des Misslingens. Strategisches Denken in komplexen Situationen. Rowohlt-Verlag Reinbek.

Eckoldt, Matthias (2005): Visualisierung der Wahrnehmung. Hirnforscher auf der Spur des Bewusstseins. Deutschlandradio Kultur. Zeitreisen 121005. Beitrag vom 12. 10. 2005.Vollständiges Manuskript der Sendung. http://www.deutschlandradiokultur.de/visualisierung-der-wahrnehmung.984.de.html?dram:article_id=153287 (letzter Zugriff: 18.02.2016)

Foerster, Heinz von (1988): Aufbau und Abbau. In: Simon, Fritz B. (Hrsg.): Unterschiede, die Unterschiede machen. Springer-Verlag Berlin, Heidelberg. S. 19-33.

Foerster, Heinz von (1993): KybernEthik. Merve Verlag Berlin.

Foerster von, Heinz (1997): Wissen und Gewissen: Versuch einer Brücke. Suhrkamp Taschenbuch-Verlag Frankfurt.

Foerster, Heinz von (2003): Understanding Understanding. Essays on Cybernetics and Cognition. Springer-Verlag New York.

Foerster, Heinz von (2004): Das Netz. Interview mit Heinz von Foerster. Arte 2004. Video-Transkription: Dammbeck, Lutz vom 27.01.2010. https://www.philosophie-raum.de/index.php/Thread/17891-Video-Transkriptionen-zu-Heinz-von-Foerster/?postID=342586#post342586 (letzter Zugriff: 24.02.2016). Siehe auch: Teilchen sind Erfindungen. Interview Philgrundsyst am 08.01.2011. http://philgrundsyst.wordpress.com/2011/01/08/heinz-von-foerster-teilchen-sind-erfindungen/ (letzter Zugriff: 17.02.2016).

Foerster, Heinz von (2010): Entdecken oder Erfinden. Wie läßt sich Verstehen verstehen? In: Gumin, Heinz/Meier, Heinrich (Hrsg.): Einführung in den Konstruktivismus. 12. Auflage. Piper Verlag München. S. 41-88.

Foerster, Heinz von/Pörksen, Bernhard (2013): Wahrheit ist die Erfindung eines Lügners. Gespräche für Skeptiker. 10. Auflage. Carl-Auer Verlag Heidelberg.

Gerlach, H. (2004): Recht: Aktuell. Teil 2. Datenschutz: „Übermitteln" – der gefährlichste Vorgang. Psychotherapeutenjournal, 4, S. 327-330.

Gibran, Khalil (2015): Der Prophet. 3. Auflage. Patmos Verlag Ostfildern.

Glasersfeld, Ernst von (2010): Konstruktion der Wirklichkeit und des Begriffs der Objektivität. In: Gumin, Heinz/Meier, Heinrich (Hrsg.): Einführung in den Konstruktivismus. 12. Auflage. Piper Verlag München. S. 9-39.

Gudjons, Herbert (1994): Mit den Augen lernen. Visualisierungstechniken in Unterricht und Seminar. Beltz Weinheim.

Gudjons, Herbert (2003): Didaktik zum Anfassen. Lehrer/in-Persönlichkeit und lebendiger Unterricht. 3. Auflage. Klinkhardt Verlag Bad Heilbrunn.

Hafen, Martin (2005): Soziale Arbeit in der Schule. Ein theorie-geleiteter Blick auf ein professionelles Praxisfeld im Umbruch. Interact Verlag Luzern.

Harman, Mark (2008): Wie Kafka sich Amerika vorstellte. Sinn und Form, 6, S. 794-797.

Hauske, Gert (2003): Systemtheorie der visuellen Wahrnehmung. Shaker Verlag Aachen.

Henning, Claudius/Knödler, Uwe (2007): Schulprobleme lösen. Ein Handbuch für die systemische Beratung. Beltz Verlag Weinheim.

Holtz, Karl Ludwig (2008): Einführung in die systemische Pädagogik. Carl-Auer-Systeme Verlag Heidelberg.

Hubrig, Christa/Herrmann, Peter (2005): Lösungen in der Schule. Systemisches Denken in Unterricht, Beratung und Schulentwicklung. Carl-Auer-Systeme Verlag Heidelberg.

Just, Annette (2004): Schulsozialarbeit an Gymnasien, warum? Lit-Verlag Münster.

Just, Annette (2016a): Handbuch Schulsozialarbeit. Waxmann/UTB Münster/New York.

Just, Annette (2016b): Beratung in der Schulsozialarbeit – Eine kritisch-konstruktive Analyse. Waxmann Münster/New York.

Just, Annette (2017 in Vorb.): Systemische Schulsozialarbeit. Carl Auer Verlag Heidelberg.

Kraus, Björn (2006): Lebenswelt und Lebensweltorientierung – eine begriffliche Revision als Angebot an eine systemisch-konstruktivistische Sozialarbeitswissenschaft. Kontext. Zeitschrift für Systemische Therapie und Familientherapie, 37, S. 116-129.

Kriz, Jürgen (1998): Systemtheorie: eine Einführung für Psychotherapeuten, Psychologen und Mediziner. 2. Auflage. Facultas Verlag Wien.

Kriz, Jürgen (2006): Self-Actualization. Books on Demand Norderstedt.

Kriz, Jürgen (2007): Grundkonzepte der Psychotherapie. 6. Auflage. Beltz Verlag Weinheim.

Kroeber-Riel, Werner (1988): Die inneren Bilder der Konsumenten. Messung – Verhaltenswirkung – Konsequenzen für das Marketing. Marketing Zep, 5(2), S. 81-94.

Lewalter, Doris (1997): Lernen mit Bildern und Animationen. Studie zum Einfluß von Lernmerkmalen auf die Effektivität von Illustrationen. Waxmann Münster/New York.

Lobinger, Katharina (2012): Visuelle Kommunikationsforschung. Medienbilder als Herausforderung für die Kommunkations- und Medienwissenschaft. Springer Verlag Wiesbaden.

Ludewig, Kurt (2009): Einführung in die theoretischen Grundlagen der systemischen Therapie. 2. aktualisierte Auflage. Carl-Auer-Systeme Verlag Heidelberg.

Luhmann, Niklas (1984): Soziale Systeme. Suhrkamp Frankfurt.

Luhmann, Niklas (1985): Die Autopoiesis des Bewusstseins. Soziale Welt. Zeitschrift für sozialwissenschaftliche Forschung und Praxis, 36(4), S. 229-237.

Luhmann, Niklas (1987): Rechtssoziologie. 3. Auflage. Westdeutscher Verlag Opladen.

Luhmann, Niklas (1988): Erkenntnis als Konstruktion. Bern.

Luhmann, Niklas (1991): Soziale Systeme. Grundriß einer allgemeinen Theorie. Suhrkamp Frankfurt a.M.

Lutterer, Wolfram (2002): Die Ordnung des Beobachters: die Luhmannsche Systemtheorie aus der Perspektive systemischer Theorie. In: Socologia Internationalis, Band 40, Heft 1, S. 5-33.

Maturana, Humberto (1996): Was ist erkennen? Piper Verlag München.

Minuchin, Salvador (1997): Familie und Familientherapie. Theorie und Praxis struktureller Familientherapie. 10. Auflage. Lambertus Verlag Freiburg/Breisgau.

Mosell, Robert (2008): Das Veränderungspotenzial systemisch-konstruktivistischer Pädagogik für Lehrkräfte in der gegenwärtigen Schule. Konzeption, Durchführung und Auswertung eines Weiterbildungscurriculums für schulische Pädagogen in der Berufspraxis. Dissertation: Erziehungswissenschaftliche Fakultät der Universität Erfurt.

Oser-Fischer, Marina (2004): Aus Punkt und Linie zur Fähigkeit des Menschen zu malen. Aufgearbeitet am Beispiel einiger von Laien gemalter Bildserien. Klinkhardt Verlag Bad Heilbrunn.

Reich, Kersten (2005): Systemisch-konstruktivistische Pädagogik. Einführung in Grundlagen einer interaktionistisch-konstruktivistischen Pädagogik. 5. Auflage. Beltz Verlag Weinheim.

Reese-Schäfer, Walter (1999): Niklas Luhmann zur Einführung. Junius Verlag Hamburg.

Saint-Exupèry de, Antoine (2015): Der Kleine Prinz. 72. Auflage. Karl Rauch Verlag Düsseldorf.

Satir, Virginia (1990): Kommunikation Selbstwert Kongruenz. Konzepte und Perspektiven familientherapeutischer Praxis. Junfermann Verlag Paderborn.

Scheinberger, Felix (2009): Mut zum Skizzenbuch: Zeichnen und Skizzieren unterwegs. Hermann Schmidt Verlag Mainz.

Scheinberger, Felix (2015): Die Macht des Zeichnens. Veranstaltungsreihe Westfälische Nachrichten WN-Wissensimpulse 2014/2015. Vortrag am 26.01.2015. Münster.

Schlippe von, Arist (2015): Systemisches Denken und Handeln im Wandel. Impulse für systembezogenes Handeln in Beratung und Therapie. Einführungsvortrag der Jahrestagung der Systemischen Gesellschaft, Wiesloch, 15. Mai 2014. In: Kontext. Zeitschrift für Systemische Therapie, Beratung und Familientherapie. 46/1, Seiten 6-26.

Schlippe von, Arist/Schweizer, Jochen (2010): Systemische Interventionen. 2. Auflage. Vandenhoeck & Ruprecht Göttingen.

Schlippe von, Arist/Schweitzer, Jochen (2012): Lehrbuch der systemischen Therapie und Beratung. Band 1.Vandenhoeck & Ruprecht Göttingen.

Schnelle-Cölln, Telse/Schnelle, Eberhard (1998): Visualisieren in der Moderation. Windmühle Verlag Hamburg.

Seifert, Josef W. (2001): Visualisieren Präsentieren Moderieren. 17. Auflage. Gabal Offenbach.

Selvini Palazzoli, Mara/Boscolo Luigi/Cecchin, Gianfranco/Prata, Giuliana (2011): Paradoxon und Gegenparadoxon. Ein neues Therapiemodell für die Familie mit schizophrener Störung. 12. Auflage. Klett-Cotta Verlag Stuttgart.
Shazer, Steve de (2012a): Wege der erfolgreichen Kurztherapie. Klett-Cotta Verlag Stuttgart. (engl. Originaltitel: Keys to Solution in Brief Therapy. New York.Erstausgabe 1985).
Shazer, Steve de (2012 b): Muster familientherapeutischer Kurzzeit-Therapie. 11. Auflage. Carl-Auer-Systeme Verlag Heidelberg.
Shazer, Steve de/Dolan, Yvonne (2013): Mehr als ein Wunder. Lösungsfokussierte Kurztherapie heute. 3. Auflage. Carl-Auer Verlag Heidelberg.
Simon, Fritz B. (1997): Lebende Systeme. Wirklichkeitskonstruktionen in der Systemischen Therapie. Suhrkamp Frankfurt a.M.
Simon, Fritz B./Rech-Simon, Christel (1999): Zirkuläres Fragen. Systemische Therapie in Fallbeispielen. Ein Lehrbuch. 2. Auflage. Carl-Auer-Systeme Verlag Heidelberg.
Steinke, Ines (1999): Kriterien qualitativer Forschung. Ansätze zur Bewertung qualitativ-empirischer Forschung. Juventa Weinheim.
Stierlin, Helm (1983): Familientherapie. Wissenschaft oder Kunst?. Familiendynamik, 4, S. 364-377.
Schweitzer, Jochen (2012): Lehrbuch der systemischen Therapie und Beratung. Band II. Vandenhoeck & Ruprecht Göttingen.
Technische Universität München, Startseite: Lehrstuhl für Geometrie und Visualisierung M 1 http://www.ma.tum.de/Mathematik/Forschung?chair=10 – letzter Zugriff: 18.02.16.
Thiersch, Hans (1997): Lebensweltorientierte Soziale Arbeit. Aufgaben der Praxis im sozialen Wandel. Juventa Verlag Weinheim.
Voß, Reinhard (2002): Die Schule neu erfinden. Systemisch-konstruktivistische Annäherung an Schule und Pädagogik. 2. Auflage. Luchterhand Verlag Neuwied.
Wallerstein, Judith S./Lewis, Julia M./Bladeslee, Sandra (2002): Scheidungsfolgen – Die Kinder tragen die Last. Eine Langzeitstudie über 25 Jahre. Votum Verlag Münster.
Watzlawick, Paul (2010): Wirklichkeitsanpassung oder angepasste „Wirklichkeit"? Konstruktivismus und Psychotherapie. In: Gumin, Heinz/Meier, Heinrich (Hrsg.): Einführung in den Konstruktivismus. 12. Auflage. Piper Verlag München. S. 89-107.
Watzlawick, Paul/Beavin, Janet H./Jackson, Don D. (2011): Menschliche Kommunikation. Formen Störungen Paradoxien. 12 Auflage. Huber Verlag Bern.
Wiener, Norbert (1992): Kybernetik: Regelung und Nachrichtenübertragung im Lebewesen und in der Maschine. Econ Verlag Berlin.
Willke, Helmut (1991): Systemtheorie. Eine Einführung in die Grundprobleme der Theorie sozialer Systeme. 3. Auflage. Fischer Verlag/UTB Stuttgart.
Willke, Helmut (2004): Einführung in das systemische Wissensmanagement. Carl-Auer Verlag Heidelberg.